W0371265

Hobsbawm

Zwischenwelten und Übergangszeiten

Eric Hobsbawm

# Zwischenwelten und Übergangszeiten

Interventionen und Wortmeldungen

Herausgegeben von
Friedrich-Martin Balzer und Georg Fülberth

*PapyRossa Verlag*

Zu den Herausgebern:
*Friedrich-Martin Balzer*, Dr. phil., * 1940; Lehrer, Sachbuchautor und Herausgeber, siehe http://www.friedrich-martin-balzer.de; *Georg Fülberth*, Dr. phil., * 1939, war von 1972 bis 2004 Professor für Politikwissenschaft in Marburg, Sachbuchautor und Publizist.

2., durchgesehene Auflage

© 2010 by PapyRossa Verlags GmbH & Co. KG, Köln
Luxemburger Str. 202, D-50937 Köln
Tel.: ++49 (0) 221 – 44 85 45
Fax: ++49 (0) 221 – 44 43 05
E-Mail: mail@papyrossa.de
Internet: www.papyrossa.de

Die Rechte für die publizistischen Beiträge liegen
bei Eric Hobsbawm, London bzw. den Übersetzern
oder den jeweils angegebenen Inhabern
Die Fotos sind von Friedrich-Martin Balzer, Marburg

Umschlag: Willi Hölzel, Lux siebenzwo
Druck: Interpress

Die Deutsche Bibliothek verzeichnet diese Publikation in der Deutschen Nationalbibliografie; detaillierte bibliografische Daten sind im Internet über http://dnb.ddb.de abrufbar

ISBN 978-3-89438-405-0

## Inhalt

Vorbemerkung der Herausgeber 7

Wir müssen den Marxismus
erneut als wissenschaftliche Methode entdecken 10

Kultur als Getto 23

Der Sozialismus steht noch immer auf dem Programm 32

Die letzten Tage der Menschheit 49

Es nimmt kein gutes Ende 61

Historiker sind nie auf Urlaub 66

Erwartungen an die Zukunft 90

Ohne den Teil unserer Identität, der allen Menschen
gemeinsam ist, sprechen wir aneinander vorbei 100

Das Jahrhundert der Arbeiterbewegung 105

Pessimismus der Intelligenz, Optimismus des Willens 122

Eine Spezies, die das 20. Jahrhundert überlebt hat,
geht nicht unter 138

Die USA wollen die Weltherrschaft 153

Rücksichtslose und zänkische Diva der Weltpolitik –
Das britische und amerikanische Weltreich im Vergleich 162

Macht ohne Recht –
Über die Zukunft des Westens und Amerikas Hegemonie 173

Ich bin ein Reiseführer in die Geschichte 182

Europa auf absteigendem Ast 191

1918, 1938, 1968,
die Machtübernahme Hitlers und der Islam 195

Kunst und Kultur am Ausgang des 20. Jahrhunderts 199

Geschichtswissenschaft:
Impulse für Menschen, nicht nur Fußnoten 212

In der dritten Krise 219

Schlecht für die Juden 228

100 Veröffentlichungen von Eric Hobsbawm
in deutscher Sprache bzw. deutscher Übersetzung 230

Personenregister 238

# Vorbemerkung der Herausgeber

Als Eric Hobsbawm 2008 für die Verleihung der Ehrenbürgerwürde Wiens dankte, charakterisierte er sich so: »Ich möchte mich am liebsten als eine Art Guerillahistoriker beschreiben, der nicht so sehr hinter dem Artilleriefeuer der Archive auf sein Ziel zumarschiert, als es mit der Kalaschnikow der Ideen seitwärts aus den Büschen zu beschießen.«

Der Guerillero ist, solange er Guerillero ist, nicht an der Macht. Meist ist er unsichtbar und zugleich präsent: er bewegt sich unter den Leuten, Freunden und Feinden, muß aufmerksam beobachten und erzielt seine Wirkung nicht durch laute Kanonaden, sondern durch präzisen Eingriff, bevor er neue Ziele aufsucht.

Zu dieser Beschreibung scheint das traditionelle Berufsbild eines akademischen Historikers, der drei umfangreiche Bände über das Lange Neunzehnte und einen weiteren über das Kurze Zwanzigste Jahrhundert verfaßt hat, nicht zu passen. Tatsächlich aber ist Eric Hobsbawm nicht nur den professionellen Ansprüchen seiner Zunft gerecht geworden, sondern hat sie immer wieder weit übertroffen – selbst über den Rahmen der von ihm mit auf den Weg gebrachten Strukturgeschichte hinaus. Wer sein wissenschaftliches Werk liest, spürt stets auch den manchmal beschleunigten, manchmal ruhigen Pulsschlag des teilnehmenden Beobachters – sogar dann, wenn er über Abläufe schreibt, die über zweihundert Jahre zurückliegen.

Die Quelle dieses doppelten Engagements – des wissenschaftlichen wie des politischen – findet sich im Leben des Autors selbst. An die Geschichte der bürgerlichen Gesellschaft seit dem Ende des 18. Jahrhunderts geht er einerseits mit den Fragen eines Linken (eines »lifelong communist«) aus dem zwanzigsten Jahrhundert heran, anderseits reflektiert (und relativiert) er die Gegenwart, auch das eigene Handeln, durch die historische Erfahrung.

So versteht sich fast von selbst, daß die umfangreichen Bände seines fachwissenschaftlichen Werks nicht seine einzige Publikationsart gewesen sind. Er äußert sich zugleich in Essays, in mündlicher Rede, in zunehmendem Maß auch in Interviews in doppelter Gestalt: als Befrager und Befragter, insgesamt also nicht nur in der großen, sondern auch in der kleinen Form. Diese findet sich da und dort ebenfalls in seinen umfangreicheren Arbeiten: als kurze Beiseite-Bemerkung und Reflexion. Wo sie sich in kürzeren Texten verselbständigt, wird ein Reichtum sichtbar, der in Hobsbawms akademischem Werk gar nicht vollständig unterzubringen war und dort oft nur angedeutet werden kann. Seine Kenntnisse und Urteile über bildende Kunst, Literatur, Architektur und Musik zum Beispiel blitzen da auf und werden schließlich eher in den kleineren Arbeiten ausgebreitet. Es stellt sich der Eindruck ein, als habe dieser Autor trotz seiner großen Produktivität in einem wunderbar langen Leben bislang immer erst einen Teil dessen mitteilen können, was er tatsächlich weiß, beobachtet und durchdacht hat und offenbar weiterhin akkumuliert. So erklärt sich, daß er, der Neugierige, längst immer neue Neugier weckt.

Im hier vorgelegten Band werden Texte der Kleinen Form dokumentiert, die in deutscher Sprache erschienen sind. Überschneidungen sind gleichermaßen unerheblich wie unvermeidbar: sie dokumentieren Kontinuitäten und Modifikationen der Argumentation.

Vor einem halben Jahrhundert hat Eric Hobsbawm mit seinem Buch über die Sozialrebellen ein junges Publikum für sich gewonnen, das sich immer wieder erneuert. Auch sein gelehrtes Werk bedarf keiner weiteren Werbung. Seine Kommentare zum Tage sind gesucht, allerdings, wie bei journalistischen Texten üblich, nach einiger Zeit nicht mehr leicht auffindbar. Sie verdienen es, gesammelt zu werden, denn anders als sonstige Arbeiten dieses Genres veralten sie nicht: sie haben ein historisches Gerüst.

Wir danken Eric Hobsbawm für hilfreiche Zusammenarbeit, für Gastfreundschaft und für seine Gesprächsbereitschaft an einem für uns erinnernswerten Tag im Januar 2009. Auch den Interviewern, Übersetzern und Verlagen, die uns Nachdrucke erlaubten, sowie Brigitte

Kustosch, die das Londoner Interview transkribiert und an seiner Redaktion mitgewirkt hat, sind wir zu Dank verpflichtet. Sollten weitere Urheberrechte bestehen, die von uns nicht sofort wahrgenommen werden konnten, bitten wir um Mitteilung.

Friedrich-Martin Balzer
Georg Fülberth

*Eric Hobsbawm, 2003*

# Wir müssen den Marxismus erneut als wissenschaftliche Methode entdecken*

[...]

Wir haben festgestellt, daß der Marxismus heute zur Entfaltung kommt, müssen nun aber auch einen Blick auf die besondere Situation werfen, in der diese Entfaltung statthat. Nicht aus Unentschlossenheit der Haltung, sondern einfach weil die Lage heute so völlig anders ist als in den dreißiger und vierziger Jahren, läßt sich einerseits eine allgemeine Hinwendung zum Marxismus, andererseits aber ein Abbau der traditionellen marxistischen Betrachtungsweisen beobachten. In den Jahren unmittelbar nach dem Krieg hatte man noch versucht, die alte Argumentation aufrechtzuerhalten. Die Stabilisierung des Kapitalismus, so war zu hören, sei nicht von Dauer. Gut, auf lange Sicht mag das wohl so sein, doch sie hält nun schon fast zwanzig Jahre an, was kaum je ein Marxist erwartet hätte. Einige hielten die Befreiung der in kolonialer oder halbkolonialer Abhängigkeit stehenden Völker für bloßen Schein. Nun trifft das insofern zu, als politische Unabhängigkeit allein nicht genügt, da sie zu jener elastischeren Form wirtschaftlicher Beherrschung führen kann, die wir heute als Neoimperialismus bezeichnen. Dennoch wurde das Spiel der politischen Kräfte in großen Teilen der Welt von Grund auf verändert, was nur wenige Marxisten vorausgesehen, geschweige denn in so naher Zukunft erwartet hatten.

---

* Einleitende Feststellungen anläßlich einer am 31. Oktober 1965 von der »Marx Memorial Library« veranstalteten Diskussion, veröffentlicht u. d. T. »The Dialogue on Marxism« in der Februarnummer 1966 der Monatszeitschrift »Marxism Today« in London. Die Überschrift wurde von den Herausgebern gewählt.

Fortschritte im Sozialismus waren für die meisten von uns nicht durch selbständiges Vorgehen von Kommunisten zu erzielen, vielmehr hielt man sie allein erreichbar durch die Anstrengungen einer einzigen, weltweiten kommunistischen Bewegung, gruppiert um die Sowjetunion. Aus verschiedenen Gründen jedoch traten innerhalb der einheitlichen Bewegung des Weltkommunismus Spannungen, ja offene Brüche auf, und unser Bedauern hierüber kann an den Tatsachen nichts ändern. Es sind zudem in einigen der früher unter kolonialer oder halbkolonialer Herrschaft stehenden Ländern ebenfalls Wege zur nationalen und sozialen Befreiung, ja selbst Wege zum Sozialismus beschritten worden, obwohl keine Verbindung zum Kommunismus bestand, und dies geschah gerade dort, wo die Kommunisten zu schwach waren, als daß sie eine bedeutendere Rolle hätten spielen können. Schließlich rief das Ende des Stalinismus im Marxismus selbst eine nicht geringe Krise hervor und hat zu einem erneuten Überdenken der Positionen geführt. Vor dem Hintergrund solcher Perspektiven wird der »Dialog über den Marxismus« geführt, über den ich hier spreche.

Dieser Dialog vollzieht sich nun in zwei Hauptformen. Einmal in der Diskussion zwischen Marxisten und Nichtmarxisten, zum anderen in der Diskussion zwischen den verschiedenen Richtungen des Marxismus. Genauer: zwischen Marxisten mit verschiedenen Auffassungen über eine Anzahl theoretischer und praktischer Fragen – einerseits innerhalb der kommunistischen Parteien selbst und unter den Anhängern miteinander rivalisierender kommunistischer Parteien (in einigen bedauernswerten Ländern), andererseits unter kommunistischen wie nicht-kommunistischen Marxisten. Keine dieser zwei Formen ist neu. So war bis zum ersten großen Bruch in der marxistischen Bewegung während und nach dem Ersten Weltkrieg und der Novemberrevolution ein ständiger Prozeß theoretischer Auseinandersetzung innerhalb der Sozialdemokratie gang und gäbe.

Sogar die russischen Sozialdemokraten bildeten bis kurz vor Ausbruch des Ersten Weltkriegs durchaus eine organisatorische Einheit, wenn man auch fälschlicherweise die Auffassung übernommen hat, ihre Trennung in Bolschewiken und Menschewiken sei viel früher erfolgt. Heute erinnern wir uns zudem wieder daran, daß selbst noch nach der Revolution innerhalb der Kommunistischen Partei der Sowjetunion wie des Weltkommunismus eine Diskussion zwischen sehr unterschiedlichen Standpunkten in ideologischen und praktischen Fragen die Regel war, jedenfalls bis etwa zum Jahre 1930. Dann aber verfiel die Diskussion im Marxismus etwa zwischen 1930 und 1956 für die Zeitdauer einer ganzen Generation dem Substanzschwund.

Dies gilt für den Dialog zwischen Marxisten und Nichtmarxisten wie zwischen den verschiedenen Richtungen innerhalb des Marxismus selbst. Was die Nichtmarxisten betraf, so drängten wir uns nach Gegenüberstellung, wollten ihnen den Marxismus erklären, ihn verbreiten und propagieren, Polemik gegen seine Gegner betreiben. Aber es kam uns nicht der Gedanke, daß auch wir unsererseits von ihnen etwas lernen könnten. Ein Gespräch, in dem der eine Partner nur zuhören soll, der andere aber nicht zuhören will, ist kein Dialog. Das spiegeln die Wendungen wider, in denen wir damals von solchen Gegenüberstellungen sprachen. Da redeten wir vom »Kampf der Ideen«, sprachen davon, »Partisan« zu sein in der intellektuellen Auseinandersetzung; ja auf dem Höhepunkt solch sektiererischer Haltung Anfang der fünfziger Jahre hieß es sogar: »bürgerliche« gegen »proletarische« Wissenschaft.[1]

Immer mehr eliminierten wir alle Elemente, die nicht von Marx, Engels, Lenin und Stalin stammten oder in der UdSSR als orthodox gelten gelassen wurden, alle Kunsttheorien außer dem »sozialistischen Realismus«, alle psychologischen Lehren außer den Pawlowschen, zeitweilig auch jede andere Biologie außer der Lyssenkos. Hegel wurde aus der marxistischen Theorie verwiesen, so in der »Geschichte der Kommunistischen Partei der Sowjetunion (Kurzer Lehrgang)«, ja selbst Einstein machte sich verdächtig, ganz zu schweigen von den »bourgeoisen« Gesellschaftswissenschaften im ganzen. Je mehr unsere

1 Ein französischer marxistischer Philosoph und Kritiker hat über diese Zeit geschrieben: »Im Gedächtnis unseres Denkens erinnern wir uns dieser Zeit als einer Zeit der Intellektuellen in Waffen, da wir den Irrtum bis in all seine Schlupfwinkel verfolgten, als eine Zeit, in der Philosophen keine Bücher schrieben, aber jedes Buch zu einem Politikum machten und die Welt – Kunst, Literatur, Philosophie und Wissenschaft – mit einer einzigen Klinge unbarmherzig in die Blöcke der Klassenunterschiede zurechtsäbelten« (L. Althusser: Pour Marx, Paris 1965, 12).

eigene offizielle Doktrin an Überzeugungskraft verlor, desto weniger konnten wir uns auf ein Gespräch einlassen, und es ist bezeichnend, daß wir öfter von der »Verteidigung« des Marxismus sprachen als von den Möglichkeiten seines Vordringens. Versteht sich, das war ganz natürlich. Wie hätten wir denn auch über die Geschichte der UdSSR ernsthaft diskutieren können, solange wir Trotzki mit keinem Wort erwähnten oder in ihm den Agenten einer ausländischen Macht sahen? Bestenfalls vermochten wir Bücher und Artikel zu schreiben, in denen wir uns einzureden versuchten, wir hätten auf Andersdenkende nicht zu hören.

Nach Stalin wurde es immer klarer, daß dies nicht genug war, und zwar aus zwei Gründen. Einmal, weil dadurch der Sozialismus sich selbst um wichtige Instrumente der Forschung und Planung brachte, vor allem in den Wirtschafts- und Sozialwissenschaften. (Es gehört zu den Ironien dieser Situation, daß einige der volkswirtschaftlichen Ideen, auf die wir freiwillig verzichtet hatten, ursprünglich während der zwanziger Jahre von Marxisten in Rußland erstmals gedacht worden waren, darunter ein Gutteil der modernen Theorien über wirtschaftliche Entwicklung, Plantechnik und staatliches Bilanzwesen.) Zum anderen, weil wir uns weithin die Möglichkeit nahmen, den Marxismus propagandistisch zur Wirksamkeit zu bringen. Während des Krieges gab es in den Widerstandsbewegungen zwar durchaus Leute, die aus Klassenbewußtsein in kommunistische Parteien eintraten, oder weil diese am besten gegen Hitler kämpften. Sie wurden dann Marxisten, wobei ihnen unsere höchst wirkungsvolle Erziehungsarbeit half. Doch wegen der wissenschaftlichen Überzeugungskraft der Marxschen Ideen sind nach den dreißiger Jahren nur sehr wenige Menschen Kommunisten geworden.

Was nun die Diskussion zwischen den verschiedenen Vertretern des Marxismus angeht, so fand sie für die Dauer einer Generation so gut wie gar nicht statt, da so gut wie gar keine Ansätze dafür gegeben schienen. Die meisten Marxisten waren Kommunisten, waren Mitglieder kommunistischer Parteien oder standen ihnen zumindest nahe. Diejenigen, auf die das nicht zutraf, konnten außer acht bleiben – so schien es jedenfalls –, ja sie waren tatsächlich oft ganz namenlos, da hinter ihnen keine bedeutenden Bewegungen standen. Wir aber pflegten die etwas verschwommene Vorstellung, daß jene, die keine Kommunisten mehr waren oder zu irgendeiner Zeit sich von Lenin getrennt hatten, nun auch keine Marxisten mehr seien oder nie als »echte« Marxisten hatten gelten können. Wir sind dadurch einer großen Zahl von Fragestellungen ausgewichen, doch uns schienen es ja keine wichtigen Fragestellungen zu sein. Plechanow zum Beispiel war der Vater des russischen Marxismus, und manche seiner Werke lasen wir voll Bewunderung, genau wie auch Lenin sie einst gelesen hatte. Aber wir lasen nicht diejenigen seiner Werke, in denen seine Auffassung von der Lenins abwich, weil sie uns einfach nicht zur Verfügung standen. Und selbst wenn sie uns zur Verfügung gestanden hätten (wie etwa die späten Arbeiten Kautskys), so wären wir verständlicherweise der Auffassung gewesen, sie müßten falsch sein, weil er selbst ja ganz offensichtlich von der Geschichte widerlegt worden war. Andererseits glaubten wir, daß ein jeder, der unter dem Vorzeichen der Kommunistischen Partei schreibe, bereits Marxist sei, was keineswegs zutreffen muß. So haben wir uns in zweifacher Hinsicht geirrt.

Die Unmöglichkeit, diese Haltung länger aufrechtzuerhalten, wurde nach 1956 ganz offenbar, als eine große Anzahl marxistischer Intellektueller aus der Kommunistischen Partei austrat. Man konnte ja nun schlecht einfach behaupten, Christopher Hill sei im gleichen Augenblick kein marxistischer Historiker gewesen, in dem er das Parteibuch aus der Hand gab. Unglaubwürdig auch zu behaupten, er sei nie ein Marxist gewesen; ganz sinnlos gar, er sei aus der Partei ausgetreten, weil er irgendwann vor Jahren aufgehört habe, Marxist zu sein, ohne einem Menschen dies einzugestehen, auch nicht sich selber. Wir mußten mit der Tatsache fertig werden, daß von den marxistischen Intellektuellen nur ein Teil in der Kommunistischen Partei war – und nicht die überwiegende Mehrzahl wie früher –, daß sich die Ausgetretenen aber trotzdem auch weiterhin Marxisten nannten.

Die Entstehung verschiedener Strömungen innerhalb des Kommunismus selbst machte die alte Einstellung nur noch unhaltbarer. Zwar trifft es durchaus zu, daß eine Anzahl von Exkommunisten zu Exmarxisten und schließlich auch zu Antimarxisten wurden – die gewöhnliche Entwicklung –, und daß dies unserer alten Einstellung recht zu geben schien. Andererseits aber, gerade in den letzten zehn

Jahren, haben wir es erlebt, daß zahlreiche Nichtmarxisten Marxisten geworden sind (oder sich selbst so nennen), ohne daß sie jemals der Kommunistischen Partei beigetreten wären oder dies beabsichtigt hätten. Und wirklich: Es ist heute nicht mehr möglich, die schlichte Ansicht zu vertreten, mit der viele von uns noch groß geworden sind, daß es einen, nur den einen »wahren« Kommunismus gebe und daß man ihn ausschließlich innerhalb der Kommunistischen Partei finde.

Das heißt nun nicht, daß es keinen »wahren« Marxismus gibt. Er kann nur nicht länger institutionell eingegrenzt werden, und es ist keineswegs leicht, in jedem Fall immer zu wissen, was ihn eigentlich ausmacht, so wie wir das früher zu wissen geglaubt haben. Wenn ich sage, daß die Diskussion zwischen den Marxisten begonnen hat, so meine ich doch nicht, Übereinstimmung in allen Punkten lasse sich erzielen. Vielmehr glaube ich, daß die Diskussion über einige Punkte (nicht immer dieselben) ad infinitum weitergehen muß, weil der Marxismus eine wissenschaftliche Methode ist und weil in der Wissenschaft die Diskussion – gerade die Diskussion zwischen Vertretern verschiedener Auffassungen über Grundfragen der Wissenschaft – die einzige Methode ist, die allezeit den Fortschritt sichert. Jedes gelöste Problem stellt nämlich weitere Probleme für künftige Diskussionen.

Ich bin aber auch der Ansicht, daß es gerade gegenwärtig wichtiger ist, Fragen zur Diskussion zu stellen, als sich über sie zu verständigen, selbst wenn dies leichter wäre, als es im Augenblick scheint. So sei es mir erlaubt, den Verdacht zu äußern – ja, ich tue es wirklich –, ob nicht sehr viele, die sich heute als Marxisten bezeichnen, gar keine sind und ob nicht eine ganze Anzahl von Lehren, die unter marxistischen Vorzeichen verbreitet werden, mit Marx nur sehr wenig zu tun haben. Das gilt freilich für die Marxisten innerhalb kommunistischer Parteien oder in den sozialistischen Ländern genauso wie für die Marxisten außerhalb.. Auf jeden Fall müssen wir uns fragen, was gegenwärtig vordringlicher ist: den Marxismus zu definieren – was früher oder später ganz von selbst geschehen wird – oder zu entdekken, nein, wiederzuentdecken, was er eigentlich ist. Gewiß ist diese Aufgabe die schwierigere.

Ja, ein großer Bereich des Marxismus muß neu durchdacht und neu entdeckt werden, nicht nur von den Kommunisten. Die nachstalinistische Epoche hat keine Fragen beantwortet, sie hat sie erst gestellt. Es sei mir erlaubt, hier einen französischen kommunistischen Intellektuellen zu zitieren: »Wer Stalin nicht nur die Schuld an dessen eigenen Verbrechen und Fehlern zuschiebt, sondern auch alle unsere Unzulänglichkeiten, wird wohl mit Unbehagen die Entdeckung machen, daß das Ende des philosophischen Dogmatismus uns nicht etwa auch schon die marxistische Philosophie zurückgegeben hat ... Zwar hat sie der wissenschaftlichen Betätigung allgemein Freiheit gebracht, aber auch eine Art Fieber. Einige Leute beeilten sich, als Philosophie auszugeben, was nur die ideologische Einkleidung ihres Gefühls der Befreiung und ihres Geschmacks an der Freiheit war. Aber das Fieber wird zurückgehen, so sicher, wie ein emporgeworfener Stein aus der Luft wieder zur Erde fällt. Was das Ende des Dogmatismus uns wirklich gebracht hat, ist dies: Es hat uns wieder ermöglicht, eine genaue Bestandsaufnahme unseres geistigen Besitzes zu versuchen, sowohl von unserem Reichtum als auch von unseren Mängeln zu sprechen, in aller Öffentlichkeit über unsere Probleme nachzudenken, sie zu formulieren und die schwierige Aufgabe echter wissenschaftlicher Arbeit auf uns zu nehmen« (L. Althusser, Pour Marx, Paris 1965, 5. 21).

Immer mehr Kommunisten werden sich darüber klar, daß das, was sie zu glauben und weiterzugeben gelernt haben, nicht schlechthin »Marxismus« war, sondern der in der Sowjetunion von Lenin weiterentwickelte, unter Stalin erstarrte, vereinfachte und nicht selten deformierte Marxismus. Daß »Marxismus« nicht ein abgeschlossenes Ganzes aus endgültigen Theorien und Einsichten ist, sondern ein Entwicklungsvorgang, daß Marxens eigenes Denken sich zum Beispiel während seines ganzen Lebens weiterentwickelt hat. Daß der Marxismus zweifellos mögliche Antworten bereithält, doch häufig keine Antworten, die angesichts der uns augenblicklich betreffenden spezifischen Probleme von Nutzen wären, teils weil die Situation seit Marx oder Lenin sich gewandelt hat, teils weil beide zu bestimmten Fragen, die zu ihrer Zeit schon existiert haben und die uns heute angehen, sich nicht geäußert haben.

Außerhalb der Kommunistischen Partei stehende Marxisten müssen sich darüber klar werden, daß trotz der Irrtümer und der gefährlichen Vereinfachungen und Verdrehungen der Stalinzeit oder gar der ganzen Jahre der Kommunistischen Internationale von der internationalen kommunistischen Bewegung dennoch wertvolle und wichtige Beiträge zum Marxismus geleistet worden sind. Man kann im Marxismus nichts auslassen. Weder bei der Berufung auf Lenin oder Marx gegen Stalin, noch bei der Berufung auf den frühen Marx gegen den späteren. Es gibt nur harte, langwierige und unter den gegenwärtigen Umständen wohl kaum endgültige Ergebnisse zeitigende Arbeit.

[…]

Trotz alledem besteht eine echte und lebhafte Aktivität in der Theorie. Eines der vielversprechenden Anzeichen hierfür ist das Wiederaufleben der Diskussion über die sogenannte »asiatische Produktionsweise« in der Theorie von Marx, die etwa seit 1960 in Frankreich, Ungarn, der DDR, England, der Tschechoslowakei, Japan, Ägypten und einigen anderen Ländern, seit 1964 auch in der UdSSR, ja sogar - wenn auch kritisch - in China im Gange ist. Man darf nicht vergessen, daß dieses Marxsche Konzept von der internationalen kommunistischen Bewegung fallengelassen worden ist, und zwar zwischen 1928 (als die Chinesen es kritisierten) und den frühen dreißiger Jahren (als man es in der Sowjetunion aus der Diskussion verbannte), wodurch es seither außerhalb der offiziellen Theorie blieb.[2]

Um was geht es heute bei dieser Diskussion? Offenbar um die Anwendbarkeit der marxistischen Analyse auf die Welt von heute. Oder noch eigentlicher: Da sie einfach nicht mehr in der alten Form buchstäblich angewendet werden kann, um eine Modifizierung dieser Analyse, die ja auf die Welt von heute zutreffen soll.[3] Die »heutige Welt« aber muß notwendigerweise die sozialistische Welt wie die nichtsozialistische Welt einschließen. Hierüber hat die marxistische Analyse noch wenig erbracht. In politischer Sprache: Es geht um die

---

2 Eine zusammenfassende Darstellung dieser Diskussion erschien in »La Pensée«, April 1964 und August 1965.

3 Jeder, der in dieser Hinsicht Zweifel hat, sollte wieder eine für die dreißiger Jahre so typische marxistische Verlautbarung lesen wie John Strachys »Why you should be a Socialist« oder etwas Entsprechendes aus den fünfziger Jahren wie Palme Dutts »Crisis of Britain« oder zu diesem Thema O. Kuusinens Buch über die Grundlagen des Marxismus-Leninismus.

Perspektiven für den Sieg des Sozialismus in den nichtsozialistischen Ländern und um seine künftige Entwicklung in den sozialistischen. Das führt zur Diskussion einer Anzahl mehr theoretischer Probleme, die sie aber nicht erschöpft. Es liegt auf der Hand, daß einige dieser Probleme keine sehr unmittelbare und offen ersichtliche Bedeutung für die Tagespolitik, ja die Politik überhaupt besitzen, wenn dies auch nicht immer erkannt wurde. Ob wir uns zum Beispiel dafür oder dagegen entscheiden, daß die Geschichte Chinas zu einem bestimmten Zeitpunkt in der Vergangenheit nach den Kriterien der »asiatischen Produktionsweise« bei Marx analysiert werden kann, wird weder heute noch in Zukunft einen Einfluß auf die Politik der Kommunistischen Partei Chinas haben. Doch wenn auch die theoretischen und praktischen Aspekte solcher Diskussionen getrennt werden können, so lassen sie sich doch wiederum in der Praxis nicht immer auseinanderhalten.

Als größtes politisches Problem in den nichtsozialistischen Staaten erscheint mir die Frage nach der Anzahl und Verschiedenartigkeit möglicher Wege zum Sozialismus. Seit der Oktoberrevolution hat man zur Annahme tendiert, daß es im Grunde zu allen Zeiten nur einen einzigen Weg gegeben habe, mit örtlichen Variationen, versteht sich. Diese strenge Auffassung wurde durch die Zentralisierung im Weltkommunismus wie durch dessen spätere Beherrschung durch die KPdSU nur noch bekräftigt. Sie spukt auch heute noch durch die sowjetisch-chinesische Diskussion.

Zwei Dinge dürfen nun nicht außer acht gelassen werden, was im einen Fall für einen Marxisten geringere Probleme stellt als im anderen. Einmal kann, das ist ganz klar, der Weg zum Sozialismus etwa in Großbritannien nicht derselbe sein wie in Brasilien, seine Zukunftsperspektiven in der Schweiz hier, in Kolumbien dort, stellen sich nicht ebenso strahlend oder umschattet dar. Es ist darum Aufgabe der Marxisten, die Länder der Welt ihrer realen Lage angemessen in verschiedene Gruppen aufzuteilen und die sehr verschiedenen Bedingungen, die in jeder Gruppe für den Fortschritt gegeben sind, jeweils zu analysieren, ohne zu versuchen, alle über den Kamm entweder des friedlichen Übergangs oder der gewaltsamen Erhebung zu scheren. Dies ist im Prinzip gar nicht so schwer, doch muß man hierfür eine Menge älterer Analysen und politischer Verfahrensweisen über Bord werfen, was in der Praxis Schwierigkeiten bereitet.

Weitaus schwieriger noch ist es, sich damit vertraut zu machen, daß vielleicht Wege des Fortschritts zur Befreiung, ja auch zum Sozialismus entwickelt worden sind, zu denen die traditionellen kommunistischen Parteien oder Arbeiterbewegungen nur am Rande beigetragen haben. Ich denke hier an solche Fälle wie Cuba, Algerien, Ghana und möglicherweise noch andere. Ganz allgemein bedeutet das, daß wir uns fragen müssen, ob unsere Vorstellung von der Rolle der kommunistischen Parteien als Avantgarde auf dem Wege zum Sozialismus nicht einer Revision bedarf. Ob zum Beispiel, wie dies in einer im Augenblick stattfindenden Diskussion innerhalb der KPI gefragt wurde, der Bruch zwischen den sozialdemokratischen und kommunistischen Parteien von 1914 heute in einigen Ländern noch länger zu befürworten ist. Indem ich solche Fragen stelle, besser noch: indem ich feststelle, daß man sie gestellt hat, gebe ich noch keine Antwort, ja schlage ich noch nicht einmal eine Antwort vor. Ich sage bloß, daß man an diesen Fragen nicht länger vorbeigehen kann, indem man vor ihnen die Augen verschließt.

Innerhalb der Länder des Sozialismus stellen sich angesichts der Wirklichkeit auch einige Fragen – ob uns das gefällt oder nicht –, und sie stellen sich ebenso in Hinblick auf die sozialistische Zukunft der heute noch außerhalb des Sozialismus stehenden Länder. Es handelt sich um wirtschaftliche Fragen, etwa um die beste Agrarpolitik (angesichts der nicht zu übersehenden Fehlschläge auf diesem Gebiet), um die beste Art und Weise der wirtschaftlichen Planung, der Bereitstellung von Rohstoffen, Waren usw. Es handelt sich aber auch um politische Probleme, etwa um die beste Art der Organisation staatlicher Institutionen (angesichts der nicht zu übersehenden Mißerfolge solcher Institutionen in vielen sozialistischen Staaten). Es sind Fragen der Verwaltung, der demokratischen Freiheiten, der Meinungsfreiheit und andere mehr. Es sind leider auch internationale Probleme, wie dies die unterschiedlichen Beziehungen zwischen den verschiedenen sozialistischen Ländern nur allzu deutlich zeigen, also nicht zuletzt – wie Togliatti dies in seinem Testament dargelegt hat – Fragen zur Rolle des Nationalismus in den sozialistischen Staaten. Auch hier verweise ich nur auf das Vorhandensein dieser Probleme, möchte keine Lösungen geben. Wenn ich etwas möchte, so dies: daß man den Antworten nicht durch Phrasen ausweicht. Kein: »diese Dinge sind noch Überbleibsel aus vorsozialistischer Zeit« oder »Schuld des Revisionismus« oder des »Dogmatismus«; auch nicht, sie würden bei einer »Liberalisierung« verschwinden.

Diese ganzen Fragen fordern ihre theoretische Diskussion und in einigen Fällen auch die Bereitschaft, eingefleischte Haltungen aufzugeben (eine Bereitschaft, die Lenin zum Beispiel besaß) und sich in neues Gelände vorzuwagen. Wir sind es nicht mehr gewöhnt und wissen auch nicht mehr, daß Marxisten dies früher sehr wohl zu tun pflegten. So mußten sie nach der Oktoberrevolution in Rußland sich auf ein Neuland wagen, das Marx überhaupt noch nicht abgesteckt hatte, wenn man von einigen sehr allgemein gehaltenen Aussagen absieht, die vor allem die Frage der ökonomischen Entwicklung zurückgebliebener Länder berühren. Und weil die Marxisten sich damals auf Neuland wagten, ist der Marxismus heute eine echte Weltbewegung. Was ihm in der heutigen Welt nicht zuletzt Anziehungskraft verleiht, ist seine Analyse der imperialistischen Phase des Kapitalismus, die erst in der Nachfolge von Marx geleistet worden ist, sowie die Aufzeigung von Wegen, auf denen rückständige Länder zu modernen Ländern werden können – die bedeutendste theoretische Errungenschaft der sowjetischen Marxisten in den zwanziger Jahren. Zudem führen uns einige dieser Punkte zurück zum Dialog zwischen Marxisten und Nichtmarxisten, denn sie lassen es unumgänglich erscheinen, daß wir aus den Errungenschaften nicht-marxistischer Wissenschaftler lernen. Es ist belanglos, ob der Marxismus ohne eine Verknöcherung hier auf gleicher Höhe oder gar an der Spitze liegen könnte. In vieler Hinsicht tut er es nicht, und wir müssen jetzt nicht nur Lehren verbreiten, sondern auch Lehren empfangen.

Dies bringt mich zu meinem Schluß. Wir befinden uns in einer Lage, in der politisch wie theoretisch der Marxismus zersplittert ist. Für absehbare Zeit müssen wir mit dieser Tatsache zu leben lernen. Was nützt es, bedauernd die Zeiten zu beschwören, da er's noch nicht war? In der heutigen Lage muß der Marxismus auf zwei Wegen wieder an die Spitze der Entwicklung gebracht werden. Er muß das Erbe der geistigen Eiszeit zum Abschmelzen bringen, aus der er heraustritt (was nicht heißt, daß er alles aufgeben soll, was während dieser Zeit gesagt und getan worden ist). Auch muß er alles in sich aufnehmen, was die Wissenschaft an hervorragenden Leistungen geboten hat, seitdem er diese Gebiete nicht mehr ernsthaft in sein Denken einbezog. Absichtlich drücke ich mich so kraß aus, das ist notwendig. Wir müssen nicht nur erklären, sondern auch fragen. Vor allem uns selbst. Wir müssen mit Irrtümern rechnen. Wir dürfen nicht länger behaupten, auf alles eine Antwort zu wissen, weil dies offensichtlich nicht stimmt. Vor allem müssen wir wieder lernen, im Marxismus eine wissenschaftliche Methode zu sehen.

Das haben wir lange versäumt. Hartnäckig haben wir zwei Dinge getan, die unvereinbar mit jeder wissenschaftlichen Methode sind – und wir taten sie nicht erst seit den letzten Jahren Stalins, sondern schon früher. Erstens, wußten wir die Antworten im voraus und haben sie nur nachträglich mit Wissenschaft untermauert. Zweitens haben wir Theorie und politische Debatte durcheinandergeworfen. Beides ist tödlich. So sagen wir etwa: »Wir wissen, daß der Übergang vom Feudalismus zum Kapitalismus sich überall durch Revolutionen vollzieht«, weil Marx so sagt und weil die Geschichte ja sonst nicht nur durch Revolutionen, sondern auch durch graduelle Entwicklung vorangehen könnte – und die Sozialdemokraten hätten recht. Und deshalb ergeben unsere Forschungen, daß a) die Revolution in den vierziger Jahren des 17. Jahrhunderts in England vom Bürgertum ausging, daß b) England zuvor ein Feudalstaat gewesen ist, daß c) es später ein kapitalistisches Land wurde. Ich behaupte nicht, daß diese Schlüsse falsch sind, wenn mir Schluß b) auch sehr zweifelhaft erscheint. Doch so abwägend ist man nicht vorgegangen. Es brauchten nur die Fakten mit unseren Folgerungen nicht übereinzustimmen, dann sagten wir einfach: zum Teufel mit den Fakten.

Es gibt historische Gründe, warum wir so sagten, die bis in die Jahre vor 1914 zurückgehen, aber lassen wir sie. Und ob die Fakten nun für die Kommunisten oder für die Sozialdemokraten sprechen – das hat mit Marxismus nichts zu tun. Die Tatsache, daß die Lage der englischen Arbeiterklasse sich im Laufe der Geschichte nicht absolut verschlechtert hat, spricht für die Liberalen und Sozialdemokraten und nicht für die Revolutionäre. Doch wären wir Narren und keine Marxisten, wollten wir diese Tatsache deshalb leugnen. Marxismus ist ein Instrument, um die Welt durch Wissen zu verändern, und wir handhaben es politisch. Es dient aber nicht der Haarspalterei angesichts strittiger Punkte in der Politik. Viele unserer hochbefähigten älteren Genossen haben durch Außerachtlassen dieses Unterschieds viel Zeit verloren, als sie sich über die Theorie des Marxismus verbreiteten.

Wir müssen den Marxismus erneut als wissenschaftliche Methode entdecken. Vielleicht das hoffnungsvollste Zeichen in unserer heutigen, weder für die Welt noch für England so besonders hoffnungsvollen Situation ist die zunehmende Bereitschaft der Marxisten, dies zu tun. Als Garantie für das noch Erreichbare bleibt die Tatsache, daß der auf dem Marxismus aufbauende Sozialismus auch dann noch große Fortschritte in der Welt gemacht hat, als dieser Marxismus alles tat, sich selbst mit Ohnmacht zu schlagen.

Übersetzung von Wolf-Dieter Rasch. Erschienen unter der Überschrift »Der Dialog über den Marxismus« in: Kürbiskern, Literatur und Kritik, 2. Jg., 4/1966, S. 108-120.

*122, Regent's Park Road – hier wohnte Friedrich Engels von 1870-1894*

# Kultur als Getto

Seit das Wort Kultur gegen Ende des 17. Jahrhunderts und in Deutschland seinen heute üblichen Sinn erhielt, ist es eng mit dem Begriff »Bildung« verknüpft und nicht davon zu trennen. Das läßt sich aus alten und neuen Wörterbüchern belegen, aus denen ich hier nicht zu zitieren brauche. Mein Beitrag beschäftigt sich also sowohl mit Kultur als auch mit Schule. Ich lasse bewußt den weiteren, anthropologischen Sinn des Wortes beiseite, eben weil er den Begriff der Kulturzerstörung sozusagen per definitionem ausschließt. Im anthropologischen Sinne bestünde eine Kultur auch dann weiter, wenn niemand mehr zu sagen wüßte, wer Beethoven war, oder selbst wenn Lesen und Schreiben verlorengingen. Barbaren sind nicht minder menschlich als Zivilisierte. Es ist aber doch wohl die aktuelle Gefahr des Rückfalls in eine neue Barbarei, die uns heute so besorgt macht.

Kultur im ursprünglichen und gängigen Sinn ist also schon seit ihren Anfängen ein Minderheitsphänomen, da eben kaum zu erwarten war, daß mehr als nur eine Minderheit die Möglichkeit bekam, sich die Kenntnisse anzueignen, welche das Fundament einer solchen Kultur bilden; und was ebenso wichtig ist, sie war von Anfang an ein Kennzeichen solcher Minderheit, die sich dadurch von anderen Gruppen der Bevölkerung abgrenzt und absondert. In diesem Sinn gehörten Kultur und Getto schon immer zusammen, obwohl es sich hier um ein selbstgewähltes und durchaus nicht um ein aufgezwungenes Getto handelt. Sie erforderte technische Kenntnisse wie z. B. in analphabetischen Gesellschaften das Lesen und Schreiben. Sie gehörte gesellschaftlichen Schichten, deren Mitglieder für solche Beschäftigung genügend Zeit und Mittel hatten, falls sie darauf Wert legten – und sie legten allerdings darauf Wert –, nicht nur um die Kunst selbst für sich zu beanspruchen, sondern damit das gesellschaftliche Ansehen der Kultur. Nicht nur die Kunstliebe, sondern auch Pflichtgefühl trieben Generationen von Touristen durch endlose Kunstmeilen italienischer Museen und Straßen, und noch heute liegt der Wert des häuslichen Konversationslexikons weniger in der möglichen Lektüre als im sichtbaren Besitz eines solchen Kulturschatzes. Ich meine natürlich nicht jene Personen oder Gruppen, die sich ein bestimmtes kulturelles Wissen aus beruflichen Gründen aneignen müssen, wie z.B. der katholische Klerus das Latein oder der Volkswirtschaftler die Mathematik; ich meine auch nicht jene Kenntnisse, die lediglich einen schichtspezifischen Ausweis darstellen, wie etwa die Kenntnis adliger Stammbäume für Herrn de Charlus und seinesgleichen in der Gesellschaft Marcel Prousts.

Kultur war also den gesellschaftlich gehobenen Minderheiten vorbehalten, und zwar als etwas, das mit viel Zeit und, wenigstens am Anfang, nur mit mehr oder weniger Mühe erworben und erlernt werden konnte. Nicht jede Lektüre, sondern nur ›gute‹ Lektüre gehörte zur ›Literatur‹; nicht was ehedem jeder Schusterbub pfiff und jede Dienstmagd sang, wurde zur Kultur gerechnet, sondern – wenn man von dem durch Gebildete zum Wertstück aufpolierten Volkslied einmal absieht – nur die ›gute‹ Musik. Nicht Unterhaltung, die jedermann zugänglich war, sondern das künstlerisch Höhere war Kultur. Aber es lag doch wohl im Wesen der bürgerlichen Gesellschaft – und die ›Kultur‹ in diesem engen Sinne galt als ein typisches Produkt dieser Gesellschaft –, daß diese geistig anspruchsvolleren Kenntnisse und kulturell höheren Werte theoretisch eben nicht Elitemonopol sein konnten oder (wie Latein im Gottesdienst) der Masse unverständliches Elitegeheimnis bleiben durften, sondern jedem verfügbares Allgemeingut zu sein hatten. Das Museum selbst, heute für jeden Besucher offen, meist wie in England sogar unentgeltlich, bestätigt diese Überzeugung. So wenig sich die Massen je für Hölderlin oder Hugo Wolf begeistern mochten, so gilt als unbestritten, daß beide doch auch für sie da waren und sind.

Daß Goethe und Racine, Michelangelo und Rembrandt, Mozart und Beethoven – von der Avantgarde gar nicht zu sprechen – nie so zum Allgemeingut wurden wie ›Maikäfer, flieg‹ oder (in protestantischen Ländern) gewisse Choräle und Bibelstellen, ist sicher. Gleichwohl läßt sich eine bedeutende Demokratisierung der gebildeten westlichen Kultur im 19. und 20. Jahrhundert nicht leugnen. (Manche Religionen hatten ja schon längst die Massen mit den Künsten vertraut gemacht, allerdings nicht als Selbstzweck – die Kunst als Selbstzweck ist ja ohnedies ein bürgerlicher Begriff –, sondern als Mittler zwischen Mensch und Gott.) Dieser notwendigen Demokratisierung näherte man sich auf mindestens vier Wegen. Erstens durch die Schule, die ab 1870 in Europa jedenfalls das Ziel hatte, allen hier geborenen Bewohnern jedes Staates eine gewisse Bildung angedeihen zu lassen und mindestens das Lesen der offiziellen Schriftsprache zu lehren, also auch der literarischen Sprache. Lehrer und Lehrerinnen, Lesebuch und Gesangbuch brachten die Hochkultur wenigstens häppchenweise unters Volk. Zweitens durch jenen durch die Schule geprägten Patriotismus bzw. Nationalismus, wodurch Kultur und Kunstwerke und deren Schöpfer zu Symbolen der Nation avancierten. Drittens durch die jeweils individuell angestrebte oder erreichte soziale Flucht aus der Masse der ärmeren Stände oder Klassen, aus der vorbürgerlichen in die bürgerliche Welt. Ob diese Entwicklung durch Bildung begünstigt wurde oder nicht – die Aneignung der anerkannten Bildungswerte, d.h. der Künste, war eben das Kennzeichen des immerhin symbolischen Erfolges. Viertens – und das wird natürlich aus der Geschichte der organisierten Arbeiterbewegung ganz besonders sichtbar – kämpfte man kollektiv gegen die Monopolisierung der geistigen Werte und historischen Errungenschaften der Menschheit durch die herrschenden Klassen. Ob sich dies nun durch die Eroberung der anerkannten ›guten‹ Kultur so ereignete, durch die Entdeckung oder Wiederentdeckung ›fortschrittlicher‹ oder revolutionärer Elemente in der tradierten Kultur oder durch ein innovatives oder klassenkämpferisches Repertoire ähnlicher Schöpfungen – etwa Hauptmanns »Weber« oder die Kollwitz –, ist in diesem Zusammenhang von geringerem Interesse. Die Namen und Werke der Kultur wurden quasi zu Ikonen, die jeder Mensch, dem persönlicher oder kollektiver Fortschritt wichtig war, eben als äußeres Symbol dieses Fortschrittes gern in der Vitrine präsentieren wollte. Diese Entwicklung wurde gefördert, indem die Mehrzahl der neuen Kulturschöpfungen des bürgerlichen Zeitalters bewußt eine breite Öffentlichkeit anzusprechen hoffte, und zwar in den ihr verständlichen Idiomen; ja oft wurde sogar – wie vorzüglich von Dickens – ein bewußt volkstümlicher Tonfall gewählt. Hinzu kam die flankierende Hilfe von Industrie und Technik, die verbilligte Reproduktionen von Wort und Bild in rasantem Tempo verbreiteten.

Wie effektiv die Demokratisierung des sozusagen formell als solches definierten Kulturgutes tatsächlich war, steht hier nicht zur Diskussion. Daß diese Demokratisierung der »Bildung«, gleichgültig aus welchen Motiven, zugleich von oben und unten angestrebt und gefördert wurde und bedeutende Erfolge erzielte, ist jedenfalls nicht zweifelhaft. Ich erinnere mich gut meiner eigenen Jugendzeit in den dreißiger Jahren, als die englischen Zeitungen im Wettlauf um die erste tägliche Auflage von mindestens zwei Millionen die Leser dadurch an sich zu reißen bemühten, daß sie die Gesammelten Werke von Shakespeare, Dickens und Bernard Shaw praktisch gratis dazugaben. (Ich besitze noch heute meinen damals so erworbenen Shaw.) Heute würde man den vielumworbenen Lesern wohl Ferien in der Karibik versprechen… Immerhin ist einiges von dieser Demokratisierung resistent geblieben: Nach den Untersuchungen Bourdieus behauptet noch heute ein Drittel der befragten französischen Arbeiter und Büroangestellten, Raphael sei einer ihrer Lieblingsmaler. Das gehört sich einfach so, ob man sich wirklich für Raphael interessiert oder nicht. Andererseits scheint die Begeisterung für die erste – und letzte – Generation der Avantgarde aufrichtig zu sein, die immerhin ein breiteres Publikum ansprach, und zwar in der impressionistischen und zum Teil post-impressionistischen Malerei (van Gogh). Renoir z. B. ist in allen Schichten der befragten Franzosen der Lieblingsmaler für 50 bis 60 Prozent.

Wann begann nun der Rückzug der Kultur ins Getto? Man mag darüber streiten, gleichwohl scheinen mir zwei Momente wichtig: Erstens die ab Beginn unseres Jahrhunderts sichtbar gewordene Entfremdung zwischen der Öffentlichkeit – einschließlich der bürgerlichen – und der kulturellen Avantgarde, wie übrigens auch der wissenschaftlichen Forschung. Zweitens das Entstehen einer autonomen und auf dem internationalen Massenmarkt basierenden, wirtschaftlich dominanten Massenkultur. Die lebendigen Kulturschöpfer alter

Provenienz, welche außer von ihren Auftraggebern auch von der tonangebenden Kritik ernstgenommen wurden, gingen ins innere Exil. Nach den Opern von Puccini und Richard Strauss (beide um 1860 geboren) wurden zeitgenössische Werke kaum mehr in das internationale Opernrepertoire aufgenommen. Seither lassen sich zeitgenössische Werke an den Fingern abzählen. Das Opernrepertoire ist praktisch ein Friedhof geworden, auf dem wir die Gräber der großen Toten mit den Blumen neuer Inszenierungen bekränzen.

Umgekehrt sind auf dem Humus des neuen Marktes für die Massenkultur künstlerisch ganz neue und technologisch revolutionäre Künste entstanden, die das Kulturbild unseres Jahrhunderts so übergewichtig beherrschen, daß vieles praktisch in die Hochkultur aufgenommen und von deren Produzenten schließlich kolonisiert wurde. So zum Beispiel der Film; bis jetzt noch in minderem Maße aber auch jene Entwicklungen, die sich von den amerikanischen Negermusiken herleiten. Das Kino hat das Erfassen der Natur durch das menschliche Auge weit grundlegender verändert als etwa der Kubismus. Ja, man könnte sogar behaupten, die künstlerische Avantgarde stellte eine wirkliche Beziehung zur Öffentlichkeit nur dadurch her, indem sie sich – durch öffentliche oder private Mäzene – ihr geradezu aufzwang: die ›moderne‹ Architektur ist hierfür ein gutes Beispiel; Kultur erreichte aber auch dadurch Öffentlichkeit, daß sie ihre Selbständigkeit als Kultur aufgab und sich der Produktion bzw. der Werbung und der Reklame unterordnete. Während das Bauhaus z. B. in dem weiterlebt, was als Büro-Maschine Kulturgeschichte geworden ist, hat die Avantgarde nach 1900 ein eigentliches Publikum nicht mehr gefunden.

Alles dies würde aber noch nicht den Rückzug der Gesamtkultur ins gebildete Getto erklären als vielmehr die Krise der Avantgarde unseres Jahrhunderts innerhalb der bürgerlichen Kulturwelt. Allerdings ist diese Krise der künstlerischen ›Moderne‹ unseres Jahrhunderts insofern bedeutsam, als sie, wenigstens bis zu ihrem Verfall in den letzten Jahrzehnten, noch immer als eigentliche Vertreterin der künstlerisch ernstzunehmenden zeitgenössischen Kulturschöpfung galt. Unverstandene, ja nicht einmal mißverstandene Kunst dürfte, im Gegensatz zum unverstandenen Einzelkünstler, in der Kulturgeschichte wohl als Novum gelten.

Schon diese wachsende Beschränkung der doch als seriös akzeptierten modernen Künste auf ein schmales Avantgardepublikum isolierte einen wichtigen Teil der Kultur. Aber der Rückzug der Avantgarde hat sich seither in einen allgemeinen Rückzug der Kultur ins Getto verwandelt. Erstens haben bekanntlich die Informationstechnologien das Hauptmedium moderner Kulturverbreitung, nämlich das auf Papier gedruckte Wort, verdrängt und zum Teil sogar ersetzt. Man empfindet heute das Lesen als weniger notwendig als früher und man liest auch weniger. Davon können wohl nicht nur im englischen Sprachbereich die meisten Hochschullehrer und so manche im früheren Bildungssystem aufgewachsenen Eltern ein Lied singen. Daneben gibt es nicht nur den im Anwachsen begriffenen funktionellen Analphabetismus des Westens (der in den USA auf 60 Millionen geschätzt wird), sondern auch was die Amerikaner ›functional *literacy*‹ nennen, nämlich gerade noch die Fähigkeit, wenigstens das zu lesen, was für die unmittelbare Alltagspraxis unbedingt notwendig ist, aber nicht mehr. Zum Teil durch diese technologisch bedingte Rückkehr zu einer verbalen und visuellen Kommunikation ist zweitens manches von dem unverständlich geworden, was die bisher gewohnte Kultur verständlich gemacht und eben durch die Schriftkultur vermittelt hatte; besonders weil auch die lebendige Überlieferung zusehends verblaßt, ob in weltlicher oder religiöser Vermittlung, wodurch die Generationen sich früher miteinander verbunden fühlten. Für die englische Jugend ist z. B. nicht nur die Sprache Shakespeares und der Bibel zur Fremdsprache geworden, sondern auch die Literatur des 19. Jahrhunderts. Was einmal kulturelles Allgemeingut war oder doch objektiv hätte sein können, wird also notwendigerweise wieder zur *gelehrten* Kultur verengt.

Die Schulbildung wurde daher für die breite Kulturvermittlung unersetzlich, und in der Tat ist mindestens die ›gute‹ Literatur in steigendem Maße nicht nur vom Publikum mit höherer Schulbildung abhängig, sondern vom Gebrauch in Klassenzimmer und Hörsaal. Abgesehen vom intellektuellen Tourismus, der Stratford aufrecht erhält, lebt Shakespeare heute in England auch im Theater hauptsächlich durch seine wieder gesicherte Position im Lehrplan der Realschulen. Wer ein moderner Klassiker ist, vorausgesetzt, seine Werke werden gedruckt, das bestimmt wesentlich sein Stellenwert in der Schule.

George Orwell und Evelyn Waugh haben den Prüfungsprogrammen der Mittelschulen, auf denen sie als ›set book‹ stehen, mehr zu verdanken als den spontanen Geschmacksregungen der Buchkäufer. Da die Zahl der höheren Schüler und Hochschulstudenten beträchtlich zugenommen hat, verkaufen sich solche Texte gut – aber eben, in erster Linie, weil sie im Unterricht gebraucht werden. Übrigens gilt das für die historischen Stoffe ebenso wie für die Literatur, wie an meinen eigenen Büchern erweislich. Das breitere Publikum der allgemein gebildeten Leser, an das sich manche von uns immer noch gern wenden, existiert tatsächlich; aber Bücher verkauft man hauptsächlich durch die Vermittlungsarbeit der Lehrer und Empfehlungen der Schüler.

Schule und insbesondere Hochschule bilden aber nicht nur in steigendem Maße das Publikum der Kulturrezipienten, sondern schaffen damit für die Kulturproduzenten erst die Existenzgrundlage, jedenfalls in den angelsächsischen Ländern. Der Dichter sui generis, der professionelle Romanschreiber und bildende Künstler, haben irgendwo ein Lehramt, weil sie vom eigentlichen Werk kaum leben können. Der Universitätsroman ist so in England und Amerika zu einem bekannten Genre geworden. Mehr noch: Man dichtet und schreibt speziell für Hochschulen, die wiederum von den dort als Lehrende angestellten Dichtern, Schriftstellern und Kritikern betrieben werden. In den drei Ausgaben einer tonangebenden amerikanischen Kulturzeitschrift, die ich zufällig zur Hand habe, nämlich der New York Review, stammen 75% der Beiträge aus der Universität. So droht der Zirkel der Akademie – ja nur zu oft der Scholastik und der Scholasten – sich um die beschriebene Kultur zu schließen. Und das ist schade, weil es die Kultur immer mehr davon entfernt, was die Menschen von den Künsten und der Kultur erwarten, nämlich eine Beziehung zu den Problemen des eigenen Lebens, als Individuum wie als Kollektiv. Was z. B. die Jugendlichen in den kümmerlichen Versen der Rock-Lieder suchen und finden (allerdings auch in den schönen Versen des Negerblues), ist etwas anderes als Kreuzworträtsel für akademische Seminare.

Das wäre an sich noch nicht gefährlich, sofern diese Hochkultur auch für eine breitere Bevölkerungsschicht existierte. Solange die

Massen ins Kino strömen, ist es für die Filmkunst gleichgültig, ob eine intellektuelle Minderheit Hitchcock spitzfindiger kommentiert als seine durchschnittlichen Bewunderer. Aber die Gefahr einer die höhere Schulbildung voraussetzenden Hochkultur liegt vor allem in der Reduzierung des Interesses auf diejenigen, die durch weiterführende Bildung beruflich oder statusmäßig aufsteigen wollen oder hoffen es weiterbringen zu können als die meisten anderen. Hochkultur mit Unterhaltungswert war ohnedies niemals besonders zugkräftig. Aber Kultur als Summe aus Wissen und Schule, als erstrebter Weg zur persönlichen und kollektiven Befreiung, als Symbol des Eintritts in eine Welt der Gleichberechtigung, als Licht, das in die Finsternis schien: das war einmal existentiell wichtig für viele. Das ist auch in manchen Teilen der Dritten Welt noch heute der Fall. Aber für die Massen im Westen, besonders für die Jugendlichen, die wissen, daß sie nie die Chance bekommen, sich durch die Nadelöhre der akademischen Prüfungen zu zwängen, für sie haben Schule, und damit die Kultur der Vergangenheit und der Elite, diese lebenswichtige Funktion verloren. Gott sei Dank wird die Berührung der Massen mit Kultur wenigstens konsumtiv durch die Mafia der Gebildeten in den Massenmedien ein wenig noch aufrechterhalten, die aus Klassikern Fernsehromane machen, visueller Reader's Digest – ohne Verdauungsbeschwerden. Aber wer Amerika kennt, weiß, daß auch die erfolgreichsten solcher anspruchsvollen Fernsehprogramme aus England hauptsächlich im Intellektuellengetto gesehen werden.

Das stimmt traurig. Denn die Kultur, auch die nur halbverstanden wurde, und der Kulturhunger waren einmal das Zeichen der Hoffnung, der Zuversicht, der Befreiung. Als die Arbeiter- und Bauernfamilien Italiens gegen Ende des letzten Jahrhunderts glaubten, den Weg aus der Dunkelheit gefunden zu haben, hörten sie in gewissen Gegenden damit auf, ihre Kinder auf Heiligennamen zu taufen. Stattdessen gaben sie ihnen Namen aus der Hochkultur: Dante, Rigoletto, Aida, Tosca – besonders ›bewußte‹ Arbeiter tauften ihre kleinen Söhne Spartacus oder Galilei. Dank der Tradition eines fortschrittsgläubigen Positivismus ist das in Brasilien heute noch der Fall, obwohl die Miltons und Mozarts in Rio heute seltener zu sagen wüßten, nach wem sie einmal benannt wurden, in England übrigens ist ›Milton‹ heute hauptsächlich ein Begriff in der Säuglingshygiene; Englands großer Sohn existiert als Dichter oder als Revolutionär und Privatsekretär Cromwells oder als der Verfasser des berühmtesten Aufrufs zur Redefreiheit in der englischen Literatur heute kaum mehr außerhalb der akademischen Zirkel. Und selbst dort überlebt er hauptsächlich in der Polemik der Historiker und Anglisten.

Meine Bemerkungen waren als eine Art Bekenntnis zu einer alten und schönen Tradition gemeint, der Tradition der Aufklärung. Sie bilden daher eine Art Gegenpol zu manchem, was in diesen Römerberggesprächen z.B. von meinem Freunde Ivan Illich gesagt worden ist. Ich weiß sehr wohl, was sich alles gegen die Aufklärung und deren Kulturbegriff vorbringen ließe. Nicht zuletzt, daß sie als Ideologie des Bürgertums einen Kulturbegriff für gutsituierte Damen und Herren konstituierte – besonders für Jugendliche aus gutem Hause. Als solche konnte sie wohl kaum die Basis für eine wirklich demokratische Kultur bilden. Ich weiß natürlich auch, was alles durch den Begriff der Aufklärung und des Fortschrittes unterging. Dieses Verlustes war man sich übrigens schon im Zeitalter der Aufklärung bewußt: daher folgte die Romantik, die untrennbar von ihr ist.

Gleichwohl: Die Aufklärung hat der Menschheit die Hoffnung gegeben, daß es besser werden könnte und müßte, für den einzelnen und für alle. Sie hat die Forderungen Gleichheit, Freiheit, Brüderlichkeit als ein eminent politisches Programm postuliert, und sie sind auch deshalb aus der engeren und bürgerlichen Begriffsfassung der Hochkultur nicht wegzudenken. Das Recht auf und der Kampf um die Kultur als Erbe aller Menschen, einer Kultur, die ihnen allen gehört, war und bleibt ein wichtiger Bestandteil dieser Hoffnung. Wir kennen auch andere Kultur und andere Kulturen. Daher ist der Rückzug dieser Kultur ins Getto nicht schon die Zerstörung aller Kultur, sondern nur einer. Aber einer, die mir wichtig ist. Wenn es Brechts lesenden Arbeiter nicht mehr geben sollte, wer fragt dann, außer einigen Altphilologen, wer das siebentorige Theben baute? Eine Frage, die ihre Berechtigung noch nicht verloren hat.

In: »Kultur-Zerstörung?« 10. Römerberggespräche in Frankfurt am Main. Herausgegeben von Hilmar Hoffmann, Athenäum Verlag, Königsstein 1983, S. 60-69.

# Der Sozialismus steht noch immer auf dem Programm*

Was ist die Zukunft des Sozialismus? Als Historiker reagiere ich darauf – Sie mögen dies meine Berufskrankheit nennen – instinktiv gleich mit der Frage: was ist seine Vergangenheit, und wie wirkt diese sich auf die gegenwärtige Situation und künftige Möglichkeiten aus? Diese Herangehensweise leuchtet ein, denn schließlich handelt es sich bei dem Wort, dem Konzept, dem Programm, den realen Formen von Sozialismus und sozialistischer Politik nicht um simple objektive Angaben, wie etwa »London liegt an der Themse, den Niederlanden gegenüber«, sondern um geistige Konstrukte. Es sind Bezeichnungen, Muster, Etiketten, die wir benutzen, um uns über die Situation klar zu werden, in der sich die Menschheit seit der Revolutionszeit des späten achtzehnten und frühen neunzehnten Jahrhunderts befand, und mit denen wir ganz bestimmte menschliche Bemühungen zur Verbesserung und/oder Veränderung der Gesellschaft bezeichnen.

Ursprünglich hatte das Wort ›Sozialismus‹ weder eine politische Bedeutung, noch bezog es sich auf eine bestimmte gesellschaftliche Organisationsform; darin unterschied es sich von dem älteren Wort ›Kommunismus‹, das von Anfang an ganz eindeutig für eine Gesellschaft stand, die auf Gemeineigentum statt Privateigentum beruhte, und das als solches – und zwar schon recht bald, seit Babeuf – eine politische Bewegung zu deren Verwirklichung hervorbrachte. Die Bezeichnungen ›Sozialismus‹ und ›Sozialist‹ waren einfach Ableitungen von dem Wort ›sozial‹ und besagten nicht viel mehr, als daß der Mensch von Natur aus ein soziales und geselliges Wesen

* Die Überschrift wurde von den Herausgebern gewählt.

ist. Einen der heutigen Wortbedeutung vergleichbaren Sinn erhielten diese Wörter erst in den dreißiger Jahren des vorigen Jahrhunderts, als sie in das sozio-politische Vokabular eingingen und sich von Großbritannien und Frankreich ausgehend immer weiter verbreiteten. Die Sache selbst hatte natürlich unter anderen Bezeichnungen schon vorher existiert, wenn auch noch nicht sehr lange: in Großbritannien sprach man von ›cooperation‹ und ›cooperative‹, in Frankreich von ›collective‹ bzw. ›collectisme‹ – später hieß es ›collectivisme‹ und es wurden Bezeichnungen wie ›mutualisme‹ dafür gebraucht. Dazu gibt es zwei Dinge anzumerken.

Erstens, der Gegensatz zum ›Sozialismus‹ war damals noch nicht der ›Kapitalismus‹, sondern der ›Individualismus‹. Was den ›Sozialismus‹ antikapitalistisch werden ließ, war einfach die Tatsache, daß es im frühen neunzehnten Jahrhundert durchaus logisch erschien, den Kern einer individualistischen Gesellschaft im Wettbewerb, d. h. im Markt zu sehen, und daß die Grundlage einer sozial(istisch)en Gesellschaft folglich Kooperation bzw. Solidarität sein mußte. Dies ließ allerdings eine sehr breite Skala von Möglichkeiten zu. Vieles konnte als ›Sozialismus‹ zählen, angefangen von einem leicht modifizierten Laissez-faire zugunsten der sozialen Sicherheit bis hin zu kommunistischen Kolonien, die völlig ohne Privateigentum oder Geld auskamen. In Großbritannien blieb diese ursprüngliche Bedeutung des Begriffs Sozialismus bis zum Ende des neunzehnten Jahrhunderts und dem Entstehen der sozialistischen Arbeiterbewegung vorrangig. Das ist auch der Grund, warum die Fabianer glaubten, die Liberale Partei zum Sozialismus bekehren zu können, ohne daß es einer merkt.

Zweitens, der Sozialismus hatte ursprünglich keine politischen Implikationen (auch hierin unterschied er sich vom Kommunismus). Er ließ sich zwar durch den Staat oder eine andere geeignete Instanz institutionalisieren; meistens aber war er die Sache freiwilliger Gemeinschaften – was Bernard Shaw ›Sozialismus per Privatunternehmen‹ nannte. Das mag übrigens der Grund dafür sein, warum es in den vierziger Jahren des vorigen Jahrhunderts in den USA mehr Sozialismus – d. h. mehr sozialistische Kolonien – gab als irgendwo sonst auf der Welt. Tatsächlich war bis in die achtziger Jahre des neunzehnten Jahrhunderts hinein der Sozialismus der Arbeiterklasse gleichbedeutend mit Sozialismus durch freiwillige Vereinigungen, Kooperativen und andere Formen von freiwilligem solidarischem und kollektivem Handeln. Erst als die Arbeiterbewegungen, und zwar die der demokratischen Tradition der Jakobiner verhafteten wie die der Marxisten, den Weg des kollektiven, politischen Handelns einschlugen, wurde Sozialismus mit der Eroberung der Staatsmacht verknüpft. Nunmehr wurde natürlicherweise der Staat zur zentralen Komponente beim Aufbau des Sozialismus.

Doch eines dürfen wir nicht vergessen. Der Zweck dieser Übung bestand nicht in erster Linie darin, Produktion, Distribution und Warentausch auf bestimmte Art und Weise zu organisieren. Er bestand vielmehr, um mit John Rae, einem klugen Antisozialisten der achtziger Jahre des neunzehnten Jahrhunderts zu sprechen, »im Grunde genommen in der Forderung nach sozialer Gerechtigkeit«. Deshalb machten sich die neuen sozialistischen Arbeiterparteien und ihre Denker und Theoretiker, anders als die Architekten der Utopias freiwilliger Koloniegründungen, so erstaunlich wenig Gedanken darüber, was sie unternehmen würden, wenn sie erst im Amt und an der Macht wären – bevor dies am Ende des Ersten Weltkriegs dann tatsächlich eintrat. Nicht über die Zukunft nachzudenken, wurde von den Marxisten geradezu zur Tugend erhoben. »Positive Vorschläge«, sagte Kautsky, indem er für die größte derartige Gruppierung sprach, »kann also die Sozialdemokratie bloß für die heutige Gesellschaft, nicht für die kommende machen. Vorschläge, die darüber hinausgehen, können statt mit Tatsachen bloß mit erdachten Voraussetzungen rechnen, sind also Phantastereien und Träume«. Bis 1917/18 bestand der eigentliche Inhalt des Sozialismus in der Umkehrung des Kapitalismus: was jetzt schlecht war, würde dann gut sein. Die Einzelheiten interessierten nicht. Selbst jene, die sich über Details Gedanken machten wie die englischen Fabianer, stellten keine ernsthaften Überlegungen darüber an, wie eine sozialisierte Wirtschaft funktionieren würde. Nur soviel war sicher, sie mußte einfach besser funktionieren als der Kapitalismus.

Nun traf es sich, daß fast während der ganzen ersten Hälfte des zwanzigsten Jahrhunderts der Kapitalismus selbst den Sozialisten recht zu geben schien. Von 1914 bis ungefähr 1950 lief mit ihm alles schief, was nur schief laufen konnte. Er hatte zwei Weltkriege zu überstehen sowie zwei Wellen nationaler und sozialer Revolutionen, was die großen Kolonialmächte zerrüttete oder zumindest das Todesurteil über sie verhängte und ein Drittel der Menschheit aus dem kapitalistischen System herauslöste. Überall auf der Welt wurden liberale Demokratien – die für die bürgerliche Gesellschaft typische Regierungsform – gestürzt. Bis 1940/41 waren außerhalb der USA, einem Randgebiet von Europa, in Nord- und Südamerika sowie dem austral-asiatischen Raum kaum noch welche übriggeblieben. Vor allen Dingen aber war die kapitalistische Wirtschaft selbst krank und brach fast vollständig zusammen, als sie in die bis dato größte Wirtschaftskrise stürzte, die einzige, bei der es tatsächlich nach einem totalen Kollaps aussah. Da mußte jede Art von Sozialismus einfach besser sein. Nichts ist für uns heute offensichtlicher als die ökonomische Ineffizienz der primitiven, staatlichen Kommandowirtschaft mit zentraler Planung, die in der Sowjetunion als Sozialismus galt.

Doch vor sechzig Jahren standen nichtkommunistische Politiker und Intellektuelle für Fahrkarten nach Moskau Schlange, um hinter die ›Geheimnisse‹ jener ›Planung‹ zu kommen, welche die Sowjetunion anscheinend immun machte gegen die Wirtschaftskrise, die ihre eigenen Länder heimsuchte.

Die Sozialisten waren nun natürlich gezwungen, darüber nachzudenken, was Sozialismus ganz konkret und nicht nur als Slogan bedeutete, denn 1917 kamen die Bolschewiki an die Macht, und ab 1918 übernahmen die bedeutenden sozialdemokratischen Parteien die Regierung bzw. beteiligten sich daran und brauchten deshalb ein richtiges politisches Programm. Da sie aber noch niemals systematische Überlegungen darüber angestellt hatten, was sie wollten, und schon gar nicht darüber, wie eine sozialistische Gesellschaft aussehen sollte, mußten sie ihre politische Linie sehr kurzfristig konzipieren bzw. unter dem Druck der dringlichsten Probleme entwickeln. Mit einem Wort, sie reagierten lediglich auf bestimmte Situationen. So resultieren die gegenwärtigen Schwierigkeiten des Sozialismus zumeist aus der Tatsache, daß die sozialistische Politik, die unter den Bedingungen der Krise und des Zusammenbruchs des Kapitalismus – etwa zwischen 1914 und 1950 – entwickelt wurde, den Gegebenheiten des ausgehenden zwanzigsten Jahrhunderts nicht mehr gerecht wird. Oder man könnte auch sagen, wir haben niemals eindeutig geklärt, was daran zeitbezogen und veraltet ist und was nicht.

Ich habe ›Sozialismus‹ bisher im Singular benutzt. Doch ab 1917 müssen wir zwei verschiedene Richtungen des Sozialismus unterscheiden, wovon die eine gerade zusammenbricht oder bereits zusammengebrochen ist; die Rede ist einerseits von der Sozialdemokratie und andererseits von den sowjetischen oder sowjetisch beeinflußten kommunistischen Systemen. Die sowjetischen Systeme haben als einzige den Anspruch erhoben, eine vollständige sozialistische Ökonomie und Gesellschaft errichtet zu haben. Soweit ich weiß, hat keine sozialdemokratische Regierung oder Partei, wie radikal und altgedient sie auch sein mag, je etwas Ähnliches von sich behauptet, und bemerkenswerterweise hat auch die UdSSR bis 1936 eigentlich nicht den Anspruch erhoben, den Sozialismus verwirklicht zu haben. Vielleicht hätte sie damit noch ein bißchen warten sollen.

Der Sozialismus sowjetischen Typs war ganz wesentlich von den Verhältnissen bestimmt, in denen sich die Sowjets nach der Oktoberrevolution wiederfanden: in einem sehr armen und unbeschreiblich rückständigen Land, das als einzige politische Tradition die Autokratie kannte, somit keine der gängigen Bedingungen für den Sozialismus aufwies, völlig isoliert war und unter ständiger Bedrohung stand. Naheliegenderweise erhielt eine rasche ökonomische und technologische Entwicklung, d. h. eine halsbrecherische Industrialisierung, oberste Priorität. Der Bolschewismus verwandelte sich in eine Ideologie der raschen wirtschaftlichen Entwicklung für Länder, in denen die Voraussetzungen für eine kapitalistische Entwicklung nicht vorhanden waren. Eine Zeitlang war er so erfolgreich, daß er zum ökonomischen Modell für viele Dritte-Welt-Länder – ein Beispiel ist Indien – wurde, selbst wenn sie für dessen erbarmungslose Diktatur wenig übrig hatten. Im Grunde genommen funktionierte der Bolschewismus wie eine Kriegswirtschaft, in der bestimmte Prioritäten – wie die Notwendigkeit, den Krieg zu gewinnen – als gegeben hingenommen werden, ohne die Kosten zu berücksichtigen; anders ausgedrückt, alle anderen Ziele werden diesem einen Hauptziel untergeordnet. Obwohl die zentralisierte Kommandowirtschaft selbst in ihren besten Zeiten ein ziemlich einfaches und grobes Instrument und zudem immens unwirtschaftlich war, konnte sie einige äußerst eindrucksvolle Leistungen verbuchen. Solange der Kapitalismus völlig darniederlag, erschienen diese Leistungen sogar imposanter, als sie tatsächlich waren. Dann hat sich allerdings gezeigt, daß es der sowjetischen Wirtschaft nicht gelang, mit dem Kapitalismus Schritt zu halten, als dieser am Ende der fünfziger Jahre wieder voll in Schwung kam. Was das Leben der normalen Bevölkerung anlangte, so konnte sie zwar die Grundbedürfnisse wie Nahrung, Wohnung und Kleidung sowie Freizeitbeschäftigung auf sehr bescheidenem Niveau befriedigen, aber darüber hinaus gar nichts. Andererseits verfügte der Sozialismus über eine bessere Volksbildung als der Kapitalismus und (bevor die Wirtschaft in den siebziger und achtziger Jahren zu stagnieren begann) eine wesentlich bessere Gesundheitsversorgung und Sozialfürsorge als andere Dritte-Welt-Länder.

Der Vergleich mit einer Kriegswirtschaft ist nicht zufällig. Denn das einzige reale Modell staatlicher Politik, über das die Sozialisten verfügten – sie hatten sich ja nie darüber Gedanken gemacht, was sie im Falle der Regierungsübernahme tun würden –, waren kriegswirtschaftliche Systeme, angefangen mit dem Ersten Weltkrieg. Dies gilt nicht nur für die Bolschewiki, sondern auch für die westlichen Sozialdemokraten, zumindest die in den kriegführenden Ländern. Denn eine Kriegswirtschaft erforderte Planung sowie die staatliche Lenkung bzw. Übernahme großer Teile der Wirtschaft – und nicht zuletzt die Mobilisierung von Arbeitskräften, möglichst mit Hilfe von Arbeiterorganisationen und einer gewissen systematischen staatlichen Sozialfürsorge. Ein Nebenprodukt dieses Kriegsmodelleinflusses – und Lenins Vorstellung von Planung war besonders von der deutschen Kriegswirtschaft inspiriert – war die verstärkte Hinwendung zu einem Sozialismus mit zentralisiertem staatlichem Handeln. Bolschewiki wie Sozialdemokraten dachten beim Sozialismus fast ausschließlich an den Konflikt zwischen staatlicher Planung und den Erfordernissen des Marktes.

Wurde das kommunistische Sozialismus-Konzept von der Notwendigkeit bestimmt, in rückständigen Ländern so schnell wie möglich und um jeden Preis wirtschaftliches Wachstum zu erzielen, so stand die sozialdemokratische Politik unter dem Vorzeichen einer anderen spezifischen historischen Situation, nämlich der großen Wirtschaftskrise zwischen den beiden Weltkriegen, der Krise des Kapitalismus; genauer gesagt unter den Zwängen der Massenarbeitslosigkeit. Es gab gewiß noch andere Überlegungen, die bei den Sozialdemokraten eine Rolle spielten. So setzten sie nicht nur die Erfahrung der Kriegswirtschaft, sondern auch die politische Praxis einer Demokratie mit freien Wahlen als gegeben voraus, denn nur durch diese hatten sie sich zu Massenbewegungen entwickeln können; dazu kommt noch, daß sie zuweilen die Architekten jener Demokratien gewesen waren, die sie in Schweden, Belgien und Österreich durch langwierige politische Agitationen und Generalstreiks durchgesetzt hatten. Seltsamerweise war das, wofür sich die Sozialdemokratie so vehement einsetzte und was nach 1945 ›Wohlfahrtsstaat‹ genannt wurde, keine Erfindung der Sozialdemokraten, und er hatte auch in ihrem Denken keine große Rolle gespielt. In Großbritannien wurde der Wohlfahrtsstaat in erster Linie von Liberalen, in Frankreich von sozialen Katholiken und in Deutschland von sozial bewußten Bürokraten entwickelt. Der sozialistische (oder auch der westlich-kommunistische) Beitrag zu seiner Entwicklung kam hauptsächlich über die Lokalverwaltungen, die häufig, selbst unter antisozialistischen Nationalregierungen, linksgerichtet waren. Daher die große Bedeutung des öffentlichen Wohnungsbaus, bei dem sozialistische Bezirksregierungen eine Vorreiterrolle spielen: Beispiele dafür sind Wien und London. Und wir dürfen auch nicht vergessen, daß die Sozialisten ihre Modelle für eine sozialistische Wirtschaftsorganisation oft aus nicht-sozialistischen Erfahrungen herleiteten (wie das auch bei den Bolschewiki der Fall war).

So wurde etwa in der Sowjetunion zur Bezeichnung der Organe, denen die Koordinierung aller Fabriken mit ähnlicher Warenproduktion unterstand, das Wort ›Trusts‹ benutzt. Dies verweist bereits auf das Vorbild: ein monopolkapitalistisches Unternehmen. Es besteht kein Zweifel, daß sich die Verstaatlichungspolitik der Labourregierung in Großbritannien nach 1945 nicht an dem Modell orientierte, das die Einrichtung eines Staatsministeriums vorsah – ein Modell, das der viktorianische Kapitalismus für alle kleinen Teilbereiche der Wirtschaft (insbesondere beim Postdienst), die staatlich verwaltet werden mußten, angewandt hatte –, sondern an dem eines staatlichen und in gewisser Hinsicht autonomen Betriebs. Dennoch spielte die Massenarbeitslosigkeit eine Schlüsselrolle in der sozialdemokratischen Nachkriegspolitik, ebenso wie in der Politik des keynesianischen Kapitalismus und des New Deal, die mit ersterer verschmolzen: das vordringlichste Ziel dieser Politik hieß ›Vollbeschäftigung‹.

Tatsächlich war diese Politik außerordentlich erfolgreich, wenn auch weniger vom sozialistischen Standpunkt aus als unter dem Gesichtspunkt, daß sie die Dynamik eines auf Massenkonsum gegründeten, reformierten sozialstaatlichen Kapitalismus wiederherstellte. Sie war sogar so erfolgreich, daß die Vollbeschäftigung in den siebziger und achtziger Jahren selbst in Schwierigkeiten geriet, aus Gründen, die uns hier nicht weiter zu interessieren brauchen. Als dies passierte, brach der Konsens zwischen Reformkapitalismus und Sozialdemokratie zusammen. Der marktwirtschaftliche Neoliberalismus und die Kritik am Wohlfahrtsstaat gewannen an Boden, obwohl sie nur in ein paar wenigen unglückseligen Ländern triumphierten – insbesondere in Reagans Amerika und Thatchers Großbritannien. Freilich nicht ganz triumphierten. Denn es erwies sich selbst unter extremistischen Regierungen als politisch nicht durchsetzbar, die Kosten für die Sozialfürsorge zu beseitigen oder auch nur wesentlich zu verringern. Andererseits schleppten die Sozialdemokraten weiterhin eine Reihe von politischen Strategien mit sich herum, die nicht so gut funktionierten wie in den goldenen Jahren zwischen 1945 und 1973. Und sie hatten außer Keynes und der Verstaatlichung nichts, worauf sie zurückgreifen konnten. Mitterands Erfahrungen in den achtziger Jahren waren bitter, aber eindeutig.

Kommunisten wie Sozialdemokraten mußten also in den siebziger und achtziger Jahren feststellen, daß sie mit ihrer Politik, die sie nach dem Ersten Weltkrieg mehr oder weniger improvisiert oder adaptiert und noch nie wirklich überdacht hatten, nicht mehr weiterkamen. Die Geschichte hatte ihnen eine eindrucksvolle Zeit des Erfolgs oder zumindest des relativen bzw. scheinbaren Erfolgs beschieden. Dieser Erfolg hatte sich nun erschöpft. Zum ersten Mal mußten sich Sozialisten über den Sozialismus Gedanken machen.

Was haben wir in der zweiten Hälfte des zwanzigsten Jahrhunderts, dem revolutionärsten Abschnitt der Menschheitsgeschichte, gelernt? Im Jahre 1950 lebte der größte Teil der Bevölkerung von der Landwirtschaft, selbst in einigen der heute am höchsten industrialisierten Länder: Japan, Italien, Spanien. Heute ist das beinahe überall in Europa, der westlichen islamischen Welt und der westlichen Hemisphäre eine Minderheit, eine sehr kleine Minderheit manchmal. In einem Zeitalter derart dramatischer und beispielloser gesellschaftlicher Veränderungen müssen die Sozialisten ihre Annahmen und Erwartungen zwangsläufig noch einmal überprüfen. Und einige lassen sich eindeutig nicht länger aufrechterhalten.

Erstens hat sich herausgestellt, daß der Kapitalismus einen Überfluß an Waren und Dienstleistungen produziert, wie unsere Väter ihn nie erwartet hätten; und daß sich der Durchschnittsbürger im Westen zumeist eines Lebensstandards erfreut, der weit über alles hinausgeht, was man vor fünfzig Jahren für möglich gehalten hätte. Außerdem sind die Armen dank des Wohlfahrtstaates besser gegen die Unbilden des Elends geschützt. Das Argument, der Sozialismus sei notwendig, um Hunger und Armut abzuschaffen, kann nicht mehr überzeugen. Selbst das in meiner Jugendzeit so überzeugend klingende Argument, daß nur der Sozialismus der Massenarbeitslosigkeit ein Ende setzen kann, ist nicht mehr stichhaltig. Der Westen hat unter dem Kapitalismus eine ganze Generation der Vollbeschäftigung erlebt, und obwohl wir jetzt in Europa wieder Massenarbeitslosigkeit haben, wird sie weder als so unerträglich empfunden wie in den dreißiger Jahren, noch ist der Glaube verbreitet, daß sie nur durch ein vollkommen anderes Wirtschaftssystem beseitigt werden kann. Kurz, das *materielle* Argument für den Sozialismus wurde entkräftet.

Zweitens ist seit den dreißiger Jahren vieles, was einst als typisch für eine sozialistische Wirtschaftsordnung galt, in nicht-sozialistische Systeme übernommen und eingebaut worden, insbesondere die Wirtschaftsplanung und das Staats- oder Gemeineigentum an Industrie- und Dienstleistungsbetrieben. Das mag vielleicht überraschen, war doch die letzten zehn, zwölf Jahre ständig die Rede vom Triumph der freien Marktwirtschaft, vom Zurückdrängen des Staates und dem ideologischen Sieg des wirtschaftlichen Neoliberalismus. Dennoch waren die Thatcher-Ideologen und ihre Kollegen der festen

Überzeugung, man müsse die Uhr zurückstellen, und daran sieht man eigentlich, wie weit diese Uhr nach dem Krieg in den meisten kapitalistischen Staaten vorgestellt worden war. Und von der Struktur her ließ sie sich auch nicht wieder allzuweit zurückstellen. Nach Berechnungen der Weltbank gab es von 1980 bis 1987 auf der *ganzen* Welt nur etwas mehr als 400 Privatisierungen, und davon fand die Hälfte in fünf Ländern statt: Brasilien, Thatcher-England, Chile, Italien und Spanien. Zählt man alle Privatisierungen bei den drei größten Wirtschaftsmächten – den USA, Japan und Deutschland – zusammen, so ergeben sich insgesamt vierzehn Fälle. Kurz, die kapitalistischen Ökonomien, die aus dem Zweiten Weltkrieg hervorgingen und die größte Explosion wirtschaftlichen Wachstums in der Geschichte einleiteten, stellten keine reine Marktwirtschaft dar, sondern ein gemischtwirtschaftliches System mit einem ganz wesentlichen staatlichen Sektor und ganz erheblicher staatlicher Planung. Das war deshalb noch keine *sozialistische* Wirtschaftsordnung, aber es machte eine genaue Bestimmung, was eine sozialistische Wirtschaftsordnung nun eigentlich sei und wodurch sie sich strukturell von einer nicht-sozialistischen unterscheide, bedeutend schwieriger.

Schauen wir uns doch einmal zwei benachbarte Staaten an, von denen der eine sich als sozialistisch bezeichnet und der andere nicht, nämlich Ungarn und Österreich in den siebziger Jahren (das heißt, vor der Krise im Osten). Beide waren übrigens nach den Maßstäben ihres jeweiligen Systems überaus erfolgreich. Im kapitalistischen Österreich waren aus historischen Gründen alle Großbanken verstaatlicht, ebenso praktisch die gesamte Schwerindustrie und Energiewirtschaft sowie ein Großteil des Maschinenbaus im Elektro-, Elektronik- und Rüstungssektor: kurz alles, was man früher die »Kommandohöhen« der Wirtschaft nannte. Im sozialistischen Ungarn war die Wirtschaft, wie wir wissen, wesentlich liberalisiert worden und ließ (kleineren) nichtstaatlichen Unternehmen erheblichen Spielraum. Wo genau wäre in diesen beiden Fällen die Grenze zwischen dem kapitalistischen und sozialistischen System zu ziehen? Mit einem Wort, das *strukturelle* Kriterium für Sozialismus ist verwässert worden.

Außer – und das ist mein dritter Punkt – in der zu hundert Prozent staatlich gelenkten zentralen Planwirtschaft sowjetischen Typs. Doch seit den sechziger Jahren wurde – nicht zuletzt auch den betreffenden Regierungen – immer klarer, daß die sozialistische Wirtschaft dieses Typs schlecht funktionierte und zunehmend in Schwierigkeiten geriet: und zwar, weil sie keinerlei Kriterium ökonomischer Rationalität, d. h. keinerlei Vergleichskalkulation kannte, ganz zu schweigen von der Möglichkeit, daß der Verbraucher seine Wünsche kundtat. Es fehlte, kurz gesagt, das Element des Marktes. Alle Reformversuche an diesen Systemen galten der Einführung dieses Elements. Während also die kapitalistische Wirtschaft nach dem Krieg Elemente einführte, die vor dem Krieg als typisch sozialistisch gegolten hatten, versuchte die sozialistische, Elemente einzuführen, die als typisch kapitalistisch galten. Der Westen hatte damit mehr Erfolg als der Osten, doch die simplen Entweder-Oder-Unterscheidungen zwischen den Systemen verschwammen immer mehr.

Eins jedoch hat sich nicht geändert. Im Grunde tritt es deutlicher zutage als je zuvor. Und das ist mein vierter Punkt. Der Markt als Leitinstrument für ökonomische Effizienz und Effektivität ist das eine. Der Markt als der *einzige* Mechanismus der Ressourcenallokation in einem Wirtschaftssystem, wie es die Fanatiker des Reaganismus und Thatcherismus oder das Institute of Economic Affairs und andere ultra-kapitalistische Denkfabriken sehen, ist etwas ganz anderes. Das produziert ebenso naturwüchsig Ungleichheit, wie fossile Treibstoffe Luftverschmutzung produzieren. Und wie Adam Smith vor langer Zeit dargelegt hat, gibt es Dinge – insbesondere Kollektivgüter –, die so überhaupt nicht produziert werden, weil niemand damit Geld verdienen kann, oder jedenfalls nicht so viel, wie er auf anderem Wege verdienen kann. Ein modernes nationales oder großstädtisches Verkehrswesen läßt sich mit der profitorientierten Wirtschaft nicht angemessen finanzieren, selbst wenn am Ende nicht gerade Verluste dabei herauskommen. In der »sozialen Marktwirtschaft« (um den deutschen Begriff zu gebrauchen) oder den keynesianischen und sozialdemokratisch beeinflußten Ökonomien des Westens wirkt die staatliche Politik und Verwaltung diesen Tendenzen zu einem gewissen Grad entgegen. Aber wir sehen ja, was passiert, wenn, wie in Reagan-Amerika oder Thatcher-England, der Wohnungsbau voll und ganz dem Markt überlassen werden soll. Da werden Häuser nur für zahlungskräftige Kunden gebaut, und heute beläuft sich die Zahl der Menschen, die kein Dach über dem Kopf haben, in New York auf über 70.000. Außerdem werden unter solchen Bedingungen die Reichen noch sehr viel reicher, und die Kluft zwischen Reichen und Armen vergrößert sich immer mehr. Das ist in Großbritannien wie in den USA auch deutlich sichtbar eingetreten. In den reichen und entwickelten Staaten tröstet man sich mit dem Gedanken, daß es schließlich nur eine Minderheit von höchstens einem Drittel der Bevölkerung ist, die ins soziale Abseits gerät. Und selbst diese Leute haben Fernsehen und verhungern letztendlich nicht. Zwei Dritteln geht es gut. In den achtziger Jahren ist zur Bezeichnung der Opfer der Marktwirtschaft das entsetzliche Wort »underclass« aufgekommen. Sie hausen im Keller der anständigen Gesellschaft, und wir sehen sie nur, wenn wir in diesen Keller hinunterschauen – es sei denn, sie kommen ans Tageslicht wie in New York, wo niemand die Armeen von Obdachlosen, die in den Mülltonnen wühlen, übersehen kann und jeder den charakteristischen Geruch der größten und prächtigsten Stadt der Welt wahrnehmen muß, nämlich den Gestank des abgestandenen Urins der Menschen, die kein anderes Zuhause haben als die Straße.

Nun könnte man einwenden, daß das alles nicht für den Sozialismus spricht, sondern für eine humanisierte Mischwirtschaft, die von der sozialen Marktwirtschaft (Kapitalismus mit einer christlich-sozialen Beimischung) bis zu Sozialdemokratien wie Österreich und den skandinavischen Ländern reicht, d.h. Kapitalismus mit einem etwas größeren Schuß Sozialismus versetzt. Ich würde das nicht bestreiten. Ich stimme mit John Kenneth Galbraith darin überein, daß »unsere Aufgabe in Ost und West ganz konkret dieselbe ist: das System zu finden, das marktmotiviertes und sozial motiviertes Handeln aufs Beste in sich vereint«. Und ich stimme gleichfalls mit ihm überein, daß es nicht unbedingt eine Grundsatzfrage ist, ob ein bestimmter Industrie- oder Dienstleistungszweig von der öffentlichen oder privaten Wirtschaft betrieben wird. Zum Beispiel verlangen große amerikanische Firmen zur Zeit ernsthaft nach so etwas wie dem britischen National Health Service, aus dem einfachen Grunde, weil sich die private Krankenversicherung bei ihnen als unglaublich bürokratisch und wahnsinnig teuer erwiesen hat. In anderen europäischen

Ländern, zum Beispiel Frankreich, funktioniert die staatlich subventionierte Krankenkasse dagegen offenbar recht gut. Entscheidend sind nicht die Formalitäten, sondern ob ein Land die Verpflichtung auf sich nimmt, allen Bürgern eine angemessene Gesundheitsversorgung zur Verfügung zu stellen und auch zugänglich zu machen.

Wir wollen jedoch nicht vergessen, daß sich die negativen Folgen des Marktes zwar kontrollieren lassen und zu einem gewissen Grad auch unter Kontrolle sind – mit zunehmendem Erfolg in Ländern wie Österreich und den skandinavischen Staaten, wo seit geraumer Zeit Arbeiterparteien und sozialdemokratische Parteien die Regierung bilden; dennoch gibt es zumindest drei Auswirkungen der weltkapitalistischen Entwicklung, die sich nach wie vor der Kontrolle entziehen. Anhand dieser Auswirkungen läßt sich das sozialistische Programm für das einundzwanzigste Jahrhundert aufstellen.

Da ist zum einen die Ökologie. Die Menschheit ist jetzt an dem Punkt angelangt, wo sie die Biosphäre – den Lebensraum für Pflanzen, Tiere und Menschen auf der Erde – tatsächlich zerstören oder jedenfalls auf unberechenbare und dramatische Art zum Negativen verändern kann. Der »Treibhauseffekt« ist etwas, mit dem wir alle leben lernen müssen. Dies ist das Ergebnis eines immer schneller werdenden, uneingeschränkten Wirtschaftswachstums. Das wollte die sozialistische Theorie zwar auch, und die sozialistische Praxis hat vor allem in Osteuropa zu einer massiven Umweltverschmutzung geführt. Doch ist der Kapitalismus *seinem Wesen nach* dem unbegrenzten Wachstum verpflichtet, der Sozialismus hingegen nicht. In Zukunft muß das Wachstum auf die eine oder andere Art kontrolliert werden. Eine »verträgliche Entwicklung« läßt sich nicht durch den Markt, sondern nur *gegen* den Markt erzielen. Sie wird nicht durch Konsumfreiheit erzielt, sondern durch Planung und, wo nötig, durch Einschränkung der Freiheit. Die EG hat gerade eben beschlossen, eine Woche pro Monat keine Fischer in die Nordsee auslaufen zu lassen, da sie sonst leergefischt würde.

Die zweite Auswirkung ist, daß sich die Kluft zwischen den Bewohnern der reichen und entwickelten Länder und denen der armen Länder in erschreckendem Maß vergrößert, auch wenn es ein, zwei »neue Industrieländer« und ein paar OPEC-Milliardärsstaaten gibt.

Die »entwickelte Welt«, die im Jahre 1900 ein Drittel der Menschheit umfaßte, macht heute zwischen 15 und 20 Prozent aus - etwa so viel wie im Jahre 1750. Und während die entwickelte Welt 1900 pro Kopf der Bevölkerung ungefähr das dreifache Bruttosozialprodukt zur Verfügung hatte wie der Rest der Menschheit, verfügte sie 1950 etwa über das Fünffache, 1970 über das Siebenfache und - laut UNCTAD - Mitte der achtziger Jahre über das Zwölfeinhalbfache. Das Bruttosozialprodukt des reichsten Zehntels aller Länder der Welt ist 58mal so hoch wie das des ärmsten Zehntels. Die Welt wird immer reicher, doch ein »Durchsickereffekt« tritt nicht ein. Im Gegenteil, ohne systematisches Eingreifen wird sich diese explosive Situation immer weiter verschärfen.

Der dritte Punkt ist, daß der Kapitalismus durch die Unterordnung des Menschen unter die Ökonomie die zwischenmenschlichen Beziehungen, die eine Gesellschaft ausmachen, untergräbt und verkommen läßt und ein moralisches Vakuum schafft, in dem nichts zählt außer dem, was der einzelne will, hier und jetzt. Oben werden ganze Städte dem Profitstreben geopfert, wie in dem Film *Roger and Me,* der zeigt, was mit der Stadt Flint passiert ist, als General Motors seinen Betrieb dort zumachte. Unten bringen Jungen im Teenageralter andere wegen ihrer Lammfelljacken und modischen Turnschuhe um, wie es in New York jeden Tag passiert. Die Menschen fügen sich nämlich nicht in den Kapitalismus ein. Der Kapitalismus braucht eine unaufhörliche Steigerung der Produktivität. Im Gegensatz zu Maschinen und ihren Produkten, die ständig leistungsfähiger und billiger werden, bleiben die Menschen hartnäckig menschlich. Da sieht man am besten zu, daß man sie los wird und durch Roboter ersetzt, wie in der Automobilindustrie. Wo sie sich, wie in Krankenhäusern und sozialen Einrichtungen generell, nicht durch Maschinen ersetzen lassen, müssen sie trotzdem entlassen werden, denn im Gegensatz zu Maschinen steigen ihre Gehälter genauso wie die anderer Leute, und wir haben ja alle gelernt, daß die Löhne nicht schneller steigen dürfen als die Produktivität. Es wäre alles viel einfacher, wenn wir ohne die Menschen auskommen könnten. Nun, die Wirtschaft kommt in erstaunlichem Maße ohne sie aus, aber sie wollen einfach nicht verschwinden. Sie sind nach wie vor da. Aber was wird aus ihnen?

Ein Beispiel: die amerikanische Automobilindustrie. Es gab einmal eine Zeit, wo sie Arbeitsplätze schuf. Die Arbeit am Fließband in Henry Fords Fabrik in Willow Run oder River Rouge war nicht gerade lustig, aber sie wurde gut bezahlt und sie schuf unendlich viele Jobs für Schwarze und mittellose Weiße aus dem amerikanischen Süden. Da waren ungelernte, ungebildete und oft vielleicht nicht allzu intelligente Menschen, aber sie waren arbeitswillig, und die Fließbandarbeit gab ihnen die Chance, als Bürger und Mitglieder der United Autoworkers Union anständig, mit Selbstachtung und einem bißchen Würde für ihre Familie zu sorgen. Heute werden sie in der Automobilindustrie nicht mehr gebraucht. Die einzige Institution, die einem mittellosen schwarzen Amerikaner heutzutage noch einen Job mit soviel Selbstachtung bietet, ist die Armee, und deshalb bestanden die Truppen am Golf ja auch zu zwei Dritteln aus Schwarzen. Aus den Gemeinden aber, die man mit der Entscheidung, daß ihre Arbeitskräfte nicht mehr gebraucht werden, sich selbst überlassen hat, sind jetzt die von Verbitterung und Anarchie geprägten Ghettos geworden, in denen Angst, Drogen und Revolver herrschen, wo Männer wie Frauen entweder von der Wohlfahrt oder vom Verbrechen leben.

Die Sozialisten müssen der Welt in Erinnerung rufen, daß erst die Menschen kommen, und dann die Produktion. Daß Menschen nicht geopfert werden dürfen. Und nicht etwa irgendwelche besonderen Menschen – die Schlauen, die Starken, die Ehrgeizigen, die Schönen, diejenigen, die vielleicht einmal Großes leisten werden – und nicht einmal diejenigen, die meinen, daß ihre persönlichen Interessen in dieser Gesellschaft zu kurz kommen – sondern alle. An der bewegendsten Stelle von Arthur Millers Stück *Tod eines Handlungsreisenden,* das von genau so einem unscheinbaren und ziemlich nutzlosen Menschen handelt, drückt eine Person es so aus: »Achtung! Achtung schulden wir einem solchen Menschen.« Um diese Menschen geht es im Sozialismus.

Die Zukunft des Sozialismus liegt darin, daß er so nötig ist wie eh und je, auch wenn sich die Gründe dafür in mancherlei Hinsicht geändert haben. Sie liegt darin, daß der Kapitalismus noch immer Widersprüche und Probleme hervorruft, die er nicht lösen kann, und daß er Ungleichheit hervorruft (die durch maßvolle Reformen gelindert werden kann) wie auch Unmenschlichkeit, die so nicht gelindert werden kann. Hätte der klägliche und wohlverdiente Zusammenbruch der sozialistischen Systeme sowjetischen Typs in den Jahren 1989 und 1990 nicht für Schlagzeilen gesorgt, dann würde jetzt nicht so viel Reklame dafür gemacht, wie prächtig es dem Kapitalismus heutzutage geht. Es stimmt ja nicht. Er hat uns wieder eine Welt von Hunger und Krieg gebracht. Und selbst wenn er nicht wie zum Teil in Lateinamerika und Afrika sichtbare Verwüstung anrichtet, ist er nicht gerade das, zu was er hochgejubelt wird. Wie sagte doch J. K. Galbraith, als Osteuropa noch dem Namen nach sozialistisch war: »Es ist eine bittere, doch unerschütterliche Tatsache, daß niemand auf der Suche nach einem besseren Leben von Ostberlin in die South Bronx ziehen würde.«

Die Probleme der Welt lassen sich mit der Sozialdemokratie – jedenfalls der Art von Sozialdemokratie, wie es sie in Schweden und vielleicht auch in Österreich gibt und die ihrem Namen noch gerecht wird – genausowenig lösen wie mit der »sozialen Marktwirtschaft« – einem von Moral und Sozialbewußtsein geprägten Unterfangen. Sozialdemokratie und soziale Marktwirtschaft sind besser als Reaganismus und Thatcherismus, im Falle der Sozialdemokratie sogar erheblich besser, und praktisch gesehen setzt man als Sozialist im Moment wohl am besten auf diese Pferde. Das soll heißen, daß zur Zeit keine bessere Regierungsform zu haben ist. Doch die Probleme einer Welt, die heute durch die bloße exponentielle Zunahme von Produktion und Umweltverschmutzung unbewohnbar gemacht werden kann, von der technologischen Zerstörungskraft, die der Golfkrieg gezeigt hat, ganz zu schweigen; die Probleme einer Welt, die in eine überwältigende Mehrheit von hungernden Völkern und eine Minderheit außerordentlich reicher Staaten geteilt ist, lassen sich so nicht lösen. Früher oder später werden sie ein systematisches und planmäßiges Eingreifen auf nationaler und internationaler Ebene wie auch einen Angriff auf die zentralen Bastionen der marktwirtschaftlichen Konsumgesellschaft nötig machen. Sie erfordern nicht einfach eine bessere Gesellschaft als in der Vergangenheit, sondern, wie die Sozialisten das schon immer vertreten haben, eine Gesellschaft anderer Art. Eine Gesellschaft, die nicht nur in der Lage ist, die Menschheit vor einem außer Kontrolle geratenen Produktionssystem zu retten, sondern in der ein menschenwürdiges Leben möglich ist: nicht nur ohne Sorgen, sondern in Gemeinsamkeit und Würde.

Und darum hat der Sozialismus 150 Jahre nach dem Manifest von Marx und Engels noch immer ein Programm. Darum steht er noch immer auf dem Programm.

Der Beitrag wurde bereits 1991 in der »Neuen Gesellschaft/Frankfurter Hefte« in stark gekürzter Form abgedruckt. Er erscheint hier neu übersetzt in ungekürzter Fassung. Aus dem Englischen von Bruni Röhm und Gertraude Krueger. Erschienen unter der Überschrift »Aus der Asche« in: Freibeuter, Vierteljahresschrift für Kultur und Politik, Heft 53, 1992, S. 67-81.

# Die letzten Tage der Menschheit

Karl Kraus' Werk ist von seinem Leben nicht zu trennen, denn er selbst hat in den Worten Bertolt Brechts »die eigene Person zum Maßstab des Unwerts seiner Epoche gemacht«. Und doch ist über Äußerlichkeiten seines Lebens nicht viel zu sagen. Er wurde 1874 in einer böhmischen Kleinstadt als jüngerer Sohn eines reichen jüdischen Papierfabrikanten geboren. Der Familienreichtum gab ihm später die wirtschaftliche Unabhängigkeit, auf der sich sowohl seine Rolle in Kultur und Öffentlichkeit wie auch sein Lebensstil, der eines bewußt idiosynkratischen Einzelgängers, gründeten. Die Familie übersiedelte 1877 nach Wien, wo Kraus praktisch sein Leben verbrachte, abgesehen von den damals im guten Bürgertum üblichen langen Reisen, Landbesuchen und Abstechern nach Deutschland, wo er später als Schriftsteller und Vortragskünstler wohl nicht viel mehr Bewunderer, aber weniger Feinde hatte. Er starb in Wien, zweiundsechzigjährig, am 12. Juni 1936.

Seine Rolle war die eines prinzipiellen Außenseiters. Wie Groucho Marx weigerte auch er sich, jedem Klub beizutreten, eben weil man einen wie ihn zum Mitglied machen wollte. Er gehörte zu keiner Schule, wenn man ihn auch in die zweite Wiener Avantgarde einstufen kann, die sich von der »Moderne« der 1880er Jahre, von Bahr und Hofmannsthal, Klimt und Jugendstil, Schnitzler und Naturalismus absetzte. Er hatte keine Schule, obwohl er andere außenseiterische Talente anzog und beeinflußte (in Wien Schönberg, Wittgenstein, Loos, Kokoschka, die jungen Sozialdemokraten und Expressionisten, in Deutschland später Benjamin und Brecht) und sich für verkannte Dichter einsetzte. Er arbeitete an keinem Blatt und keiner Zeitung mit. Am Ende war es logisch, daß er eine eigene Zeitschrift herausgab, wann und wie es ihm gefiel, und sie schließlich ganz allein schrieb.

Wer auf ihn hören wollte, der mußte zu ihm kommen, entweder durch seine geschriebenen Worte oder durch das gesprochene und gesungene Wort an seinen berühmten Vortragsabenden, an denen er auch ganz allein auftrat.

Sein öffentliches Leben bestand aus diesem lebenslangen Monolog vor der Welt. Privat führte er sozusagen ein zurückgezogenes Leben vor dem großen Publikum, das er als solches zurückstieß, allein durch die Straßen Wiens spazierend, »ein kleiner schmächtiger Mann, glattrasiert, kurzsichtig, mit edlen scharfen Zügen« (Albert Fuchs), von Passanten erkannt und gegrüßt – Wien ist eine große Kleinstadt –, aber die Grüße der ihm persönlich Unbekannten systematisch abweisend. Er gehörte zu keinem Kreis. Er arbeitete lang und intensiv, war ein begeisterter Schwimmer und verfolgte seine Feinde unerbittlich mit der Genugtuung des gerechten Kämpfers, dem die Ungerechten die Gelegenheit zum Beweis seiner Überlegenheit geben. Er blieb unverheiratet, obwohl er während des Weltkriegs der Baronin Sidonie Nadherny von Borutin die Ehe antrug, deren Liebe ihm die Zeit der *Letzten Tage der Menschheit* weniger unerträglich machte. (Kraus verkehrte gerne in den Kreisen des böhmischen Adels und hatte auch, laut seiner Freundin Fürstin Lichnowsky, »ein Geheimnis, wonach er im Stillen die Besseren einer Gesellschaft zwanglos zu fesseln wußte«.) Es kam nicht zur Heirat, da der Dichter Rainer Maria Rilke der Baronin die Nachteile einer Verbindung mit einem zwar genialen und liebenswürdigen, aber doch bürgerlichen Juden nahegelegt haben soll.

Man haßte ihn. Man verehrte ihn. Auf jeden Fall nahm man ihn ernst. Die Wiener Presse schwieg ihn meist tot. Für seine Bewunderer war er der Maßstab einer korrupten Zeit. Ob Literaten »echt und wahr, oberflächlich und verlogen sind, das erkennt man daran, wie sie zu Karl Kraus stehen«, schrieb Friedrich Austerlitz in der *Arbeiter-Zeitung*, obwohl Kraus auch sie nicht verschont hatte. Nur der Nationalsozialismus brachte ihn zum Schweigen. Die Zeit nach 1933 verstand er nicht mehr, und er starb vereinsamt.

Die außerordentliche Begabung des jungen Kraus – für die Bühne, die ihm aus physischen Gründen versagt blieb, vielleicht noch mehr als für die Literatur – wurde früh klar. Schon im Alter von achtzehn

Jahren schrieb er für Zeitschriften und hielt seine erste öffentliche Vorlesung. Im Laufe der neunziger Jahre machte er sich einen Namen als Journalist, Kritiker und literarisch-politischer Polemiker – gegen Hermann Bahr und die Moderne der achtziger Jahre, gegen den neuen Zionismus Theodor Herzls. Die *Neue Freie Presse*, das bedeutendste Blatt des liberalen Habsburger Bürgertums, war genügend beeindruckt, um dem Fünfundzwanzigjährigen die Nachfolge des geistreichen Daniel Spitzer (»der gute Österreicher ist vor allem der vorsichtige Österreicher«) als Redakteur des satirischen Feuilletons anzubieten.

Kraus schlug das Angebot aus und gründete im selben Jahr, in dem er aus der jüdischen Gemeinde austrat, seine eigene Zeitschrift: *Die Fackel*. Die kleinen, grellroten, unregelmäßig erscheinenden Hefte, aus denen mit der Zeit die Mitarbeiter verschwanden und durch tödliche »Glossen« auf zitierte Dummheit oder Bosheit ersetzt wurden, waren das Mikrofon, durch das er seine Worte an, oder besser gesagt, gegen die Welt richtete. Durch sie wurde er zum »Fackelkraus«, der die Rolle der biblischen Propheten auf die späte Habsburgerepoche und die eben erst entstehende Medienkultur umschrieb: mit derselben Leidenschaft, aber in einer stilisierteren Prosa und mit weit mehr Witz. Die Polemik war für ihn sowohl moralische wie ästhetische Notwendigkeit. Dank seiner finanziellen Unabhängigkeit konnte er sie bis zu seinem Tod weiterführen, obwohl nach 1933, als er sowohl seine deutschen wie auch einen Teil seiner österreichischen Leser verlor, die Einstellung der Zeitschrift ernstlich erwogen wurde. Der Tod rettete ihn vor dieser Entscheidung zum intellektuellen Selbstmord. Wie fast alles, was Kraus schrieb, erschienen auch *Die letzten Tage der Menschheit* ursprünglich in der *Fackel*.

Die biblischen Propheten, die Moralprediger und auch die Moralsatiriker haben wenig Interesse an politischen Tagesprogrammen. Kraus selbst schrieb von der »politikfremden Richtung« der *Fackel*, von seinem »durch keine Parteibrille getrübten Blick«. Doch kann man ihn durchaus nicht unpolitisch nennen, wenn ihn auch Fragen wie Monarchie oder Republik, das Recht auf nationale Selbstbestimmung und allgemeines Wahlrecht kalt ließen. Er blieb bewußt außerhalb der Parteipolitik, zum Leidwesen der Sozialisten, die den großen

Gegner des Systems gerne an sich gezogen hätte, und die er weniger systematisch und vielleicht mit mehr Bedauern angriff als die anderen Parteien und Politiker. Einen Augenblick lang, nach dem Ersten Weltkrieg, schien es sogar, als ob der gemeinsame Kampf gegen den Krieg eine engere Beziehung schuf. Das war eine Illusion. Kraus paßte in keine politische Schublade und blieb außerhalb der Parteipolitik, auch wenn er sich zu Tagesfragen äußerte. Im Grunde war die politische Problematik für ihn nebensächlich, weil er überzeugt war, daß »nicht in den Vertretungskörpern, nicht in den Parlamenten, sondern in den Redaktionen die wirkenden Mächte am Werk seien«.

Kraus hörte, oder besser las die Signale, die ihn zum letzten Gefecht aufriefen, in den Zeitungen. Er erkannte im bürgerlichen Journalismus der Vorkriegsjahre, und vor allem in der *Neuen Freien Presse*, den Keim, nein, irgendwie schon die Wirklichkeit unserer eigenen, auf die Leere des Wortes und des Bildes (»Image«) aufgebauten Medienepoche. Er wußte, »wo der Geist krepiert und wo sein Aas, die Phrase, den Hyänen am besten mundet«. Die Presse drückte nicht nur die Korruption der Zeit aus, sondern sie war selbst deren große Verderberin, eben durch »die Besitzergreifung der Werte durch die Worte«. Der Ausspruch des Konfuzius, den er spät, aber mit Genugtuung entdeckte, schien ihm aus dem eigenen Munde zu sprechen:

> Wenn die Begriffe nicht richtig sind, so stimmen die Worte nicht;
> stimmen die Worte nicht, so kommen die Werke nicht zustande;
> kommen die Werke nicht zustande, so gedeihen Moral und Kunst nicht;
> gedeihen Moral und Kunst nicht, so trifft die Justiz nicht;
> trifft die Justiz nicht, so weiß die Nation nicht, wohin Hand und Fuß zu setzen.
> Also dulde man nicht, daß in den Worten etwas in Unordnung sei.
> Das ist es, worauf alles ankommt.

Karl Kraus widmete sein Leben der Ordnung der Welt durch die Worte. Die Korruption der Werte durch die Worte – die gesprochenen, die gehörten, vor allem die gelesenen – gibt den *Letzten Tage der Menschheit* ihre Form und Struktur. Es ist kein Zufall, daß jeder Akt der Tragödie mit Zeitungsausrufen und Schlagzeilen beginnt.

*Die letzten Tage der Menschheit* wurden zu einem der großen Meisterwerke der Literatur des zwanzigsten Jahrhunderts, weil die Zeit (»diese große Zeit, die ich noch gekannt habe, wie sie so klein war«)

zum ersten Mal die Artilleriesalven verdiente, die Kraus bis 1914 auf kleinere Zielscheiben abgefeuert hatte. Sein Feld war schon immer die Weltgeschichte, die ja bekanntlich das Weltgericht ist, aber er schrieb sie als Lokalreporter aus Wien, dessen idealtypischer Ort, den Anfang jeden Aktes der *Letzten Tage* markierend, die »Sirk-Ecke« darstellt, die Ecke der Ringstraße mit der Kärtnerstraße, an der sich das ganze »bessere« Wien zum Korso traf. Sein Kosmos war der Mikrokosmos. Erst mit der Ermordung des Erzherzogs Franz Ferdinand in Sarajewo – nomen est omen, auch heute noch – weitete sich der Mikrokosmos automatisch zum Makrokosmos aus, und die Lokalchronik wurde als Reportage über das Ende einer ganzen Welt, als »Tragödie der Menschheit« kenntlich.

*Die letzten Tage der Menschheit* entstanden während des Ersten Weltkrieges, gegen den Kraus von Anfang an Stellung nahm und den er öffentlich in Vorlesungen verdammte. Der erste Entwurf der meisten Szenen wurde in den Sommern von 1915 bis 1917 geschrieben, die Überarbeitung für die Buchausgabe fand 1919 statt. Sie erschien im gleichen Jahr in drei Sonderheften der *Fackel* und 1922, etwas umfangreicher, im Eigenverlag, in der 792seitigen editio princeps. In der Originalfassung war dieses Drama, »dessen Umfang nach irdischem Zeitmaß etwa 10 Abende umfassen würde, … einem Marstheater zugedacht«, also eben keiner irdischen Aufführung. Erst 1928 gab er prinzipiell – und gegen den berechtigten Protest seiner Bewunderer – der sozialdemokratischen Kunststelle in Wien die Erlaubnis zur Aufführung einer verkürzten und – man soll es offen sagen – notwendigerweise unzulänglichen Bühnenversion. Kraus selbst hat Varianten der Bühnenfassung im Frühjahr 1930 in Wien, Berlin, Prag und Mährisch-Ostrau vorgelesen, aber danach nie wieder. Sie wurde erst 1992 veröffentlicht.

Die vorliegende Version der *Letzten Tage der Menschheit* ist also lediglich eine kleine, und übrigens – im Hinblick auf den Aufstieg des Nationalismus – politisch etwas umgestellte Auswahl aus dem großen Marsdrama. Sie kann und soll also die Lektüre des eigentlichen Werkes nicht ersetzen. Doch enthält diese Ausgabe etwas, was im großen Werk nicht vorzufinden, aber auch für dessen Leser wesentlich ist: die Zeichnungen Georg Eislers. Die ursprüngliche Ausgabe der *Letzten Tage* enthielt nur zwei Bilder: das berüchtigte Titelbild des »österreichischen Antlitzes« des gemütlichen Henkers, der über seiner Leiche thront, umgeben von anderen Österreichern in und ohne Uniform, die auch auf das Foto wollen, und das Schlußbild eines durch Artilleriefeuer zerstörten Kruzifixes auf offenem Feld. (Das eine war die Reproduktion einer Ansichtskarte, die nach der Hinrichtung Cesare Battistis, eines italienischen Sozialisten, in der Monarchie kolportiert wurde; das andere war Kraus vom jungen Kurt Tucholsky zugesandt worden.) Eine illustrierte Ausgabe einer Welttragödie, die, wie der Genozid, sich jeder direkten Darstellung entziehen muß, scheint auf den ersten Blick vermessen. Doch was Georg Eisler in seinen Zeichnungen kommentiert und erklärt, ist nicht das Thema, sondern der Autor. Als Wiener hat Eisler Kraus sozusagen mit der Muttermilch aufgenommen. Als Sohn eines Schönbergschülers und als Schüler Kokoschkas, der von allen bildenden Künstlern die engsten Beziehungen zu Kraus hatte, ist Eisler auch als Maler mit Kraus aufgewachsen. Keiner ist besser in der Lage, eine Brücke vom Text der *Letzten Tage* zum heutigen Leser zu schlagen.

Denn dieser Text ist heute nur schwer zugänglich. – Für Wiener aus meiner und Eislers Generation sind die *Letzten Tage* einfach ein Stück aus unserem Leben. Das Exemplar der Erstausgabe, das ich immer wieder lese, trägt auf dem Titelblatt den Namen meiner Mutter, einer der vielen Krausverehrerinnen aus dem bürgerlichen Wiener Milieu. Das »österreichische Antlitz« hat meine Kindheit begleitet. Zu jung, um den Weltkrieg und das Sterben der Monarchie erlebt zu haben, lernte ich beides durch dieses Buch kennen. Ich habe den Mord am Erzherzog Franz Ferdinand auf Karl Kraus' Ringstraße entdeckt, im Vorspiel des Dramas, das leider nicht in die Bühnenfassung aufgenommen wurde. (»Ein Zeitungsausrufer: Extraausgabee –! Ermordung des Thronfolgers! Da Täta vahaftet! Ein Korsobesucher (zu seiner Frau): Gottlob kein Jud«) Die Weltgeschichte ist mir zuerst im Tonfall der Leutnants Pokorny, Nowotny und Powolny, des Abonnenten und des Patrioten, des alten Biach und der Knaben Gasselseder und Merores erzählt worden, denen Georg Eisler jetzt Gesichter und Gestalten gegeben hat. Sogar der Wiener Dialekt ist noch der meiner Kindheit. Für

Wiener meines Alters sind die *Letzten Tage*, trotz aller Anspielungen auf vergessene Gestalten und vergessene Tagesereignisse, verständlich, ja sogar selbstverständlich. Aber kaum für andere, und besonders nicht-österreichische Leser, die unmittelbar auf dieses ungeheure, unfaßbare, dokumentarisch-visionäre Werk stoßen.

Aber bedarf dieses Werk eines Kommentars? Ist es uns heute – und war es das nicht schon immer – nicht gleichgültig, um wen und was es sich in den Szenen der *Letzten Tage* konkret handelte? Wer den Zorn und die Verachtung Kraus' provoziert hat? Diese Szenen und Gestalten, wie zum Beispiel die vergessene Kriegsberichterstatterin Alice Schalek und die Zitate aus vergilbten Leitartikeln, existieren ja für uns, und für die Zukunft, lediglich durch Kraus. Genügt es nicht einfach zu wissen: »Die unwahrscheinlichsten Gespräche, die hier geführt werden, sind wörtlich gesprochen worden; die grellsten Erfindungen sind Zitate«?

Ja und nein. Sicherlich ist es nebensächlich, daß etwa der Hans Müller, der in der ersten Szene des ersten Aktes ein paar blödsinnige Zeilen spricht, ein mit Recht vergessener, aber damals erfolgreicher und bekannter Bühnenautor war. Eine winzige Anmerkung genügt, um den Witz der vierten Szene des ersten Aktes, die Konversation der vier (wirklichen) »Heerführer« durch die Generationen zu retten: »Der Riedl«, an den der Habsburger Schlachtenlenker eine banale Postkarte »aus dem fernen Feldlager« schreibt, war der Besitzer seines Wiener Stammcafés.

Andererseits gehört es eben zum Zeitalter, dessen verfaulende Glieder Kraus bis zur Amputation beobachtete, daß es *nur* aus dem konkret Gelesenen und Gesehenen, dem wörtlich Überhörten, bestand. Es handelt sich nicht darum, »den schlaff zerlassenen Dialekt des letzten Wieners, der ein Pallawatsch aus einem Wiener ist und einem Juden«, zu verstehen, was weniger Probleme für den heutigen deutschen Leser darstellt als der Text Shakespeares für den heutigen englischen Mittelschüler, sondern den charakteristischen Tonfall der Zeit. Das ist für einen Schriftsteller wie Kraus ganz besonders unerläßlich, weil seine Konzeption des Wortes eigentlich akustisch war. Schrift und Vortrag, beide ein Surrogat für die Karriere als Schauspieler, die ihm versagt blieb, gehören zusammen. Seine wunderbare, aber oft gekünstelte Prosa, die im gedruckten Text ständige und angestrengte Aufmerksamkeit erfordert, wurde im Vortrag lebendig und klar. »Ich bin vielleicht der erste Fall eines Schreibers, der sein Schreiben zugleich schauspielerisch erlebt«, bemerkt er. »Was ich schreibe, ist geschriebene Schauspielkunst.«

Es ist wohl kein Zufall, daß Kraus mehr oder weniger zur gleichen Zeit (1910-11) sich entschloß, die *Fackel* als reinen Monolog zu führen, und zu den öffentlichen Vortragsabenden zurückkehrte, die er seit den frühen 1890er Jahren aufgegeben hatte.

»Ich habe das Wesen (der Zeit) gerettet«, schrieb er in einem der Monologe des »Nörglers« in der vollständigen Ausgabe der *Letzten Tage*, »und mein Ohr hat den Schall der Taten, mein Auge die Gebärde der Reden entdeckt, und meine Stimme hat, wo sie nur wiederholte, so zitiert, daß der Grundton festgehalten blieb für alle Zeiten.« Eben diese »Gebärde der Reden«, die Gesten und Haltungen, die »body language«, welche zum Tonfall der Zeit gehört, haben ihren Widerschein in den Zeichnungen Eislers. Sie sind ein wichtiger Beitrag zum Verständnis des Textes.

Das ist aber auch aus einem anderen Grund wichtig. *Die letzten Tage der Menschheit* waren nicht nur ein Aufschrei gegen den Weltkrieg und die Korruption der Menschheitstragödie durch den Journalismus. (»Schreiben Sie, wie Sie beten.«) Das Buch war auch ein leidenschaftliches Plädoyer gegen das Habsburger Österreich, das Kraus (nicht zu Unrecht) für den Kriegsausbruch verantwortlich machte; gegen jenes »österreichische Antlitz«, das in unendlicher Vielfalt, aber immer gleicher Oberflächlichkeit durch die Szenen seines Dramas schlendert. »Ist es nicht das Antlitz, nicht Österreich, nicht der Krieg«, schrieb er in seinem *Nachruf* auf die Monarchie, kurz nach dem Krieg, »ist es nicht jenes in Not und Tod, in Tanz und Pflanz und Haß und Spaß anspruchsvolle, gut- und blutgierige Gespenst, das uns in der Nacht der Jahrhunderte aus seinem Grab besucht hat?... Denn dieser, jener, einer, viele, sie waren Mörder aus Mangel an Phantasie, nicht nur weil's die Sache wollte.« Es ist das Gesicht der Offiziere an der Sirk-Ecke (»der Ringstraßenfront jener Sündenburg«), der Generäle, die sich für die Karte des Kriegsschauplatzes nur vor dem Fotografen interessieren (das Wort

»photo-opportunity« war noch unentdeckt), der Reporter und der kriegslustigen, aber in Wien beschäftigten Literaten. Für Kraus war die alte Monarchie nicht nur todgeweiht – das wußte jeder Wiener Ministerialrat –, sondern sie verdiente das Todesurteil.

Nie ist wohl ein Imperium mit mehr Hohn zu Grabe getragen worden als das Reich der Habsburger. Und doch stehen wir vor dem Paradox, daß der Tod keines anderen Imperiums unseres an gefallenen Imperien so reichen Jahrhunderts so viel bedeutende Literatur hervorgebracht hat. Man denke an Musil, an Joseph Roth und nicht zuletzt an Jaroslav Hašeks *Braven Soldaten Schwejk* und *Die letzten Tage der Menschheit* selbst – alles Werke, die sich spezifisch mit dem Untergang der alten Monarchie auseinandersetzen.

Was alle diese Beiträge zum Genre »Grabreden auf Österreich« miteinander verbindet, ist ein Sinn für die Absurdität dieses Regimes, die Komik seiner Tragödie, um die sogar die erbarmungsloseste Anklage nicht ganz herumkommt. Sogar die (wenigen) sentimentalen Rückblicke auf die Zeit Franz Josephs lächeln ironisch.

Nichts, zum Beispiel, ist unmenschlicher als das Thema der Szene im Militärspital (6. Szene im 4. Akt der *Letzten Tage*), die übrigens mit dem wunderbaren achten Kapitel des *Braven Soldaten Schwejk* (»Schwejk als Simulant«) zu vergleichen ist. Und doch muß sich der Mund des entsetzten Lesers zum Lachen verziehen. Wer aber kann über Dachau und Mauthausen lachen? Wir lachen nicht einmal über die Offiziere, Soldaten und Krüppel auf den Bildern von George Grosz, die den zeitgenössischen Ringstraßenszenen der letzten Akte des Krausschen Dramas genau entsprechen. Die Offiziere Nowotny, Pokorny und Powolny sind schrecklich, weil sie auch komisch sind; nicht weniger schrecklich, aber bedeutend komischer als die deutschen Figuren in den *Letzten Tagen*. Und zwar nicht, weil Kraus ein schärferes Ohr für die Wiener Sprache hatte als für die deutschen Sprechweisen, sondern weil man von der Kriegslage Österreichs behaupten konnte, sie sei verzweifelt, aber nicht ernst.

Das Deutsche Reich war nur für Ausländer absurd, nie für die eigenen Staatsbürger. Auch dieses spezifische und für die Literatur so günstige Klima der Habsburger Monarchie kann uns durch die Zeichnungen Eislers nähergebracht werden.

Dieses Klima erklärt auch, warum für Kraus der Krieg mehr war als der Einbruch der Grausamkeit und des Massenmordes in die geordnete Gesellschaft. Er erkannte ihn sofort als den Zusammenbruch einer ganzen Welt, nämlich der bürgerlich-liberalen Zivilisation des neunzehnten Jahrhunderts, zu der er selbst, wenn auch widerstrebend, gehörte. Denn in mancher Hinsicht war das Wien des späten Franz Joseph die Zusammenkunft der aufgeklärten josephineschen Bürokraten mit dem aufgeklärten jüdischen Bürgertum vor den ideologischen Manifesten der Ringstraßenarchitektur der klassische Ausdruck des bürgerlichen Liberalismus seines Jahrhunderts. Beide waren belagert: eine dünne Schicht der »gebildeten« deutschsprachigen Leser der *Neuen Freien Presse*, die auf den Massen der slawischen Landbevölkerung ruhte, und belagert als Stützen eines Staates, der keine Zukunft hatte. Sicher ist, daß man sich in Wien schon ab Ende des Jahrhunderts der Krise dieser Zivilisation weit schärfer bewußt war als anderswo in Europa. Kraus, der den Untergang der liberalen Welt wollte, war auf ihn vorbereitet. Aber da er eben Wien oder jedenfalls die Leser der *Neuen Freien Presse* nicht nur als Kakanier, sondern als Paradigma der gesamten Entwicklung der bürgerlich-liberalen technologisch-kapitalistischen Gesellschaft und ihrer Entwicklung angriff, wurde der Krieg zu den letzten Tagen nicht nur Österreichs, sondern der Menschheit. Denn es konnte nach diesem Zusammenbruch kein Zurück mehr geben. Es gab nur ein Vorwärts in eine unvorstellbar apokalyptische Zukunft.

Doch die sterbende Monarchie hat Kraus noch etwas gegeben. Sie erlaubte ihm schon *während* des Krieges ein Werk zu schreiben, das anderswo erst nach dem Kriege als Bewältigung einer traumatischen, aber persönlichen Vergangenheit hätte geschrieben werden können, wie etwa die Kriegsliteratur, die in Deutschland zehn Jahre nach dem Zusammenbruch zu erscheinen begann. Wo anders als in der Habsburger Monarchie hätte man einem offenen Kriegsgegner erlaubt, öffentlich, schriftlich und mündlich gegen den Krieg zu protestieren? Wo anders konnte ein solcher Vortrag, »vor einem zum Teile aus Offizieren und sonstigen Militärpersonen bestehenden Publikum zu einer aggressiv pazifistischen … Kundgebung gestaltet (werden), die beim Publikum«– wir sind im Frühjahr 1918 – »fast einmütig begeisterte Zustimmung auslöste«, jedenfalls als solche von der Feindespropagandaabwehrstelle beim k. und k. Kriegsministerium denunziert wurde. Und wo anders konnte ein Polizeirat des betreffenden Bezirkes, »welcher als Regierungsvertreter diesem Vortrag beigewohnt hatte«, seiner Direktion mitteilen, daß Kraus tatsächlich einen solchen gegen das Giftgas gerichteten Vortrag gehalten habe, was auf den Polizeirat einen »äußerst unangenehmen, ja peinlichen Eindruck gemacht hatte, doch habe er Grund zu einem Einschreiten nicht gefunden«. Die Wiener Polizei hatte sich mit dem bekannten Schriftsteller geeinigt, schon in der *Fackel* gedruckte Arbeiten könnten ohne weiteres vorgetragen werden, man ersuche ihn aber, noch ungedruckte der Zensur vorzulegen. Umgekehrt reagierte Kraus, von der Polizei nach einer Denunziation vorgeladen, mit einer formellen Anzeige wegen Verleumdung durch einen Unbekannten, der den Inhalt seiner Antikriegsrede falsch wiedergegeben hätte. Und wo anders als im Habsburger Österreich geschah weiter überhaupt nichts, bis Österreich selbst, kurz vor dem Akt des Kriegsministeriums über den Fall Kraus, ad acta gelegt wurde?

Die historische Spanne der Ereignisse und Erlebnisse, die sich für Kraus eignen, ist verhältnismäßig eng. Es gibt Dinge in unserem Jahrhundert, die auch dem leidenschaftlichsten Satiriker das giftigste Lachen austreiben. Karl Kraus sagte selbst vom Nationalsozialismus: »Mir fällt zu Hitler nichts ein«, und als ihm am Ende doch etwas einfiel, reichte seine Sprache nicht mehr aus. »Das Wort entschlief, als jene Welt erwachte.« In der Geschichte der Sowjetunion war Platz für die Satiriker in der NEP-Zeit und in der Epoche Breshnews, die übrigens manchmal an die letzten Jahre der Habsburger erinnert; nicht aber in der eisernen Zeit Josef Stalins, über den sich auch im Rückblick noch niemand lustig macht.

Kraus hatte das Glück, bis fast an sein Ende in einer Welt und einer Epoche zu leben, in der er frei schreiben konnte, und in der die Unmenschlichkeit noch nicht so groß war, daß sie die Worte, und noch mehr die Satire, zum Schweigen zwang. Er konnte noch die Worte für den ersten großen Akt der Tragödie des zwanzigsten Jahrhunderts, den Weltkrieg von 1914, finden. Er fand sie in den Leitartikeln, den Anzeigen, den überhörten Gesprächen, den Zeitungsberichten einer Zeit, in der er erkannte, daß hier eine Tragödie gespielt wurde, in der nicht König Lear, sondern der Narr, nicht Hamlet, sondern Rosenkrantz und Güldenstern die Hauptfiguren waren. Er fand die Worte für das Unsagbare zur Zeit, als es noch nicht ganz unsagbar geworden war.

Bertolt Brecht hat den besten wie auch den lapidarsten Nachruf auf ihn geschrieben: »Als die Zeit Hand an sich legte, war er diese Hand.«

Eric Hobsbawm, Die letzten Tage der Menschheit – Ein Essay, Copyright Büchergilde Gutenberg, Frankfurt am Main 1994. Aus: Karl Kraus, Die letzten Tage der Menschheit. Bühnenfassung des Autors. Hrsg. von Eckart Früh. Mit Zeichnungen von Georg Eisler und einem Essay von Eric Hobsbawm. Büchergilde Gutenberg, Frankfurt am Main und Wien 1994.

*Soho; 28, Dean Street hier wohnte Karl Marx von 1851 bis 1856*

# Es nimmt kein gutes Ende

*Heute regiert die Politik der Lohnsenkung, der freien Märkte und des Haushaltsausgleichs – das Programm, das in der Weltwirtschaftskrise der dreißiger Jahre so gründlich gescheitert war. Aber die Lehren jener Katastrophe wurden verdrängt. Wie erklären Sie sich diese Vergeßlichkeit?*

Zum Vergessen kommt es auf verschiedene Art, allein schon durch das Alter. Und im 20. Jahrhundert waren für viele Menschen Überlieferungen und Erfahrungen zwischen den Generationen praktisch unterbrochen. Beispielsweise sprachen in Deutschland Eltern mit ihren Kindern nicht gerne über die nationalsozialistische Vergangenheit. Schließlich kommt hinzu, daß in der modernen Medienkultur die Dimension der chronologischen Kontinuität mehr und mehr verloren geht. Zeitungen und Fernsehen berichten in einem 24-Stunden-Zyklus – die gestrigen Nachrichten werden für die heutigen gelöscht. Es ist wie mit den Aktienkursen, wo kurzfristige Schwankungen im Zentrum stehen und längerfristige Tendenzen eigentlich niemanden interessieren. So kommt es, daß viele Leute vieles vergessen.

*Eröffnet die heutige Periode weltweiter Depression die Chance, historisches Wissen zurückzuholen?*

Historiker können das nicht. Sie können nur das Material aufbereiten, das die Leute dann lesen müßten. Ich glaube, daß alle Regierungen 1989 gut daran getan hätten, ein Seminar über die Friedensbeschlüsse nach dem Ersten Weltkrieg zu organisieren. Nahezu all die explosiven Konflikte, mit denen wir uns heute in Europa herumschlagen, haben ihre Wurzeln im Beginn des 20. Jahrhunderts, im Fall Bosnien-Herzegowina in den Balkankriegen der Jahre 1912/13.

*Die Weltwirtschaftskrise war Ausgangspunkt für eine Reform des Kapitalismus. Das Weltwährungssystem Bretton Woods sorgte für regen Handel. Vollbeschäftigungspolitik stärkte Nachfrage und Wachstum, und Sozialpolitik begrenzte Armut. Sind dies die Eckpfeiler des Nachkriegskapitalismus für die goldenen Jahre?*

Über die eigentlichen Wurzeln dieses damaligen wirtschaftlichen, sozialen und politischen Umschwungs bin ich mir nicht ganz klar. Sicher ist, daß die Reform des Kapitalismus in den westlichen Ländern eine notwendige Grundlage für das »Goldene Zeitalter« war.

Mit der Individualisierung geht ein Verlust an Geschichtsbewußtsein einher. Das kollektive Gedächtnis müßten eigentlich Vereine, Parteien, Medien und Bildung tragen. Aber offenkundig verlieren diese Träger an Einfluß auf den Alltag.

In Bauerngesellschaften gab es noch eine Familientradition, in der das Gedächtnis – wie der große Historiker Marc Bloch einmal sagte – von den Großeltern an die Enkel weitergereicht wurde, während die Eltern auf dem Feld arbeiteten. In der Arbeiterbewegung spielten die Parteien und Vereine als Bildungsorgane im Sinne der Aufklärung eine maßgebliche Rolle. Deren Niedergang ist auch ein Problem der Demokratie, denn diese setzt solchermaßen tätige Massenorganisationen voraus.

Im Verlaufe der siebziger Jahre dreht sich der Wind in der Wirtschaftspolitik, an die Stelle der Keynesianer rücken die Marktapologeten…

In der Nachkriegszeit waren die Ideologen des freien Marktes krasse Außenseiter. Keynes, der den Nachweis erbracht hatte, daß der Markt von sich aus Unterbeschäftigung produziert, war nahezu vierzig Jahre lang der einflußreichste Ökonom der westlichen Welt. Liberale Wirtschaftstheologen standen eindeutig im Abseits. Friedrich von Hayek war ein Rufer in der Wüste, als er sich mit seinem Buch »Weg zur Knechtschaft« gegen die Nachkriegsentwicklung stemmte. Erst eine Generation später, als die Politik der »Goldenen Jahre« nicht mehr funktionierte, kamen sie aus der Außenseiterrolle heraus. Hayek erhielt 1974 den Wirtschaftsnobelpreis, Milton Friedman 1976.

*Es wird auch von einem »sozialdemokratischen Zeitalter« gesprochen, aber Sie halten den sozialdemokratischen Beitrag für marginal.*

Der Beitrag der Linken zur Reform des Kapitalismus war gering. Natürlich gibt es Ausnahmen, allen voran Schweden. Auch Roosevelts New Deal und die Politik der britischen Labour-Regierung gehören dazu, aber sie experimentierten mehr. Sie betrieben keine systematische Politik, sie waren einfach zum richtigen Zeitpunkt an der Regierung. Man muß wissen, daß der Wohlfahrtsstaat in den fünfziger Jahren überwiegend von konservativen Regierungen aufgebaut wurde. Erst in den siebziger Jahren setzte sich die Sozialdemokratie in Westeuropa als Mehrheitspartei durch. Insgesamt sind die Unterschiede zwischen den beiden Kräften in dieser Zeit nicht sehr groß.

*Und die Alternativen der sozialistischen und kommunistischen Linken...?*

Die Linke hatte kein derartiges Programm. Und wo sie eins hatte, war sie wenig überzeugend. In Chile verfolgte die Unidad Popular unter Allende eine sogenannte alternative Wirtschaftspolitik und scheiterte damit. Die sozialistisch-kommunistische Regierung in Frankreich unternahm Anfang der achtziger Jahre noch einmal den Versuch und scheiterte ebenso. Denn mittlerweile hatten sich die Voraussetzungen geändert. Die Gewerkschaften konzentrierten sich darauf, möglichst hohe Lohnsteigerungen zu erkämpfen und isolierten sich damit, zumindest in Großbritannien.

*Treten wir in ein neues Zeitalter ein, dessen Beginn durch wirtschaftliche Krisen, soziale Unsicherheiten und das Fehlen eines politischen Status quo bestimmt ist?*

Es hat in diesem Jahrhundert drei große Zusammenbrüche gegeben: nach dem Ersten Weltkrieg, nach dem Zweiten und 1989. Von diesen dreien ist der letzte bei weitem der tiefste. Schauen wir uns die Situation sieben Jahre nach dem Ersten Weltkrieg an: Mitte der zwanziger Jahre schien fast alles wieder in Ordnung zu sein; in Sowjet-Rußland hatte die Wirtschaft 1926/27 wieder den Stand von 1913 erreicht. Und wie sah es sieben Jahre nach dem Zweiten Weltkrieg aus? Die Welt war wieder im Aufschwung, sogar die Sowjetunion, die die Hauptlast des Krieges zu tragen hatte. Im Gegensatz die Lage heute: Von Ostdeutschland bis Wladiwostok kann von wirtschaftlicher Erholung keine Rede sein. Selbst mit 1988 verglichen, und das war bei weitem nicht das beste Jahr, ist das Vorkrisenniveau nicht wieder erreicht. Insofern ist der aktuelle Zusammenbruch tiefer.

*Sie schreiben, daß der Preis für das Scheitern einer gesellschaftlichen Alternative die Finsternis sei. Ist das eine Mahnung, auf eine Steuerung der Wirtschaft zurückzukommen?*

Der Kapitalismus des freien Marktes bietet auf die Dauer keine Lösung. Dem Weltkapitalismus ist es egal, wo produziert wird. Danach könnte Frankreich seine Landwirtschaft aufgeben und alles importieren. Vom Standpunkt der Finanzpresse wäre das eine rationelle Entscheidung, aber in Wirklichkeit wäre es für eine ganze Menge Leute keine gute Sache. Deshalb glaube ich, daß öffentliche Steuerung und staatliche Autorität unverzichtbar sind. Auch aus ökologischen Gründen.

*Wäre das Scheitern der Alternative zu verhindern gewesen? Gab es Chancen zur Reform des staatlichen Sozialismus?*

Ich glaube, daß in der Sowjetunion eine Reform ungeheuer schwierig gewesen wäre. Nachdem man so lange das Gleis der totalen Verstaatlichung befahren hatte, war es kaum noch möglich, umzuschwenken. Ob es in anderen staatssozialistischen Wirtschaften möglich gewesen wäre, ist schwer zu sagen. Die Ungarn sind sehr weit gegangen, aber auch dort hat es nicht geklappt. Ob eine Reform in der Tschechoslowakei, wo sie 1968 erdrosselt wurde, Chancen gehabt hätte? Ich weiß es nicht.

*Anfang der zwanziger Jahre schlug die Sowjetmacht den Weg der Neuen ökonomischen Politik (NÖP) ein. Der Versuch wurde als Anpassung mißverstanden, tatsächlich zielte er auf einen anderen Weg. Wäre das eine Alternative gewesen?*

Ich bin kein Experte der Sowjetgeschichte. Ich glaube, daß das System funktionierte, als es darum ging, die ungeheuren Schäden der Revolution und der Bürgerkriegsjahre zu beseitigen. Die Probleme begannen erst, als die eigentliche Aufgabe der NÖP gemeistert worden war.

Ansonsten kann ich nur zitieren, was der große sozialistische Ökonom, Oskar Lange, auf seinem Sterbebett in London sagte: »Wäre ich in den zwanziger Jahren in Rußland gewesen, dann hätte ich Bucharins Politik der graduellen Entwicklung unterstützt. Wäre ich Berater für die sowjetische Industrialisierung gewesen, dann hätte ich flexiblere und begrenztere Ziele empfohlen. Aber wenn ich so zurückdenke, frage ich mich immer wieder: Hat es eine Alternative zu dem wahllosen, brutalen und im Grunde völlig planlosen Vorwärtssturm des ersten Fünfjahresplans gegeben? Ich weiß einfach keine Antwort.«

*Bedenkt man es richtig, dann schließt der Bruch von 1989 eine lange vorher schon entstandene Enttäuschungsverarbeitung ein?*

Überraschend war der Zeitpunkt des Zusammenbruchs. Wäre Andropow gesünder gewesen, hätte es die Sowjetunion vielleicht noch einige Jahre länger gegeben. Die Geschichte ist voller Zufälle. Aber daß es mehr und mehr bergab ging, das war klar. Die Linke im Westen war sich schon lange der Krise bewußt. Die Besetzung der Tschechoslowakei war für sie die entscheidende Zäsur. Bis weit in die Reihen der Kommunistischen Parteien gab es große Sympathien für den Prager Frühling. Danach gab es eigentlich keinen Grund für Hoffnungen mehr.

*Gute Geschichte wird nicht aus der Sicht von Siegern geschrieben, sondern eher von Verlierern. Ist Ihr Werk das eines geschlagenen Marxisten?*

Der Historiker Reinhard Kosellek hat einmal die Geschichtsschreibung von Verlierern gewürdigt, aber er setzte hinzu, daß das Verlieren allein nicht genügt. Denn sonst hätte Deutschland 1945 einen fulminanten Aufklärungseffekt gehabt.

Interview: Fritz Fiehler. In: Neues Deutschland, Beilage vom 15.06.1996, S. 9.

# Historiker sind nie auf Urlaub

*Herr Hobsbawm, Sie haben in Ihren Büchern intensiv den Übergang der vorkapitalistischen zur kapitalistischen Gesellschaft erforscht und eine Geschichte des langen 19. Jahrhunderts geschrieben, das Sie mit der Französischen Revolution beginnen und mit dem Ersten Weltkrieg enden lassen. In Ihrem letzten Buch »Das Zeitalter der Extreme« haben Sie sich dem kurzen 20. Jahrhundert zugewandt, das für Sie von 1917, dem Jahr der russischen Revolution, bis zum Untergang der Sowjetunion reicht. Die politische, ökonomische und soziale Lage der heutigen Umbruchzeit bewerten Sie eher skeptisch, ja Sie enden sogar mit dem Wort »Finsternis«. Warum ziehen Sie ein so pessimistisches Resümee?*

Na ja, das einzige, was sich über die Geschichte verallgemeinernd sagen läßt, ist, daß sie weitergeht. Wir erreichen den jüngsten Tag eben nicht. Aber schauen Sie, im Gegensatz zu den letzten beiden Jahrhunderten besitzt die Welt am Ende des 20. Jahrhunderts kein internationales System, keine Struktur. Dutzende von Nationalstaaten sind seit 1989 entstanden, ohne daß Großmächte oder internationale Konferenzen, die UNO oder die EU in diesen Prozessen vermittelt hätten. Europäer und Amerikaner haben auch auf dem Balkan zu spät und zu unentschlossen interveniert, weil sie das Destabilisierungspotential im zerfallenden Jugoslawien unterschätzt haben. Die Konfrontation der Großmächte ist zwar vorüber, und die alten Akteure des Weltdramas sind bis auf die USA verschwunden, doch fanden seit Ende der achtziger Jahre, soweit ich es überblikke, mehr militärische Auseinandersetzungen in Europa, Asien und Afrika statt als je zuvor – und dabei habe ich den iranisch-irakischen und den Falkland-Krieg 1983 nicht einmal mitgerechnet. Oft ist bei diesen Auseinandersetzungen, die ja häufig aus nationalen

Auflösungsprozessen hervorgehen, überhaupt nicht mehr klar, wer eigentlich gegen wen kämpft und warum. Die Ursache für viele der internationale Spannungen im nächsten Jahrhundert hat sich nach dem Ende des Kalten Krieges offenbart: die wachsende Kluft zwischen den reichen und den armen Regionen der Welt. In Europa hat man begonnen, die Grenzen gegenüber arbeitssuchenden Einwanderern aus der Dritten Welt zu schließen, ja selbst in den USA scheint ein Ende der Toleranz gegenüber Zuwanderern erreicht. In den armen Ländern formieren sich dagegen anti-westliche Bewegungen, fundamentalistisch-national oder national-religiös, die ihre Ziele mit Anschlägen gegen Touristen oder westlich orientierte Landsleute verfolgen. Im Golfkrieg zeigte sich zudem noch ein neues Problem: Der Westen mag zwar den Ländern des Südens technisch wie militärisch überlegen und in der Lage sein, einen Präventivschlag gegen potentielle Feinde zu führen; aber er kann damit keinen Krieg gewinnen oder ein besetztes Gebiet auf Dauer kontrollieren – wie das ja noch in der Kolonialzeit des 19. Jahrhunderts möglich war. Die Habsburger zum Beispiel regierten Bosnien-Herzegowina mehr oder weniger problemlos, heute müßte man Hunderttausende von Soldaten einsetzen, um das Land zu beherrschen. Das will und kann niemand. Sehen Sie sich nur die USA an:

1915 besetzten sie Haiti, um Bürgerkriege zu beenden. In den letzten Jahren verzichteten sie auf eine Invasion, obwohl sie militärisch kein Problem gewesen wäre. Und warum? Weil die Amerikaner auch keine Antwort auf Haitis innenpolitische Probleme wußten – und sie kennen sie bis heute nicht, trotz des Abzugs des haitianischen Militärregimes. Im Grunde lassen die Politiker sich auf solche Interventionen nicht mehr ein, da sie keine Konzepte für viele Probleme der weniger entwickelten Länder besitzen.

*Viele Ihrer jüngeren Kollegen teilen Ihren Pessimismus nicht. Ist Ihre Sicht nicht auch eine Generationsfrage?*

Sicher, in gewisser Hinsicht ist das auch eine Generationsfrage. Für Leute meiner Generation, die einen Großteil des 20. Jahrhunderts durchlebt haben, war es im großen und ganzen ein tragisches Jahrhundert. Auch wenn sich vieles verbessert hat, sind die positiven Änderungen nie einfach positiv gewesen, sondern mit den riesigen Katastrophen und Tragödien gänzlich verflochten. Und so sehe ich auch die Zukunft. Eine Zeitlang, im dritten Viertel des 20. Jahrhunderts, schien es, als ob es vielleicht positiver aussehen könnte. Und ich will keineswegs ausschließen, daß die Lage bald vielversprechender aussieht. Aber aus den genannten Gründen glaube ich, daß das 21. Jahrhundert, jedenfalls im ersten Teil, kein ruhiges bleiben und kein Jahrhundert des gemäßigten Fortschritts sein wird.

*In Ihrem Buch »Das Zeitalter der Extreme« haben Sie die Zeit von der Mitte des 20. Jahrhunderts bis zum Ölpreis-Schock zum Goldenen Zeitalter erklärt, während es danach vor allem ökonomisch bergab gehe. Aber selbst weniger Wohlstand als jetzt in Europa und Amerika – ist doch noch lange nicht das Ende?*

Nein, es ist überhaupt kein Ende erreicht, jedoch gibt es gewisse Phänomene, die sich auf lange Sicht negativ auswirken könnten. Um nur ein Beispiel zu nennen: schon seit den siebziger Jahren findet in den Vereinigten Staaten praktisch keine Verbesserung des Realeinkommens mehr statt. Dort lebt eine Generation, die nicht mehr darauf eingestellt ist, daß sich ihr Leben verbessert. Ein großer Teil des Unbehagens in Ländern wie den Vereinigten Staaten kommt dadurch zustande, daß die Menschen enttäuscht sind. Solche Enttäuschungen haben politische und soziale Auswirkungen, die eher negativ als positiv sein werden.

*Welche Konzepte könnten aus der Krise führen? Die alten Wege des Sozialismus funktionieren nicht mehr. Was für Lösungen stellen Sie sich mit Ihren Erfahrungen vor?*

Das kann ich nicht sagen. Ich finde es schwierig, mir die neuen Wege vorzustellen. Ich bin an die alten Wege gewöhnt, zum Beispiel an die Tatsache, daß der einzige Apparat, der bis jetzt erfunden wurde, um die Verteilung des Nationaleinkommens gerechter zu machen oder überhaupt zu kontrollieren, der Staat gewesen ist. Ich kann mir dazu keine Alternativen vorstellen. Im Weltmaßstab gibt es keine ähnlichen Autoritäten. Auf nationaler Ebene haben diese Autoritäten jedoch an Macht oder an Willen zur Aktion verloren. Obwohl es theoretisch möglich wäre, sich Alternativen auszumalen, existieren sie im Augenblick nicht, und ich finde es aus meiner Erfahrung schwierig zu sagen, wie das vor sich gehen könnte. Da müssen Sie jemand fragen, der weniger in der Vergangenheit verwurzelt ist als ein Historiker.

*Alle Staaten der Welt sind heute offiziell »Nationen«, selbst Befreiungsbewegungen nennen sich meistens »national«. Sehen Sie heute im Nationalstaat ein Lösungsmodell? In Ihrem Buch »Nationen und Nationalismus« standen Sie dem Konstrukt Nation und dem Nationalismus noch sehr skeptisch gegenüber.*

Das tue ich auch heute noch, mehr sogar als früher. Aber man muß unterscheiden zwischen der klassischen Schöpfung des Nationalstaates im 18. oder 19. Jahrhundert, der souverän ist, und einem Begriff der Nation für ein unabhängiges Kollektiv, das auf ethnischen, kulturellen, historischen und sprachlichen Wurzeln beruht. Der ursprüngliche Begriff der Nation bezog sich auf den Staat, zum Beispiel bei der Amerikanischen und der Französischen Revolution, er hatte überhaupt nichts mit Ethnizität und Sprache zu tun. Das gilt selbst für die großen Territorialstaaten wie Rußland, Spanien oder England, die im wesentlichen um ein Staatsvolk gebildet wurden. Diese modernen Nationalstaaten waren ein Schritt zur Modernisierung, denn die Kommunikation erforderte eine Homogenisierung der Umgangssprachen. Aber das war in der Französischen Revolution und noch mehr bei Territorialstaaten wie den USA, die keinen historischen Hintergrund hatten, sekundär. Die Nation der Vereinigten Staaten war nie darauf aufgebaut, daß die Menschen Englisch sprechen. Außerdem hatte der Aufbau von Nationalstaaten selbstverständlich auch eine wichtige wirtschaftliche Dimension, die mir für die Situation im 19. Jahrhundert sogar grundlegend zu sein scheint. Fast alle nationalistischen Bewegungen waren Einigungsbewegungen, viel eher jedenfalls als Sezessionsbewegungen. Auch die Deutschen, die Italiener, die Südslawen wollten größere politische Gebilde schaffen. Diese Nationalstaaten sind jedoch nicht zu identifizieren mit den modernen nationalistischen Bewegungen, meiner Ansicht nach nicht einmal im Falle der Deutschen und der Italiener, wo kulturelle Elemente bei der Nationenbildung Ende des 19. Jahrhunderts ziemlich stark waren. Das Neue, das mit dem Aufkommen der Demokratien in den multinationalen Staaten erscheint, ist im 20. Jahrhundert der Begriff der Selbstbestimmung jeder Gruppe, die sich als Nation definiert. Das war in den ersten drei Vierteln des 19. Jahrhunderts nicht so – von ganz wenigen Ausnahmen abgesehen. Diese Art des Nationalismus hat sich als gänzlich negativ erwiesen. Trotzdem glaube ich nicht, daß die Bewegungen heute eine besondere Wichtigkeit haben, nach dem Zusammenbruch der Sowjetunion und der kommunistischen Welt, die ich für einen verspäteten Zusammenbruch der alten Reiche von vor 1914 halte. Andere Bewegungen, die mit dem gleichen Vokabular wie die Nationalisten hantieren, sind heute viel bedeutsamer: etwa die fundamentalistische Bewegung in Indien, die eigentlich als hinduistischer Nationalismus zu bezeichnen ist.

*Das Material für nationalistische oder fundamentalistische Ideologien können auch Historiker liefern. So begründen die Serben ihren Anspruch auf das Kosovo damit, daß sie schon 1389 um dieses Land gegen die Türken kämpften, dabei leben heute dort zu 90 Prozent Albaner. Wie können Sie dieser Verantwortung für die Gegenwart gerecht werden?*

Die Haupttugend des Historikers ist zwar Neugierde, aber neugierig könnte man auch sein, wenn man gänzlich unverantwortlich handeln würde. Die Verantwortung des Historikers besteht darin, ein hochpolitisiertes Fach reflektiert, also mit Bewußtsein, zu vertreten: alles, was wir Historiker machen, kann politisch ausgenutzt werden und wird politisch ausgenutzt. Es ist egal, ob man das will, wiewohl die meisten Historiker natürlich eine politische Einstellung haben und wollen, daß ihre Geschichte ihrer Seite hilft. Das bedeutet nicht unbedingt einer bestimmten Partei. So bleibt das Wichtige – man muß sich dessen bewußt sein. Man schwebt nicht frei als Intelligenz durch den Raum, man steht nicht draußen, man ist drinnen. Das ist besonders in Sachen des Nationalismus akut. Wer immer sich mit einer nationalen Bewegung beschäftigt, nimmt in gewisser Hinsicht an ihr teil. Man muß wissen, daß man nicht nur außen steht, beschreibt und analysiert, sondern auch daran teilnimmt. Wenn man das nicht will, muß man sich dagegenstellen. In diesem Spiel kann man nicht als Schiedsrichter fungieren, denn es gibt nur Spieler. Das ist die eine Verantwortung des Historikers, die andere ist, daß man den Unterschied zwischen den Tatsachen und den Meinungen fest im Auge behalten muß. Das ist heute wegen der postmodernen Tendenzen besonders wichtig. Natürlich gibt es Auslegungen, aber sie müssen, gemäß der alten wissenschaftlichen Disziplin, belegbar sein. Das Problem für professionelle Historiker ist, daß ihr Gegenstand nicht selten große politische und soziale Bedeutung besitzt.

*Da Historiker die Vergangenheit stets mit Blick auf die Gegenwart interpretieren, helfen sie auch »Traditionen« zu entdecken oder einfach zu erfinden, wie etwa der pakistanische Historiker, der ein Buch über Städte im Industal »5000 Tausend Jahre Pakistan« nennt, obwohl der Staat erst 1947 gegründet wurde und seine ideologische Grundlegung gerade mal zwanzig Jahre länger zurückliegt.*

Das Interessante ist, daß viele Sachen, die wir für Traditionen halten, eigentlich modern sind, moderne Erfindungen oder moderne Anpassungen alter Sachen. Sobald man diesen Gedanken einmal formuliert hat, kann jeder sofort Dutzende Fälle entdecken. Die Einsicht ist natürlich ungeheuer wichtig mit Blick auf den Nationalismus, weil die Nation mit der Schöpfung einer künstlichen Vergangenheit zusammenfällt. Die Nation ist ein Produkt des 19. Jahrhunderts, das darauf besteht, schon ewig da zu sein. Hier mußte Geschichte gefälscht und erfunden werden.

Mythen und Traditionen sind Identitätsangebote, mit denen in einer unsicher werdenden Welt Sicherheit suggeriert werden soll: Wir sind besser als die anderen. Ein Großteil der Geschichte und auch der Sprache ist eine zeitgenössische Konstruktion. Die offizielle Literatursprache entstammt in den meisten Ländern einer Art »social engineering«, d.h., zu einem bestimmten Zeitpunkt wird eine Literatursprache aus dem Komplex der Dialekte konstruiert, muß konstruiert werden, weil eine einheitliche Literatursprache nicht das ist, was die Menschen normalerweise sprechen. In diesem Sinne ist das Element der »Invention of Tradition« nicht nur ein historisches Element. Die Leute sagen, die Seele des Volkes ist die Sprache. Aber was für eine Sprache ist das? Ein Konstrukt. In manchen Fällen läßt sich der Zeitpunkt der Konstruktion genau festlegen. Das sieht man jetzt ganz deutlich im Falle von Jugoslawien. Serbokroatisch wurde im frühen 19. Jahrhundert als Sprache konstruiert, als Sprache, die der Vereinigung der Südslawen dienen sollte. Heute versuchen die Kroaten aus diesem Serbokroatisch eine spezifisch kroatische Sprache herauszuschälen, um die Vereinigung der Südslawen wieder aufzulösen. Ich glaube, man muß bei der Erfindung von Traditionen auf deren Gründe und Wirkungen hinweisen. Aber ich sage nicht, daß es sich hier um eine Verschwörung handelt. Solche Erfindungen sind dazu meistens viel zu kompliziert. Die Erfindung der Tradition steht mit der Demokratisierung und den Entwicklungen ausgangs des 19. Jahrhunderts in Zusammenhang, wie ich das in dem Buch »The Invention of Tradition« dargelegt habe. Man braucht Symbole für die Zusammengehörigkeit, und wenn die Symbole nicht vorhanden sind, erfindet man sie oder borgt sie aus anderen Kulturen. Zum Beispiel war Weihnachten ursprünglich ein skandinavisches Fest. Der Stil des Weihnachtsfests, der sich im 19. Jahrhundert durchgesetzt hat, war deutsch mit Weihnachtsbaum et cetera. Umgekehrt hatten die Juden natürlich nichts dergleichen, haben aber versucht, im Bürgertum ein eigenes vergleichbares Fest aus ihrer Tradition abzuleiten, da war Chanuka. Und die Schwarzen haben jetzt ein Fest frei erfunden, das irgendwie die afrikanischen Traditionen, die gar nicht existieren, darstellen soll – weder christlich, noch jüdisch, noch weiß, sondern spezifisch schwarz soll das Fest sein: Da haben wir den Fall einer bewußten Konstruktion.

*In Ihren Büchern über das 19. Jahrhundert zeichnen Sie einerseits die Erfolgsgeschichte des Bürgertums besonders seit den 1850er Jahren nach und stellen ihm andererseits eine Demoralisierung und einen gewissen Skeptizismus gegenüber, den vor allem Philosophen wie Nietzsche und eine Reihe von Künstlern am »Fin de siècle« formulierten. Wie erklären Sie sich diese widersprüchliche Entwicklung?*

Ende des 19. Jahrhunderts lösten sich die klaren Konturen des Bürgertums auf, weil dessen Ideologie in eine Krise geriet. Der Glaube an Fortschritt, Reformen und einen gemäßigten Liberalismus wurde im Laufe der gesellschaftlichen Umbrüche immer fragwürdiger. Zwar war der wissenschaftliche und technische Fortschritt ungebrochen, aber der wirtschaftliche Fortschritt hatte auch die organisierten Arbeiter hervorgebracht, und dem politischen Fortschritt stand man eher skeptisch gegenüber, denn die Demokratie schwächte das Bürgertum, zumindest in England. In Deutschland war das Bürgertum ohnehin bis dahin nicht dafür bekannt, die Erkenntnisse der rationalistischen Aufklärung umzusetzen. Ein sich selbst als liberal einschätzender Soziologe wie Max Weber war gleichzeitig ein Militarist und Anhänger des Imperialismus, ja er wurde zeitweise Mitglied der »Alldeutschen«. Bevor Thomas Mann sich in liberaler Tradition gegen Hitler stellte, hatte er vehement die westlichen »Zivilisationen« und deren Liberalismus kritisiert. Es ist auf jeden Fall richtig, daß der Liberalismus um 1900 in der Krise steckte und sich in England oder in Belgien spaltete. Der Liberalismus als Pfeiler des Bürgertums brach allmählich weg. Es ist schon seltsam, wie bereitwillig sich viele Vertreter der Bourgeoisie von den Idealen Vernunft, Wissenschaft, Bildung, Freiheit und Aufklärung verabschiedeten und offenbar die Erlösung im Krieg, der Gewalt und den Instinkten suchten. Kulturell und moralisch offenbarte sich die Krise in den Gestalten Friedrich Nietzsches und Maurice Barrès'.

*Welche Veränderungen waren Ihrer Meinung nach so gravierend, daß es zu dieser Identitätskrise kam?*

Die Blüte der Bourgeoisie war, wie Sie wissen, nur von kurzer Dauer. Wahrscheinlich wurde sie deswegen von den Zeitgenossen auch nach 1914 so gern als »Belle Epoque« verklärt. Was hat sich verändert? Vor allem drei Dinge: Zum einen, wie gesagt, drängte die Demokratisierung das Bürgertum politisch zurück. Die Liberale Partei, die bis dahin eine Allianz der Aristokratie und des liberalen Bürgertums gewesen war, spaltete sich. Die Massenbewegungen waren auf dem Vormarsch und zogen auch in die Parlamente ein. Zum zweiten verloren die puritanischen Werte für die Bourgeoisie an Bedeutung, denn ihr Kapital

– Grundbesitz, Aktien und Vermögen – hatten sie oft schon erworben und lebten nun von Einkünften aus diesen Quellen, ja sie wurden zu einer »müßiggehenden Klasse«, wie es der Soziologe Thorstein Veblen einmal genannt hat. Im Grunde wurde es für die etwas Wohlhabenderen wichtiger, das Geld auszugeben, als es zu verdienen. Die dritte Veränderung war die Auflösung der bürgerlichen Familie. Dabei spielte auch die Emanzipation der Frauen eine Rolle, selbst wenn die »Neue Frau« zuerst nur Spekulationsstoff für männliche Debatten und Theaterstücke, wie *Nora* von Ibsen oder die Heldinnen von Shaw bot. Wie auch immer es im einzelnen zu bewerten ist, daß Bürger ihren Töchtern größere Freiräume gaben, man kann jedenfalls feststellen, daß sie oft besser ausgebildet wurden als früher und sich freier in der Gesellschaft bewegen durften. Ein Beispiel waren die Nachmittagstees in großen Hotels, bei denen getanzt wurde. Revolutionär war damals übrigens auch, daß in den 1880er Jahren beim Tennisturnier in Wimbledon das Damenspiel zugelassen wurde, sechs Jahre vor den Franzosen und Amerikanern. Daran war zwanzig Jahre zuvor nicht einmal zu denken.

*Und kulturell…*

… waren die Leute auf der Suche nach neuen Orientierungen. Schauen Sie, seit der Renaissance hatte es einen Kanon klassischer Kunst gegeben: die Venus von Milo, der Apollo von Belvedere, die Laokoon-Gruppe. Ungefähr hundert Werke galten über Generationen als vollendete Leistungen der klassischen Kunst. Nach 1900 dauerte es keine zwei Generationen, bis sie annähernd vergessen waren. Zudem drängten neue Massenkünste die alte Hochkultur zurück. Varieté, Kino und Jazz gewannen auch im Bürgertum schnell ihre Anhänger. Ich will damit nicht sagen, daß die hohe Kunst ihr bürgerliches Publikum verloren hat – die Oper, Wagners Werk allen voran, stand in hoher Blüte –, aber der Konsens über das, was Kultur war, ging verloren.

*In der gesellschaftskritischen Literatur Ende des 19. Jahrhunderts wird häufig der Niedergang des Bürgertums beschrieben. Auf ebenso unterschiedliche wie spannende Art griffen dieses Thema etwas später zum Beispiel Heinrich und*

*Thomas Mann auf. Der Roman »Buddenbrooks« etwa deckt die moralischen und seelischen Abgründe seiner bürgerlichen Protagonisten auf und stellt höchst ironisch die Selbstverständlichkeiten des bürgerlichen Lebens in Frage.*

So kann man nicht verallgemeinern. Ich glaube, daß die Gattung »Roman« in England eine ganz andere Rolle als in Deutschland oder in Frankreich gespielt hat, von Amerika gar nicht zu sprechen, und das, obwohl der Roman zweifelsohne der zentrale literarische Ausdruck des bürgerlichen Zeitalters ist. Vorher hatte er keine große Bedeutung, und danach löst er sich in verschiedenste Formen auf. Thomas Mann, denke ich, kann man nicht einmal als typisch für die Krise des Bürgertums erachten – für ein gewisses Bürgertum sicherlich, die Patrizier in einer nicht sehr florierenden Hansestadt. Ich kann mir nicht vorstellen, daß das Bürgertum in Hamburg künstlerisch einen ähnlichen Ausdruck gefunden hat, denn Hamburg ging es ja gut. Die Krise der bürgerlichen Kultur erscheint eher im Aufstieg der verschiedenen Modernen, ganz besonders in der bildenden Kunst und der Musik, auch in der Architektur, weniger in der Literatur.

*Aber die Auflösung der Formen ist in der Literatur doch deutlich, auch bei Thomas Mann.*

Ja, das ist sicher so, und bei Marcel Proust ist der Vorgang noch klarer. Aber in der bildenden Kunst lösen sich die Formen deutlicher und vor allem früher auf. Das Interessante ist, daß die spätere intellektuelle Krise des 20. Jahrhunderts schon vor dem Ersten Weltkrieg in den Künsten antizipiert wurde. Das meiste von dem, was die Moderne des 20. Jahrhunderts charakterisiert, ist bereits vor 1914 da. Bemerkenswert ist aber die Verbindung der Künste und der Politik: Die erste Moderne in den 1880er Jahren ist ziemlich politisiert, meistens links und sozialistisch – in Deutschland etwa Gerhart Hauptmann. In Frankreich und Belgien sympathisieren Künstler mit den Anarchisten. Die zweite Moderne, Anfang des 20. Jahrhunderts mit dem Kubismus unter anderem, ist ziemlich unpolitisch, in vieler Hinsicht sogar anti-politisch wie die russische Avantgarde, und wird erst durch den Ersten Weltkrieg unglaublich stark politisiert, weniger allerdings in England, wo die bürgerliche Gesellschaft nicht so aus den Fugen geraten ist wie anderswo. Die Literatur wird zum Teil nach rechts politisiert, die anderen Künste weitgehend nach links. Mit dem Faschismus werden die Künste international noch stärker nach links politisiert, die Künstler werden gegen den Faschismus mobilisiert. Das zeigt sich besonders deutlich im Spanischen Bürgerkrieg vor 60 Jahren, wo sich alle Intellektuellen, Dichter vor allem, auf die Seite der Demokratie und der Republik stellten. Seit dem Zweiten Weltkrieg wird die Sache wieder viel komplizierter: Die antifaschistische Avantgardekunst wird in gewisser Hinsicht zum Triumphsymbol des westlichen Liberalismus. Die moderne Architektur wird zum Symbol des Kalten Krieges, das sieht man ja in Berlin an den Häusern der Internationalen Bau-Ausstellung im Westen und der Stalin-Allee im Osten.

*Mußten die künstlerischen Avantgarden Anfang des 20. Jahrhunderts denn nicht auch weniger politisch sein, da sie auf künstlerische Revolutionen setzten, die schließlich nicht ohne Wirkung auf die Gesellschaft blieben?*

Sie können das so definieren, aber ich glaube, da besteht doch ein Unterschied zwischen den frühen Avantgardisten wie Edvard Munch oder James Ensor, die sich als Revolutionäre der äußersten Linken betrachteten, und den frühen Kubisten, die ihre Revolution rein im Atelier vollführten. Da kommen noch ein oder zwei andere Sachen hinzu: Zum Beispiel hatten die Avantgardekünste nach 1900 kein großes Publikum und waren daher von Mäzenen oder kleinen Gemeinden von Mäzenen, Großbürgern, abhängig. Das sieht man ja zum Beispiel an den russischen Sammlern der Moderne vor 1914. Morosow und Schtschukin waren wahrscheinlich selbst politisierter als die Künstler, die sie sammelten. Die Tatsache, daß die neuen Künste nur von einer kleinen Gruppe gekauft und unterstützt wurden, hatte eine gewisse Wirkung. Die Moderne in den achtziger Jahren des 19. Jahrhunderts glaubte noch, daß sie irgendwie zu den Massen durchdringen könnte und müßte. Die großen Architekten des Jugendstils bauten nicht nur Börsen, sondern auch Gewerkschaftshäuser. So wollten sie die Massen erreichen. Später glaubten sie nicht mehr daran, durchdringen zu können. Bestenfalls die Avantgardemusiker dachten anders. Obwohl die Bürger als Mäzene wichtig blieben, gab die Arbeiterbewegung, etwa in Österreich, Musikern wie Schönberg oder Webern die Gelegenheit, Arbeiterchöre zu führen. Nur sangen die dann weder Schönberg noch Webern. Die Richtung der neuen Moderne machte es immer schwieriger, einen Anschluß an das Massenpublikum zu bekommen, und das hat sich wohl auch auf die politische Einstellung der Leute ausgewirkt.

*Hat die Arbeiterbewegung ihren Begriff von Kultur, der sich ja in den Arbeiterbildungseinrichtungen spiegelte, nicht vom Bürgertum übernommen?*

Das wurde nicht als bürgerlich betrachtet, sondern als Klassik, die von einer Elite auf die Massen des Volkes übertragen werden sollte. Genauso wie die Kunst des Lesens und Schreibens zunächst eine Elitekunst war und dann als das Recht der arbeitenden Menschen begriffen wurde, lesen und schreiben zu können. Das war das Wichtigste. Es war eine Modernisierungsidee der Volkskultur, da die traditionelle Volkskultur wie die Volkslieder etwa nicht mehr anwendbar war. Die Arbeiterbewegung ist für die meisten Arbeiter eine Bildungsbewegung, eine Selbstbildungsbewegung gewesen. Sie ermöglichte den arbeitenden Menschen mehr zu werden, als sie früher hätten werden können, nicht unbedingt bei der Arbeit, allerdings bei der Teilhabe an Kultur. Die Kultur, die durch die Arbeiterbewegung gefördert wurde, war zwar vielleicht, wenn Sie so wollen, eine Verallgemeinerung der bürgerlichen Klassik, aber das war eben die einzige Klassik, die es gab. Wichtig erscheint mir jedoch, daß bis in die dreißiger Jahre hinein eine gewisse Spannung zwischen dieser Selbstbildungskultur der Arbeiterbewegung und der tatsächlichen Volkskultur vieler Mitglieder bestand. Die Führer der sozialistischen und besonders der sozialdemokratischen Bewegung wandten sich ungeheuer scharf gegen Schundliteratur und Schundkunst, und das heißt eben gegen die tatsächliche Volkskultur; Varieté, Café, Kabarett wurden abgelehnt.

*Und das frühe Kino als unmoralische Jahrmarktsattraktion verurteilt, die vor allem die Kinder gefährde.*

Ja, auch das Kino wurde gering geschätzt. Bis in den Ersten Weltkrieg lehnten auch die Intellektuellen das Kino ab – ich habe versucht, das in meinem Imperialismus-Band zu zeigen. Die Intellektuellen haben das Kino bis 1914 den Schaustellern überlassen. Erst zwischen den Kriegen etablierte sich eine neue Hegemonie der Massenkünste – und das auch in der Arbeiterbewegung. Es scheint mir sehr typisch, daß die englische und amerikanische Linke den Jazz in den dreißiger Jahren als fortschrittliche Kunst entdeckte. Jazz wurde zu einem Teil der Linken.

*In diesem Band »Das Zeitalter des Imperialismus« setzten Sie auch das Ende des Bürgertums, der bürgerlichen Kultur mit dem Ersten Weltkrieg fest. Warum wählen Sie diese Zäsur? Man könnte ja auch die Weltwirtschaftskrise 1929 oder das Ende des Zweiten Weltkriegs als Daten für diesen Einschnitt sehen.*

Zäsuren sind in gewisser Hinsicht immer künstlich. Stets überschneiden sich die geschichtlichen Verläufe. Und es stimmt schon, daß schwer zu definieren ist, wer wirklich zum Bürgertum zählte. Gleiches gilt natürlich für den Begriff »Bourgeoisie«. Schließlich wuchs die soziale Mobilität während der Industrialisierung, wobei gleichzeitig die traditionellen Rangordnungen in der Gesellschaft verschwammen. Auf der einen Seite verlor die Aristokratie in vielen Ländern an Einfluß. Die Snobs konnten zwar noch immer feststellen, daß die Herzöge ein anderes gesellschaftliches Leben führten, jedoch existierte eine Aristokratie als solche – sozial gesprochen – nicht mehr. In England etwa stellte sie bis 1895 fast immer die Mehrheit im Kabinett, danach nie wieder. Auf der anderen Seite dehnte sich der tertiäre Sektor gewaltig aus. Die Angestellten und Beamten, die zwar abhängige Lohnarbeit verrichteten, allerdings gut ausgebildet waren, rechneten sich nicht mehr zur Arbeiterklasse. Sie ahmten den Lebensstil der reichen Leute aus dem Mittelstand nach. Die Selbsteinschätzung glich sich also an, während die höheren Angestellten und Manager zweifellos besser, d. h. oft akademisch ausgebildet waren. Aber erst um die Jahrhundertwende wurde der Grad der formalen Bildung ein wichtiges, ja vielleicht das wichtigste Distinktionsmerkmal zwischen den sozialen Schichten. Einfacher war es immer zu bestimmen, wer zum Adel gehörte – unter anderem durch Abstammung, erbliche

Titel, Grundbesitz – und wer zur Arbeiterklasse gehörte – durch das Lohnverhältnis und manuelle Arbeit.

Die Schwierigkeit, die Bourgeoisie als Gruppe zu definieren, stellt allerdings kein Hindernis dar, wenn es darum geht, die kapitalistische Entwicklung zu analysieren. Derartige Definitionsprobleme reflektieren eine sich wandelnde Struktur des Kapitalismus. Bei dem Ende des Bürgertums im klassischen Sinn geht es aber auch um ein Lebensgefühl. Sehen Sie, meine älteren Verwandten haben sich in meiner Kindheit und Jugend immer geweigert, die Zwischenkriegszeit als Frieden zu betrachten. Wenn sie sagten »im Frieden«, dann meinten sie die Zeit vor 1914. Das scheint mir symbolisch zu sein für eine ganze Welt, die für sie nach 1914 einfach nicht mehr existierte. Man muß natürlich unterscheiden bei solchen Aussagen. In England war die Kontinuität in der Zwischenkriegszeit kaum unterbrochen, während sie in Österreich überhaupt nicht mehr da war und in Deutschland nicht sehr stark. Auch in dieser Hinsicht, glaube ich, können wir nach 1914 nicht mehr von einer bürgerlichen Gesellschaft sprechen. Es ist eine kapitalistische Gesellschaft mit bestimmten bürgerlichen Werten, aber das ist nicht das gleiche.

*Als Kind sind Sie in Wien und ab 1931 in Berlin zur Schule gegangen. Hat Sie diese Zeit geprägt?*

Als ich 1933 aus Deutschland nach England kam, war ich kulturell ganz mitteleuropäisch und das heißt deutsch geprägt. Es war seinerzeit weit langweiliger in England als in Berlin vor Hitler. Ich habe damals mit großem Aufwand versucht, mein Deutsch nicht zu vergessen. Ich habe deutsche Tagebücher geschrieben, habe deutsche Literatur gelesen. Aber besonders nachdem meine deutschen Verwandten gestorben waren, hatte ich kaum Gelegenheit, Deutsch zu sprechen. Obwohl ich noch fest im Deutschen bin, ist es etwas eingerostet.

*Sie sprechen allerdings immer noch etwas wienerisch.*

Meine Mutter war Wienerin. Und auch während des Krieges hatte ich mehr mit Österreichern zu tun als mit Reichsdeutschen.

*Ihr Vater hingegen war Engländer und arbeitete in Ägypten, wo er Ihre Mutter kennenlernte und Sie geboren wurden.*

Mein Vater war auch ein Einwandererkind. Mein Großvater, ein Möbeltischler, war aus Polen nach England gekommen, und seine Söhne wurden Engländer. Einer seiner Söhne ging als Kolonialbeamter nach Ägypten und arbeitete dort bei der Post, die damals unter englischer Aufsicht stand. Mein Vater folgte ihm nach Ägypten, um im Handel zu arbeiten. Meine Mutter machte ihre Matura und erhielt als Geschenk eine Reise nach Ägypten, wo sie Verwandte besuchen konnte. Anders hätte man eine junge Dame damals nicht dahin geschickt. Die Familie war etwas bürgerlicher als die meines Vaters, so daß es ihr vor 1914 nicht so schlecht ging. Meine Mutter lernte meinen Vater kennen, sie heirateten und mußten erst einmal in Ägypten bleiben, da sie während des Krieges weder nach Österreich noch nach England gehen konnten. Schließlich standen die beiden Länder miteinander im Krieg. In Ägypten wurde ich dann geboren, und 1919 ging die Familie nach Wien, wo ich zwölf Jahre lebte. Ich wuchs in einer deutschsprachigen Kultur auf, obwohl wir in der Familie auch Englisch sprachen und lasen. Nachdem meine Eltern früh verstorben waren, ging ich mit meiner Schwester nach Berlin, wo Verwandte sich unserer annahmen. Es traf sich, daß der Bruder meines Vaters die Schwester meiner Mutter geheiratet hatte. Es waren also Leute, die eng mit uns verbunden waren. So kamen wir nach Berlin.

*Haben Sie in Berlin begonnen, sich politisch zu interessieren und für den Marxismus zu begeistern?*

Ich habe den Eindruck, daß ich in Österreich auch politisiert worden wäre. Zum Teil war ich bereits politisiert, wenn auch eher als Sozialdemokrat. Meine Sympathien lagen auf der Seite der Sozis, was intellektuell nichts zu bedeuten hatte, denn ich war noch zu jung – gerade 13, 14 Jahre alt.

In Berlin 1931, das war eine Art »pressure cooker« für Politik und Kultur; man war sich der Krise bewußt, des Aufstiegs Hitlers – es war gänzlich unmöglich, sich dort nicht zu politisieren. Entweder man orientierte sich nach links oder rechts, wobei es für einen ausländischen Juden nicht möglich war, sich auf der Rechten zu positionieren. Außerdem hätte man eventuell Zionist werden können, aber das hat mich nie angezogen. Zumal die meisten der Zionisten, die man kannte, auch links waren, entweder bei der Poale Zion[1] oder der Hashomer Hatzair[2], sie waren ideologisch schwer von den Kommunisten zu unterscheiden außer in der Hinsicht auf Israel, auf Palästina. Liberal wurde man als 14- oder 15jähriger in Berlin 1931, 1932 kaum. Sozialdemokratisch war auch nicht besonders anreizend. Also wurde man Kommunist.

*Wurden Sie Mitglied einer kommunistischen Jugendorganisation?*

Ich wurde durch einen meiner älteren Schulkameraden, den späteren Stephan Hermlin, er hieß damals Rudolf Leder, angeleitet, in den Sozialistischen Schülerbund zu gehen. Das war eine kleine Organisation, die mit der KP verbunden, jedoch kein Teil der KP war. Da bin ich damals, Ende 1932, eingestiegen und habe bis zu unserer Ausreise etwas mitgemacht. Man kann schon sagen, daß ich damals organisiert gewesen bin, aber eine große Organisation in den Berliner Gymnasien oder Realgymnasien war der Schülerbund nicht. Die kommunistische Bewegung war etwas, was draußen auf den Straßen stattfand, meine Familie dagegen war nicht besonders politisch, und bei uns zu Hause las man die »Vossische«, sonst auch mal das »Das Tagebuch«. Einer meiner Cousins ist auch Kommunist gewesen, das war durchaus nicht ungewöhnlich.

*Erinnern Sie sich noch an große Aufmärsche oder Parteiversammlungen aus dieser Zeit?*

Die einzige Veranstaltung, an die ich mich erinnere, war die letzte große Demonstration der KP, der Marsch zum Karl Liebknecht-Haus

1 Gemeint ist die Sozialistische Arbeiterpartei, die hauptsächlich von polnischen Juden und jüdischen Flüchtlingen aus dem Osten unterstützt wurde. [d. Hrsg.]

2 Internationale sozialistisch-zionistische Jugendorganisation [d. Hrsg.]

im Januar oder Februar 1933[3], aber eigentlich kann ich mich nur erinnern, daß wir oft lange warteten und es sehr kalt war.

*1933 sind Sie mit Ihrer Familie dann nach England ausgewandert…*

… nicht eigentlich ausgewandert, rückgewandert. Es hatte mit Hitler überhaupt nichts zu tun. Mein Onkel hatte sich irgendwie eine Stellung bei einer amerikanischen Filmfirma in Berlin verschafft, die schon 1932 in die Brüche zu gehen schien. Er suchte monatelang nach einer anderen Arbeit. Am Ende glaubte er, einen Job in Spanien zu finden, und fuhr dorthin. Wir blieben in Berlin. Bald kam er zurück, nachdem es in Spanien nicht geklappt hatte, und sagte, wir müssen wohl nach England zurück. Es hatte eigenartigerweise nichts mit Hitler zu tun. Wir waren Engländer, wir wurden als Engländer behandelt. Ich hatte keine Probleme in der Schule als Jude – ich wurde als Engländer nur mehr oder weniger für den Ersten Weltkrieg verantwortlich gemacht. Kulturell war ich gänzlich kontinental, deutsch.

*Was meinen Sie mit kulturell deutsch?*

Ich glaube, wenn ich in Deutschland geblieben wäre, wäre ich nicht Historiker geworden. Das hat nicht zur deutschen Bildung gehört. Wahrscheinlich hätte ich mich mehr für Philosophie interessiert oder als Linker für Soziologie. Geschichte hat in der deutschen Mittelschul- und Universitätsbildung eine viel geringere Rolle gespielt als in der englischen. Deutsch war ich natürlich auch sprachlich. Ich wußte viel über die deutsche Literatur, aber sehr wenig von der englischen. Als ich nach England kam, mußte ich die englischen Dichter erst kennenlernen.

*Welche deutschen Autoren haben Sie besonders geschätzt?*

Hölderlin, Rilke, Brecht. Ich hatte ein großes literarisches Interesse. Als ich vor ein paar Monaten in Berlin zu einer Lesung war, erschien

3 Zu dieser Demonstration vom 25. Januar 1933 siehe ausführlich Eric Hobsbawm, Gefährliche Zeiten, S. 95f.

ein Herr, der sagte: »Wir waren in der gleichen Schule. Ich habe Ihnen da ein kleines Heft mitgebracht, in dem ich als Sekretär des literarischen Clubs im Prinz Heinrich-Gymnasium die Mitglieder aufschrieb. Sehen Sie, da steht Ihr Name.« Das ist eigentlich ziemlich rührend, wenn das nach mehr als sechzig Jahren geschieht. Ich habe mich nicht an den Club erinnert, aber ich hatte mich sehr für Literatur, besonders für Lyrik interessiert.

*Warum haben Sie in England später Geschichte studiert?*

Erstens einmal weil ich Marxist wurde, und für Marxisten war Geschichte eine wichtige Sache; zweitens weil Geschichte im englischen Lehrplan weit wichtiger war als im deutschen und, wenn ich so sagen darf, es wurde besser gelehrt. Zudem sagte mein Lehrer: »Sie machen das gut. Ich glaube, Sie sollten sich etwas darauf spezialisieren.« Um an der Universität studieren zu können, mußte ich ein Stipendium erlangen, was mir auch gelang. Mich interessierte am meisten, wie die Kunst, die Literatur mit den materiellen und sozialen Bedingungen ihrer Zeit zusammenhängt. Das war das eigentliche Problem, das mich persönlich in die Geschichte eingeführt hat. Wie erklärt man etwa den Aufstieg des Romans im 19. Jahrhundert?

*Bei Ihrer Geschichte des »langen 19. Jahrhunderts«, wie Sie die Zeit von 1789 bis 1914 nennen, steht allerdings die Sozial- und Wirtschaftsgeschichte im Vordergrund.*

Sie steht stärker im Vordergrund, denn meines Erachtens ist sie grundlegend. Das Vorwort zu Marxens »Kritik der politischen Ökonomie« war für mich und viele andere Historiker die Grundlage der Geschichtsbetrachtung. Er ist für mich wichtig gewesen nicht als jemand, der sich mit Revolutionen beschäftigt, sondern als Nachfahre der historisierenden Soziologie, wie sie von den Schotten im 18. Jahrhundert erfunden wurde. Sie waren ja die ersten, die die menschliche Geschichte als eine Entwicklung der menschlichen Gesellschaft durch verschiedene wirtschaftlich begründete Stadien betrachteten. Erst mal muß man die Basis erklären, bevor man an den Überbau geht. Für die moderne europäische Geschichte ist die Beziehung von Basis und Überbau ungeheuer bedeutsam. Ob das bei primitiven Völkern auch so ist, das ist eine umstrittene Frage, weil manche glauben, man müsse da die Kultur als autonomen Faktor berücksichtigen. Aber als Historiker befasse ich mich ausschließlich mit dem Aufstieg des Kapitalismus und seiner weiteren Entwicklung bis heute. In dieser Zeitspanne kann man weiter von der ursprünglichen Fragestellung ausgehen. Dennoch habe ich mich in allen meinen Büchern mit der Kultur befaßt, und zwar nicht nur in den Kapiteln über die Kultur.

*Sie haben sich seit den dreißiger Jahren politisch engagiert. Wie Ihre Kollegen Christopher Hill, E.P.T. Thompson oder Rodney Hilton im »roten Cambridge« wurden Sie Mitglied der englischen KP. Warum sind Sie 1956, nachdem der Ungarnaufstand von den Truppen des Warschauer Pakts niedergeschlagen worden war, nicht wie die meisten anderen Intellektuellen, wie die meisten Historiker aus der Partei ausgetreten?*

1956 war die Krise, meiner Ansicht nach sogar die Endkrise der kommunistischen Bewegung, wie sie in den Jahren von 1917 bis 1919 konzipiert worden war. Von da an ging es bergab, gab es keine Zukunft mehr für kommunistische Bewegungen – in vielen Ländern, nicht nur in England. Mit den meisten kommunistischen Historikern hatte ich mich der Partei gegenüber sehr kritisch geäußert, ja wir hatten als erste eine Gruppe gebildet und gesagt: Was Chruschtschow bekannt hat, genügt nicht. Man muß mal analysieren, was da los war und die Folgerungen daraus ziehen. Viele englische Historiker wollten ursprünglich nicht aus der Partei heraus, sie sind am Ende herausgedrängt worden. Andere gingen von selbst. Die Gruppe der Historiker existierte weiter, aber gänzlich ohne ihren früheren Charakter. Ich persönlich fand, ob man drin blieb oder austrat, war nicht so wichtig. Ich sagte der Führung der Partei: Die Leute, die ausgetreten sind, sind genauso gute Linke wie wir. Und wir müssen weiter mit ihnen zusammenarbeiten, wir werden in freundschaftlicher Beziehung bleiben. Wenn ihr das nicht wollt, dann schmeißt mich raus. Mir ist es egal, ob ich drin bleibe oder nicht. Da sie nicht so viele Leute hatten, die übriggeblieben waren, schmissen sie mich eben nicht heraus.

*Und Sie traten trotz Ihrer kritischen Distanz nicht aus?*

Ich glaube, das ist wirklich eine rein biographische Frage. Mein eigener Lebenslauf ist ziemlich untypisch für die englischen kommunistischen Intellektuellen. Ich habe mich nicht persönlich für den Stalinismus verantwortlich gefühlt und bin in die kommunistische Bewegung eingetreten, weil ich als Jugendlicher die Weltrevolution wollte oder weil ich glaubte, mich für die Emanzipation der Menschheit einzusetzen. Ich glaube, das war eine gute Sache. Wissen Sie, da kann sogar ein gewisser Egoismus dabei sein. Ich wollte nicht, daß die Leute sagen: Er ist aus der KP ausgetreten, weil er seine Karriere verbessern will. Es ist schwer, so etwas über sich selbst zu sagen, aber ich denke, es war ein gewisser Stolz daran. Ich dachte, wenn ich es zu etwas bringe, werde ich es trotz meiner Mitgliedschaft in der KP zu etwas bringen. Ich verteidige das nicht. Es ist eine Art egoistische, persönliche Sache. Etwas anderes hingegen möchte ich verteidigen: Ich habe die Leute gekannt, die ihr Leben für die kommunistische Sache aufs Spiel gesetzt haben. Ich habe es nicht gemacht. Ich habe ein normales und friedliches Leben gehabt, ja sogar im Krieg ist mir nichts Dramatisches passiert. Da kann man sich nicht absetzen. Bei Arthur Koestler war das anders. Er konnte nach seinem Austritt sagen: Ich hab' da mitgemacht, jetzt mache ich nicht mehr mit. Aber jemand wie ich, der es eigentlich nicht schwer gehabt hat, der kann das eigentlich nicht so leicht sagen – das habe ich zumindest gedacht. Sehen Sie, ich besitze noch immer eine Photographie von einem internationalen Studententreffen 1939 in Paris, an dem wir mit unserer Organisation teilgenommen haben. Ich schaue mir die Gestalten an, derer ich mich noch erinnere, und sage mir: sie dort ist im Widerstand in Holland umgekommen, er da ist getötet worden in einem Aufstand nach dem Krieg in Indonesien, sie dagegen schon damals ein Flüchtling aus dem Spanischen Bürgerkrieg und ist es geblieben. Das waren alles Menschen, die haben für ihre Sache gekämpft, gelebt, gelitten, und auch wenn sie es falsch gemacht haben, das muß man ehren. Einer derjenigen, die mich nach dem Krieg und auch nach 1956 am tiefsten beeindruckt haben, ist ein österreichischer Kommunist namens Franz Marek. Er, ein Jude polnischer Abstammung, war in Frankreich während des Krieges, hat dort die gefährlichsten Aufträge für die Partei erfüllt. Er hat für die Organisation MOI (Main d'oeuvre immigrée) unter Artur London gearbeitet und Propaganda in der deutschen Wehrmacht gemacht. Das waren Leute. Er wurde am Ende noch zum Tode verurteilt und mit großem Glück gerettet. Seine beinah letzten Worte sind noch heute in der Zelle zu lesen. Dieser Mann wollte nach dem Krieg die Kommunistische Partei Österreichs auf eine eurokommunistische antisowjetische Linie bringen. Als Marek starb, paßte sein gesamter Besitz in zwei Koffer. Das waren die Leute, die ich gekannt habe. Leute, die ihr Leben geopfert und eingesetzt haben für das, was sie als eine gute und selbstlose Sache erachtet haben, und das war für sie eben die Kommunistische Partei.

*Wie würden Sie sich heute politisch einschätzen?*

Ich bin auf der Linken. Das ist eine Sache, da ist nichts mehr zu machen.

*Allgemein auf der Linken oder sind Sie noch Marxist?*

Ich bin Marxist. Ich bin schon lange kein Marxist im dogmatischen Sinn, aber ich betrachte mich noch als Marxisten. Ich sehe die Kritik des Kapitalismus weiterhin als wichtigste Aufgabe für die Leute auf der Linken. Was mit dem Kapitalismus geschehen wird, das weiß ich nicht. Gänzlich sicher ist, daß die Sache, an die ich geglaubt habe, und die Art, in der sie verwirklicht wurde, tot sind. Das kommt nicht wieder. Das muß man zur Kenntnis nehmen.

*Bereitet Ihnen Ihre politische Haltung heute noch Schwierigkeiten?*

Die einzigen Leute, die sich damit beschäftigen, sind antikommunistische Kritiker außerhalb Englands. Sehen Sie mal, die Leute, die mein Buch in England oder Deutschland herausbringen, für die ist es ein schwieriges Problem. Aber ich habe zum Beispiel mein Buch letztes Jahr auch in Brasilien publiziert, und dort war es ein großer Erfolg. In den ganzen Interviews und Kritiken kam dieses Problem überhaupt nicht zur Sprache. Warum nicht? Weil alle brasilianischen Intellektuellen, angefangen vom Präsidenten, früher mal bei der KP waren. Die meisten von ihnen sind ausgetreten, und die KP existiert auch dort kaum mehr. Aber die Frage, ob jemand bei der KP geblieben ist oder nicht, ist für die Leute dort nicht besonders wichtig. In Frankreich hingegen ist das anders: Dort weigern sich die Leute sogar, mein Buch zu übersetzen und herauszubringen.

*Eines Ihrer Bücher, das nicht ins Deutsche übersetzt wurde, war allerdings in Frankreich sehr erfolgreich, »The Jazz Scene«. Übersetzt hat es die Frau Ihres Kollegen Fernand Braudel. Schon vorher hatten sie jahrelang auch als Jazzkritiker gearbeitet. Wie waren Sie dazu gekommen?*

Ich war dazu gekommen, weil ich Ende der fünfziger Jahre nach London gezogen war und etwas mehr Geld verdienen mußte. Jazz war so in Mode, daß einige der bekannten Literaten darüber in den Zeitungen schrieben. Da sagte ich mir: Wenn Leute über Jazz schreiben, die ebensowenig davon verstehen wie ich, dann kann ich es auch und habe mir die Stelle beim »New Statesman« verschafft. Das habe ich zehn Jahre gemacht: am frühen Abend meistens Vorlesungen halten, danach in die Musikklubs und mit den Musikern herumstrolchen und sprechen. Kennengelernt hatte ich den Jazz in den dreißiger Jahren. Ich hörte begeistert die Musik von Louis Armstrong, Duke Ellington, Count Basie, Billie Holiday, die wunderbaren kleinen Gruppen und bin dann weiter mitgegangen, obwohl ich wie die meisten zuerst etwas Schwierigkeiten mit dem modernen Jazz in den Fünfzigern hatte. Ende der fünfziger Jahre dann, als Jazzkritiker, habe ich entdeckt, daß wir wirklich in einem goldenen Zeitalter des Jazz lebten; ich habe großen Gefallen am damals modernen Jazz, dem Hardbop, gefunden. Später habe ich dann »The Jazz Scene« geschrieben, eigentlich eine Einführung in die Geschichte des Jazz. Denn, wie Sie ja wissen, Historiker sind nie auf Urlaub. Sie denken auch über ihren eigenen Geschmack immer nach. Und es stimmt, vor allem in Italien und in Frankreich wurde das Buch als eine Sozialgeschichte des Jazz gelesen. Die Hauptthemen meiner Arbeit waren zwar der Aufstieg und die Veränderungen des Kapitalismus, aber die Dimension, die mich stets besonders interessiert hat, ist die Geschichte von unten, die Volksgeschichte, und dazu gehört auch die Volkskultur und schließlich auch der Jazz. Ich habe versucht, das in meinem Buch zu erklären. Anfang des 20. Jahrhunderts tauchten neue Volkskünste in den neuen Großstädten auf – der Jazz ist nur eine Form, in Südamerika ist es der Tango –, bodenständige Entertainment-Kunst. Es hat mich natürlich sehr interessiert, was unterhalb der Organisationen und der Ideologien vor sich geht. In diesem Sinn gehören meine ersten beiden Bücher über die Sozialrebellen und über die Sozialgeschichte des Jazz doch zusammen. Und letztlich habe ich auch später weniger die Geschichte der Arbeiterbewegung als die Geschichte der Arbeiter zu schreiben versucht, weniger die Geschichte der Organisationen als die der Bewegung.

*Wenn Sie auf Ihr Lebenswerk zurückblicken: Was war Ihnen besonders wichtig?*

Das ist schwer zu beantworten, aber ich würde sagen: Wichtig war und ist mir, Geschichte so zu schreiben, daß sie von Leuten gelesen werden kann, die nicht Fachhistoriker sind. Eine der großen Stärken des englischen intellektuellen Lebens seit dem 18. Jahrhundert besteht doch darin, daß seriöses Denken nicht esoterisches Denken wurde. Von Adam Smith bis Keynes konnten die großen Denker auf diesem Feld so schreiben, daß es auch Laien möglich war, ihre Schriften zu verstehen. Das war in der Geschichtsschreibung seit Gibbon ähnlich. Ich habe wie viele andere englische Historiker versucht, diese Tradition in eine Epoche starker Professionalisierung und Akademisierung des Faches hinüberzuretten. Das ist schwer für junge Spezialisten heute, denn sie müssen sich zuerst habilitieren mit hochspeziellen Monographien. Doch sollte es im Anschluß daran auch möglich sein. Wenn wir uns etabliert haben, ist es wünschenswert, daß wir Historiker so schreiben, daß Laien unsere Arbeiten nicht nur mit Verständnis, sondern sogar mit Vergnügen lesen können. Wenn mir das gelungen ist, und bis zu einem gewissen Grad ist es mir wohl gelungen, so ist das ein Resultat, worauf ich gerne zurückblicke. Eine der Sachen bei Historikern ist die: Sie haben ein kurzes Leben. Das heißt, alles, was der Gelehrte hervorbringt, ist nach 20 Jahren mehr oder weniger obsolet geworden. Wenn etwas übrigbleibt, dann nicht das, was man seinerzeit in den Archiven entdeckt hat, sondern die Ideen, die man dazu gehabt hat und wie diese Ideen verständlich gemacht worden sind.

Das Gespräch führte Daniel Haufler am 19. und 20. Juni 1996 in London. In: Neue Rundschau, 107. Jahrgang (1996), Heft 4, S. 83-101. Eine gekürzte Version erschien in der ZEIT 40/1996.

# Erwartungen an die Zukunft

Eigentlich ist es unpassend, einen Historiker zu fragen, wie es im angehenden dritten Jahrtausend mit der Kultur aussehen wird. Wir sind Fachmänner für die Vergangenheit. Für die Zukunft sind wir nicht zuständig; und schon gar nicht für die Zukunft der Künste, die die revolutionärste Epoche ihrer langen Geschichte durchleben. Aber da wir uns auch nicht auf die beruflichen Propheten verlassen können, trotz der Riesensummen, die Regierungen und Konzerne für deren Prognosen ausgeben, kann sich auch ein Historiker an die Futurologie wagen. Schließlich bilden, trotz aller Umwälzungen, Vergangenheit, Gegenwart und Zukunft doch ein untrennbares Kontinuum.

Was die Künste in unserem Jahrhundert kennzeichnet, ist ihre Abhängigkeit von der, ihre Verwandlung durch die historisch einzigartige Revolution der Technologie, und besonders der Kommunikations- und Reproduktionstechnologien. Denn auch die zweite die Kultur umwälzende Kraft, die der Gesellschaft des Massenkonsums, ist ohne die technologischen Revolutionen undenkbar: z.B. ohne Film, ohne Radio, ohne Fernsehen, ohne Walkman. Aber eben dies läßt wenig allgemeine Prognosen über die Zukunft der Kunst als solcher zu. Die alten bildenden Künste, z.B. Malerei, Bildhauerei und so weiter, sind bis vor kurzem reines Handwerk geblieben, d.h. sie haben die Industrialisierung einfach nicht mitgemacht. Daher übrigens ihre heutige Krise. Die Literatur, andrerseits, hat sich schon seit einem halben Jahrtausend – seit Gutenberg – auf mechanische Reproduktion umgestellt. Das Gedicht ist weder als öffentliche Vorlesung gedacht (wie einst das Epos, das daher seit Erfindung des Buchdruckes auch ausstirbt), noch – wie z.B. in der klassischen Literatur Chinas – als kalligraphisches Kunstwerk. Es ist einfach eine mechanisch aus alphabetischen Symbolen zusammengesetzte Einheit. Wo, wann und wie wir sie zu uns nehmen, ob auf Papier, auf Bildschirmen oder anderswo, ist nicht ganz gleichgültig, aber doch nebensächlich.

Die Musik, wieder, hat im 20. Jahrhundert, und historisch zum ersten Mal, die Mauer der rein körperlichen Kommunikation zwischen Instrument und Ohr durchbrochen. Die überwältigende Mehrheit der Geräusche und Töne, die wir als Kulturerlebnis hören, erreichen uns heute indirekt: mechanisch reproduziert oder aus der Ferne übertragen. Jede Muse hat also Walter Benjamins Zeitalter der Reproduktion anders erlebt, und sieht der Zukunft anders entgegen.

Lassen Sie mich also mit einer kurzen Übersicht über die einzelnen Kulturgebiete beginnen. Als Schriftsteller erlauben Sie mir den ersten Blick auf die Literatur.

Ich beginne mit der Feststellung, daß (zum Unterschied vom frühen 20. Jahrhundert) die Menschheit im 21. Jahrhundert nicht mehr praktisch aus Analphabeten bestehen wird. Schon heute gibt es nur noch zwei mehrheitlich analphabetische Weltteile: Südasien (Indien, Pakistan und das Umgebiet) und Afrika. Schulbildung bringt Bücher und Leser. Allein eine fünfprozentige Steigerung der Lesekundigen bedeutet einen Zuwachs von fünfzig Millionen von potentiellen Lesern, wenigstens von Schulbüchern. Mehr noch: seit Mitte unseres Jahrhunderts erwartet Mittelschulbildung die Mehrheit der Bevölkerung in den sog. »entwickelten« Staaten, und im letzten Drittel des Jahrhunderts genießt sogar ein bedeutender Prozentsatz der betreffenden Altersgruppen Hochschulbildung. (In England sind es heute gegen ein Drittel). Das Publikum für Literatur aller Art hat sich also vervielfacht. Und damit übrigens auch das gesamte »gebildete Publikum«, an das sich seit dem 18. Jahrhundert alle Künste der westlichen Hochkultur wenden. In absoluten Zahlen steigt dieses neue Publikum für die Literatur weiter steil an. Sogar die eigentlichen Massenmedien dienen ihm.

Der Film »The English Patient« z.B. zeigt den Helden Herodot lesend, und sofort kaufen Engländer und Amerikaner massenweise diesen alten griechischen Historiker, von dem die meisten bisher bestenfalls den Namen kannten.

Eine solche Demokratisierung der Schriftkultur müßte notwendigerweise – wie im 19. Jahrhundert – zur Zersplitterung durch den Aufstieg alter und neuer landessprachlicher Literaturen führen bzw.

– wie auch im 19. Jahrhundert – zu einer Blütezeit der Übersetzer. Denn, wie anders als durch Übersetzungen konnten Shakespeare und Dickens, Balzac und die großen Russen zum Allgemeingut der internationalen bürgerlichen Kultur werden? Das trifft auch heute teilweise zu. Ein John Le Carré wird eben zum globalen Bestseller, weil er regelmäßig in dreißig bis fünfzig Sprachen übersetzt wird. Aber die Lage ist heute in zweierlei Hinsicht grundverschieden.

*Erstens* ist bekanntlich das Wort schon seit einiger Zeit auf dem Rückzug vor dem Bild, und das geschriebene und gedruckte Wort vor dem auf dem Bildschirm gesprochenen. Die Comic-Strips bzw. die Bilderbuchgeschichten mit minimalem Text richten sich heute bei weitem nicht nur an buchstabierende Anfänger. Was allerdings viel mehr ins Gewicht fällt, ist der Rückzug der gedruckten vor den gesprochenen und abgebildeten Nachrichten. Die Presse, das Hauptmedium der Habermasschen »Öffentlichkeit« im 19. und bis tief ins 20. Jahrhundert, wird diesen Platz im 21. kaum behaupten können. *Zweitens* aber, braucht die heutige Globalwirtschaft und Globalkultur eine die Landessprache ergänzende Weltsprache, und zwar nicht nur für eine zahlenmäßig unbedeutende Elite, sondern für breitere Schichten der Bevölkerung. Heute ist Englisch diese Weltsprache und wird es wohl im 21. Jahrhundert bleiben. Eine internationale Fachliteratur auf Englisch bildet sich schon heute. Übrigens hat dieses neue Englisch-Esperanto mit der englischen Literatursprache so wenig zu tun wie das klerikale Latein des Mittelalters mit Vergil und Cicero.

All das kann aber den quantitativen Aufstieg der Literatur, d. h. der Worte in Lettern, nicht aufhalten; nicht einmal den der schönen Literatur. Ja, ich möchte sogar behaupten, daß – trotz aller pessimistischer Prognosen – das traditionelle Hauptmedium der Literatur, nämlich das auf Papier gedruckte Buch, sich ohne viel Schwierigkeit halten wird, mit wenigen Ausnahmen, wie z. B. die großen Nachschlagewerke, Lexika, Wörterbücher usw., die weit besser auf Computerplatten passen. Erstens gibt es nichts, was sich leichter und praktischer lesen läßt als das von Aldus Manutius im Venedig des 16. Jahrhunderts erfundene kleine, tragbare und klar gedruckte Taschenbuch. Weit leichter und praktischer als der Abdruck des Computertextes, der wieder unvergleichlich leichter zu lesen ist als der flimmernde Druck auf dem

Bildschirm. Was übrigens jeder feststellen kann, der eine Stunde lang den gleichen Text einmal im gedruckten Text und dann auf dem Computerschirm liest.

Zweitens aber ist – bis jetzt – das bedruckte Papier dauerhafter als technisch fortgeschrittenere Medien. (Daran hat uns noch vor kurzem der Leiter der Universitätsbibliothek Cambridge erinnert.) Die Erstausgabe der Leiden des Jungen Werthers ist auch heute noch lesbar, aber dreißigjährige Computertexte sind es nicht unbedingt, entweder weil sie – wie alte Fotokopien und Filme – nur ein begrenztes Lebensalter haben oder aber weil ihre Technik so schnell veraltet, daß die neuen Computergeräte sie einfach nicht mehr lesen können. Der Siegeszug der Computer wird das Buch, und überhaupt das gedruckte Wort ebenso wenig ausrotten wie das Kino, das Radio, das Fernsehen und die anderen technischen Neuerungen es zum Aussterben brachten.

Die zweite schöne Kunst, der es heute gut geht, ist die Architektur, und das wird auch im 21. Jahrhundert so bleiben. Denn ohne Gebäude kann der Mensch nicht leben. Bilder sind ein Luxus, aber Häuser eine Notwendigkeit. Wer Gebäude entwirft und baut, wo, wie, mit welchem Material, in welchem Stil, ob als Architekt, Ingenieur oder als Computer – das ändert sich wohl. Aber nicht die Notwendigkeit Gebäude zu errichten. Ja, man kann sogar sagen, daß im Lauf des 20. Jahrhunderts der Architekt, besonders der Architekt großer öffentlicher Bauten, zum Herrscher des Weltreiches der schönen Künste geworden ist. Er – meistens ist es noch ein Er – findet den passenden, d. h. den teuersten und eindrucksvollsten Ausdruck für den Größenwahn des Reichtums und der Macht, und auch den der Nationalismen. (Hat sich nicht eben das Baskenland ein Nationalsymbol von einem internationalen Star bestellt, Herrn Gehry aus Amerika, nämlich ein abenteuerliches Kunstmuseum in Bilbao, worin ein andres Nationalsymbol, Picassos Guernica aufbewahrt werden soll, obwohl es doch eigentlich Picasso nicht als baskisches Heimatkunstbild gemalt hatte).

Daß dies auch im nächsten Jahrhundert weiter so bleibt, ist ziemlich sicher. Schon heute beweisen Kuala Lumpur und Shanghai durch neue Wolkenkratzer in Rekordhöhe ihre Anwärterschaft auf wirtschaftliche Weltklasse, und das wiedervereinigte Deutschland verwandelt seine zukünftige Hauptstadt in eine gigantische Baustelle. Was für Gebäude werden aber zu Symbolen des 21. Jahrhunderts werden? Eines ist sicher: große. Im Zeitalter der Massen werden es wohl kaum die Sitze der Regierungen sein, und auch nicht die der großen Weltkonzerne, auch wenn diese manchem Wolkenkratzer weiter ihren Namen leihen. Fast sicher werden es der Öffentlichkeit zugängliche Gebäude oder Gebäudekomplexe sein. Vor dem bürgerlichen Zeitalter waren es, jedenfalls im Westen, die Kirchen. Im 19. Jahrhundert waren es typischerweise – jedenfalls in den Städten – die Opern, die Kathedralen des Bürgertums, und die Bahnhöfe, die Kathedralen der demokratischen Technologie. (Man müßte doch einmal untersuchen. Warum in der zweiten Hälfte des 20. Jahrhunderts die Monumentalität aufhörte, einen Bestandteil sowohl der Bahnhöfe wie deren Nachfolger, der Flughäfen, zu bilden. Vielleicht kommt sie aber morgen wieder zurück). Am Ende unseres Jahrtausends gibt es drei Gebäudetypen oder Komplexe, die sich zu neuen Symbolen der Öffentlichkeit eignen: erstens, die großen Sport- und Schauspielarenen und Stadien, zweitens das internationale Hotel und drittens, die jüngste dieser Entwicklungen, die geschlossenen Riesengebäude der neuen Einkaufs- und Unterhaltungszentren. Wenn ich auf eines dieser Pferde setzen müßte, wären es die Arenen und Stadien. Wenn Sie mich aber fragen, wie lange die Mode dauern wird, die seit der Sydneyer Oper um sich greift, nämlich diese Bauten in unerwarteten und fantastischen Formen zu errichten, kann ich Ihnen keine Antwort geben.

Wie steht es um die Musik? Ende des 20. Jahrhunderts leben wir wie nie zuvor in einer musikdurchtränkten Welt. Klänge begleiten uns überall, und besonders wenn wir in geschlossenen Räumen warten. Ob am Telefon, im Flugzeug oder beim Friseur. Die Konsumgesellschaft scheint die Stille als Verbrechen zu behandeln. Die Musik hat also im 21. Jahrhundert nichts zu befürchten. Allerdings wird sie sich ganz anders anhören als im 20. Jahrhundert. Sie wird ja schon heute durch die Elektronik grundlegend revolutioniert, d. h. sie ist schon heute weitgehend unabhängig von der Erfindungskraft und der technischen Fertigkeit des künstlerischen Individuums. Die Musik des 21. Jahrhunderts wird zum größten Teil ohne viel menschliches Zutun hergestellt werden und an unsere Ohren kommen.

Aber was werden wir eigentlich hören? Die klassische Musik lebt im Grunde von einem toten Repertoire. Von den circa 60 Opern, die 1996-97 auf dem Spielplan der Wiener Staatsoper standen, stammt nur eine von einem im 20. Jahrhundert geborenen Komponisten, und im Konzertsaal ist es nicht viel besser. Dazu kommt, daß das klassische Konzertpublikum, das sogar in einer Millionenstadt aus bestenfalls ein paar zehntausend alternden Damen und Herren besteht, sich kaum erneuert. Das kann auf die Dauer nicht so weitergehen. Ja, solange das Repertoire eingefroren bleibt, kann nicht einmal das riesige neue Publikum der indirekten Musikhörer den klassischen Betrieb retten. Für wieviel Aufnahmen der Jupitersymphonie, von Schuberts Winterreise oder der Missa Solemnis ist Platz auf dem Plattenmarkt? Seit dem Kriege wurde dieser Markt dreimal durch technologische Neuerungen gerettet, nämlich durch den Übergang zur Langspielplatte, zur Kassette und zur CD. Die technologische Revolution geht weiter, aber der Computer und das Internet zertrümmern praktisch das Urheberrecht und das Monopol der Hersteller und dürften sich daher negativ auf den Plattenverkauf auswirken. All das bedeutet keineswegs das Ende der klassischen Musik, aber doch, mit ziemlicher Sicherheit, eine Änderung ihrer Rolle im Kulturleben und mit gänzlicher Sicherheit eine Änderung ihrer geschäftlichen Struktur.

Eine gewisse Erschöpfung läßt sich übrigens heute auch in der kommerziellen Massenmusik feststellen, auf einem in diesem Jahrhundert so lebendigen, dynamischen und schöpferischen Gebiet.

Ich nenne nur ein Indiz. Im Juli ergab z. B. eine Umfrage unter den Liebhabern und Experten der Rockmusik, daß fast alle der 100 »besten Rockplatten aller Zeiten« aus den 1960er Jahren stammen und praktisch überhaupt keine aus den letzten zwei Jahrzehnten. Doch bisher ist es der Popmusik immer wieder gelungen sich zu erneuern, und das dürfte ihr auch im neuen Jahrhundert gelingen.

Singen und klingen wird es also im 21. Jahrhundert genau so wie im 20., wenn auch zum Teil in unerwarteten Tönen.

Anders sieht es mit den bildenden Künsten aus. Die Bildhauerei fristet ein kümmerliches Leben am Rand der Kultur, denn das öffentliche Leben wie das Privatleben hat sich im Lauf dieses Jahrhunderts von ihr losgesagt. Vergleichen Sie nur den heutigen Friedhof mit den denkmalgeschmückten des 19. Jahrhunderts. In den 70 Jahren der Dritten Republik wurden über 210 Denkmäler in Paris errichtet: d.h. im Durchschnitt jedes Jahr mindestens drei. Ein Drittel all dieser Statuen verschwanden während des zweiten Krieges und das Statuenmassaker ging bekanntlich unter André Malraux aus ästhetischen Gründen lustig weiter. Dazu kommt, daß man nach dem Zweiten Weltkrieg, wenigstens außerhalb der Sowjetregion, wenig neue Kriegsdenkmäler errichtete, schon weil man die Namen der neuen Toten auf die Sockel des Ersten Weltkriegs einmeißeln konnte. Die alten Allegorien und Symbole sind auch verschwunden. Kurz gesagt, die Bildhauerei hat ihren Hauptmarkt verloren, und er kehrt sicherlich nicht mehr zurück.

Die Basis der westlichen bildenden Künste – zum Unterschied etwa von den islamischen – ist die Darstellung der Wirklichkeit. Die grundsätzlich gegenständliche Malerei leidet daher seit Mitte des 19. Jahrhunderts unter der Konkurrenz der Fotografie, die ihre traditionelle Hauptaufgabe, nämlich die Darstellung der Sinneseindrücke des menschlichen Auges, leichter, billiger und weit exakter bewerkstelligt. Das erklärt ja, glaube ich, den Aufstieg der Avantgarde seit den Impressionisten. Nämlich einer Malerei jenseits der Möglichkeiten der Kamera: ob durch neue Techniken der Darstellung, durch Expressionismus, durch Fantasie und Traumbild, am Ende durch Abstraktion, d.h. Absage an die Gegenständlichkeit. Diese Suche nach Alternativen wurde durch den Modezyklus zur endlosen Suche nach dem Neuen, das, natürlich, aus Analogie mit Wissenschaft und Technologie, als Besseres, Fortschrittlicheres, Moderneres galt. Eben diese »Tradition des Neuen« (Robert Hughes) hat ihre künstlerische Legitimität seit den 50er Jahren verloren, aus Gründen, die ich hier nicht die Zeit habe näher zu untersuchen. Dazu kommt, daß die moderne Technologie heute auch die abstrakte, oder mindestens die rein dekorative, Kunst genau so gut oder besser produziert wie das Handwerk. Die Malerei befindet sich daher in einer meines Erachtens nach ausweglosen Krise; was nicht bedeutet, daß es keine guten, ja sogar keine hervorragenden Maler mehr geben wird. Es ist wohl kein Zufall, daß der Turner-Preis, der die besten jungen britischen Künstler des Jahres prämiert, in den letzten zehn Jahren immer weniger Maler unter den Kandidaten findet. Dieses Jahr (1997) gibt es überhaupt keinen unter den vier Kandidaten in der Endrunde dieses Wettbewerbes. Auch in der Venediger Biennale läßt man die Malerei beiseite.

Was machen also die Künstler? Sie machen sogenannte »Installationen« und Videos, obwohl weniger interessante als die Bühnenbildner und Werbespezialisten. Sie spielen mit meist skandalösen Objets trouvés. Sie haben Einfälle, manchmal schlechte. Die bildende Kunst der 90er Jahre greift von der Kunst auf die Idee zurück: denn nur dem Menschen fällt etwas ein, zum Unterschied von der Linse oder dem Computer. Kunst ist nicht mehr, was ich kann und als Könner produziere, sondern was ich mir denke. Die »Conceptual Art« läßt sich letzten Ende von Marcel Duchamp ableiten. Und wie Duchamp, mit seiner bahnbrechenden Ausstellung eines öffentlichen Pissoirs als »Ready-made art«, haben solche Moden nicht die Absicht, das Feld der schönen Kunst zu erweitern, sondern es zu zerstören. Sie sind Kriegserklärungen an die schöne Kunst, oder besser gesagt an das »Kunstwerk«, Schöpfung eines einzelnen Künstlers, eine Ikone, bestimmt zur Bewunderung und Verehrung durch den Betrachter, und vom Kritiker nach den Kriterien der Ästhetik zu beurteilen. Ja, welche Kritiker der Künste tun das heute noch? Wer benützt das Wort »schön« heute ohne Ironie im kritischen Diskurs? Nur die Mathematiker, die Schachspieler, die Sportreporter, die Bewunderer der menschlichen Schönheit, ob in Gestalt oder Stimme, die sich im konkreten Fall ohne Schwierigkeit über »Schönheit« und Nicht-Schönheit einigen können. Die Kunstkritiker nicht.

Was mir nun bedeutsam scheint, ist, daß die bildenden Künstler nach einem dreiviertel Jahrhundert wieder zur Stimmung der Jahre des Dadaismus zurückkehren; d.h. zu den apokalyptischen Avantgarden der Jahre um 1917-23, welche die Kunst als solche nicht modernisieren, sondern liquidieren wollten. Ich glaube, sie haben irgendwie erkannt, daß es wirklich zu Ende geht mit unserem traditionellen Kunstbegriff. Er paßt noch auf die alte, zur Klassik erstarrte, handwerklich hergestellte, Kunst. Er paßt aber einfach nicht mehr auf die Welt der Sinneseindrücke und Gefühle, die den Menschen heute überfluten.

Und das aus zwei Gründen. Erstens, weil diese Flut heute einfach nicht mehr in eine unzusammenhängende Reihe von persönlichen künstlerischen »Schöpfungen« zu zerlegen ist. Auch die Haute Couture ist heute nicht mehr bloß als das Spielfeld genialer Einzelschöpfer zu verstehen, eines Balenciaga, eines Dior, eines Gianni Versace, deren große Werke, als Einzelstücke von reichen Mäzenen bestellt, die Mode der Massen inspirieren und daher beherrschen. Die großen Namen sind heute Werbespots für die Weltfirmen in der Industrie der allgemeinen Ausschmückung des menschlichen Körpers. Dior lebt nicht von den Kreationen für reiche Damen, sondern durch den Massenverkauf der durch den Namen geadelten Kosmetika und Konfektionen. Zu dieser Industrie, wie zu allen, die einer Menschheit dienen, die nicht mehr im Zwang des physischen Existenzminimums lebt, gehört ein schöpferisches Element, aber es ist nicht Schöpfung im Sinne des alten Vokabulars des autonomen, nach Genialität strebenden künstlerischen Individuums und kann es nicht sein. Ja, im neuen Vokabular der Stellenangebote bedeutet heute »creative« kaum mehr als eine nicht gänzlich routinierte Arbeit.

Zweitens leben wir in einer Welt der Konsumzivilisation, in der die (womöglich sofortige) Erfüllung aller Wünsche des Menschen die Struktur des Lebens bestimmen soll. Gibt es eine Hierarchie unter den Möglichkeiten der Wunscherfüllung? Kann es sie geben? Hat es überhaupt Sinn, eine oder die andre Quelle dieser Beglückung auszusondern und separat zu begutachten? Droge und Rockmusik gehören bekanntlich seit den 60er Jahren zusammen. Das Erlebnis der englischen Jugend bei ihren sog. Raves besteht nicht separat aus Musik und Tanz, aus Getränk, Drogen und Sex, aus der eigenen Kleidung, Körperverzierung auf der Höhe der augenblicklichen Mode und der der Masse anderer in diesen orphischen Festen, sondern aus allem zusammen, und zwar in diesem und keinem andern Augenblick. Und eben diese Verbindungen bilden heute das typische Kulturerlebnis für die meisten Menschen.

Die alte bürgerliche Gesellschaft war das Zeitalter des Separatismus der Künste und der Hochkultur. Wie einst die Religion, war die Kunst »etwas Höheres« beziehungsweise eine Stufe zu etwas Höherem, nämlich zur »Bildung«. Ihr Genuß diente der seelischen Besserung und war eine Art Andacht, ob Privatandacht, wie die Lektüre, oder eine öffentliche Andacht im Theater, im Konzertsaal, im Museum oder an den anerkannten Stellen der Weltkultur, ob vor den Pyramiden oder im Pantheon. Sie war scharf geschieden vom Alltag des Lebens und von der bloßen »Unterhaltung«, jedenfalls bis einmal »Unterhaltung« zur Kultur promoviert wurde, wie etwa Johann Strauss dirigiert von Carlos Kleiber, zum Unterschied von Johann Strauss gespielt beim Heurigen, oder der von den Pariser Kritikern zum Kunstwerk promovierte Hollywooder B-Film. Diese Art des Kunsterlebnisses existiert natürlich noch immer. Das beweist ja, unter anderem, unsere eigene Teilnahme an den Salzburger Festspielen. Es ist aber erstens nicht jedem kulturell zugänglich, und zweitens ist es jedenfalls für die jüngeren Generationen, nicht mehr das typische Kulturerlebnis. Die Mauer zwischen Kultur und Leben, zwischen Ehrfurcht und Konsum, zwischen Arbeit und Freizeit, zwischen Körper und Geist, wird abgebaut. Mit andern Worten: die »Kultur« im kritisch bewertenden bürgerlichen Sinn des Wortes weicht der »Kultur« im rein beschreibenden anthropologischen Sinn.

Am Ende des 20. Jahrhunderts ging das Kunstwerk nicht nur »im Schwall aus Worten, Tönen und Bildern in dem universellen Umfeld verloren, das man einst Kunst genannt hatte«, sondern auch in dieser Auflösung des Kunsterlebnisses in der Sphäre, wo es unmöglich ist, zwischen innerlich gewachsenen und von außen hineingetragenen Gefühlen zu unterscheiden. Wie kann man unter diesen Umständen über Kunst sprechen?

Wieviel Leidenschaft für eine Musik oder ein Bild beruht heutzutage auf Assoziation – also nicht etwa darauf, daß das Lied schön ist, sondern darauf, daß es »unser Lied« ist? Wir können es nicht sagen. Und die Rolle der Lebenden Künste oder sogar ihr Fortbestand im 21. Jahrhundert wird so lange unklar bleiben, bis wir es können.

(Salzburger) Festspiel-Dialoge, 1997, in: http://www.festspielfreunde.at/deutsch/dialoge2001/05_Hobsbawm.pdf

# Ohne den Teil unserer Identität, der allen Menschen gemeinsam ist, sprechen wir aneinander vorbei*

Meine Damen und Herren, ich komme mit Freuden zu Ihnen nach Leipzig, um dem Börsenverein des Deutschen Buchhandels, der Stadt Leipzig und dem Freistaat Sachsen und vor allem der hohen Jury meinen Dank für die Verleihung dieses Preises auszusprechen. Leipzig ist einerseits die Stadt Johann Sebastian Bachs, dessen Musik, mehr als die jedes anderen Komponisten, sich über die nationalen und kulturellen Grenzen Europas hinwegsetzt. Andererseits haben jahrhundertelang die Staatenkriege Europas Sachsen, mit Flandern, wohl mehr heimgesucht als alle anderen Teile unseres Erdteils. Leipzig ist also ein passendes Heim für einen Preis zur europäischen Verständigung.

Es ehrt mich, daß Sie glauben, ich hätte durch meine Bücher der europäischen Verständigung Dienste geleistet, obwohl ich mich als Historiker nur beiläufig mit Europa beschäftigt habe. Es bildet nur einen Teil unseres fast unfaßbaren Zeitalters, das ich versuche, als Historiker und als Mensch zu verstehen und verständlich zu machen. Allerdings gehören schon philologisch Verstehen, Verständlichmachen und Verständigung zueinander: denn wie könnte man sich ohne sprachliche und intellektuelle Verständigung an Menschen jenseits der nationalen und kulturellen Grenzen wenden? Was eine Konversation zwischen uns ermöglicht, ist nicht so sehr, daß ich, obwohl Engländer, zu Ihnen in einem allerdings holprigen und aus der fernen Jugend herübergeretteten Deutsch spreche, sondern daß Sie wissen, *worüber* ich spreche, daß wir uns alle sozusagen im gleichen intellektuellen Raum

---

* Die Überschrift wurde von den Herausgebern gewählt.

befinden. Ohne diesen gemeinsamen Raum, ohne die anerkannten Regeln eines gemeinsamen Diskurses, ohne den Teil unserer Identität, der allen Menschen gemeinsam ist, sprechen wir aneinander vorbei. Wie kann man sich mit anderen, ob in Europa oder sonstwo, überhaupt verständigen, wenn man sagt: »Meinem Wesen nach bin ich Kurde oder Serbe oder Schwarzer oder Frau oder Mohammedaner oder Schwuler oder Jude und wenn Ihr nicht meinesgleichen seid, so könnt Ihr mich überhaupt nicht verstehen? Ihr wißt einfach nicht, was bei mir los ist. Meine Wahrheit ist nicht die Eure.« In unserem Zeitalter der Suche nach einer ausschließlichen Identität hört man diese Sprache leider zu oft, auch von Intellektuellen, die es besser wissen sollten. Zwischen nicht unmittelbaren Wahrheiten kann es weder Verstehen noch Verständigung geben, sondern bestenfalls nur die gegenseitige Abgrenzung. Und das genügt da nicht.

Ganz besonders nicht, wenn wir eine solche Sprache von den Ideologen und Politikern des Nationalismus hören. Da aber der Nationalismus sich und seine politischen Ziele immer durch Berufung auf die gemeinsame Vergangenheit des betreffenden Volkes legitimiert, sollte er notwendigerweise auf den Widerstand oder jedenfalls die Skepsis der Fachhistoriker stoßen. Denn was die Ideologen, die Hetzer und auch die Töter, von der Vergangenheit wissen, kommt letzten Endes von denen, die sie erforscht haben: von Historikern. Ob wir es wollen oder nicht, auf unseren Feldern wachsen die Pflanzen, aus denen nicht nur das Rauschgift des Volkes, sondern auch Sprengstoff hergestellt werden kann. Wenn wir uns nicht gegen den heute oft todesgefährlichen Mißbrauch der Geschichte zur Wehr setzen, sind wir dann nicht irgendwie auch zum Teil dafür verantwortlich? Schließlich, so manche unserer Vorgänger im Fach haben im hoffnungsvollen 19. Jahrhundert, als man, wie 1848, glaubte, nationale und liberale Gesinnung seien unmittelbar wie siamesische Zwillinge, ihre Feder ganz bewußt in den Dienst der nationalen Sache gestellt. Und manche tun es noch, obwohl der Begriff »national« scharf nach rechts geschwenkt ist.

Daher ist es zu begrüßen, daß Sie den diesjährigen Preis für die europäische Verständigung einem Historiker verliehen haben. Die europäische Verständigung braucht Historiker, die sich für sie einsetzen, eben weil in unserem schrecklichen Jahrhundert der vergangenheitsbezogene Nationalismus ein so gefährliches Mittel für Politiker und Fanatiker zur Zerstörung der Zivilisation geworden ist. Vor ein paar Wochen war ich an einem Seminar in Neapel über Vergangenheit und Politik im Mittelmeerraum. Historiker aus Frankreich, Spanien, Tunesien und Marokko, Italiener, Kroaten, Serben, Slowenen, Griechen und Türken diskutierten, sachlich und freundlich, unter dem Vesuv, im wunderbaren barocken Palazzo Serra di Cassano, dessen Hauptportal seit 1799 permanent zugeriegelt ist, zum Andenken an den Sohn des fürstlichen Hauses, der als Jakobiner nach der Niederlage der Revolution von den Bourbonen hingerichtet wurde.

Doch was ist ein akademisches Seminar, in dem sich Historiker verständigen, gegen die Lebenserfahrung der Menschen im Mittelmeergebiet? Hier hat erst unser unheilvolles Jahrhundert dem normalen historischen Zusammenleben der Völker ein Ende gemacht. Wo sind die Griechen Ägyptens, der Levante, Kleinasiens und der Küsten des Schwarzen Meeres? Verschwunden sind sie seit dem Ersten Weltkrieg, vertrieben oder ausgewandert aus den Ländern, in denen sie seit Jahrtausenden lebten. Was ist seit 1941 aus den sephardischen Juden außerhalb Israels geworden? Sie sind ermordet, vertrieben worden oder ausgewandert aus ihren alten Heimatländern. Seit 1974 trennt eine von UNO-Soldaten bewachte Grenze Griechen und Türken in Zypern, die früher in den gleichen Dörfern wohnten. In den achtziger Jahren zwang die bulgarische Regierung ihren türkischen Bürgern slawische Namen auf oder trieb sie in die Auswanderung. Seit 1991 gibt es keine Jugoslawen mehr. Serben, Kroaten und Bosniaken, die einander früher heirateten, vertreiben und töten einander. Die gleiche Völkertrennung und Vertreibung geht heute im Kosovo vor sich. Es gibt in Griechenland offiziell nur Hellenen und keine Mazedonier. Es gab bis vor kurzem in der Türkei keine Kurden, sondern nur Bergtürken. Wo, übrigens, sind die Italiener jenseits der Adria, die Erben Venedigs? Nur Historiker erinnern sich an den Namen der alten Handelsrepublik Ragusa.

All diese Barbarei wird durch die Vergangenheit legitimiert, das heißt durch Geschichte, und zwar durch schlechte Geschichte. Die Serben im Kosovo berufen sich auf einen von der Schlacht auf dem

Amselfeld abgeleiteten Mythos, über den auch in Serbien die seriösen Historiker die Achseln zucken. Die Griechen, deren Hauptstadt Athen Anfang des 19. Jahrhunderts, bevor ein Bayernkönig sie neoklassisch ausstattete, noch ein zu 50% von Albanern bewohntes Provinznest war, verweigern der Republik Mazedonien das Recht auf ihren Namen, da die Erinnerung an Alexander den Großen – d. h. der Anspruch Griechenlands auf den im Balkankrieg besetzten Teil Mazedoniens – nicht durch unhellenische Elemente getrübt werden darf.

Ja, auch wir sind gegen solche Mythen nicht immun. Es ist schlechte, d. h. falsche Geschichte, wenn westliche Politiker, Diplomaten und Journalisten sich damit trösten, daß sich die Völker auf dem Balkan immer gegenseitig umbrachten, genauso wie es falsche Geschichte ist, wenn Herr Goldhagen behauptet, der nationalsozialistische Genozid der Juden ließe sich einfach von einem angestammten und angeblichen genozidalen Antisemitismus der Deutschen ableiten. Das ist nicht wahr. Ziel und Funktion der Blutrache und der Pogrome war nicht der Genozid. Erst das 20. Jahrhundert hat die systematische Ausrottung gesamter Völker erfunden und den Nationalismus, welcher in einem Staatsgebiet nur einer ethnischen Gruppe Bürgerrechte bzw. Existenzberechtigung gestattet. Wir Historiker müssen die Gegenwart daran erinnern, daß wir nicht einen Rückfall in die alte Barbarei erlebt haben und erleben, sondern einen Vormarsch in eine neue Barbarei.

Was können wir Historiker tun gegen diesen Zerfall der Menschheit in Bevölkerungen, die einander verständnislos und keine Verständigung suchend gegenüberstehen und die – und das ist noch der beste Fall – sichtbare und unsichtbare Berliner Mauern gegen »die anderen« aufbauen? Wohl als Historiker, auf kurze Sicht nicht sehr viel. Auch wenn man uns nicht verbietet und unseren Ländern keine offizielle Geschichte aufzwingt, sind wir machtlos gegen Regierungen und Massen, die nicht auf uns hören. Es ist im höchsten Grad unwahrscheinlich, daß mein Buch über Nationen und Nationalismus, das (dank Herrn Soros) unter anderen Balkansprachen auch auf albanisch erschienen ist, heute im Kosovo viel Zustimmung findet. Die wirkliche Geschichte Irlands und Israels ist weit entfernt von den nationalen Mythen, ja manchmal Fälschungen, die noch heute die irisch-amerikanische und die jüdisch-amerikanische Diaspora zur Unterstützung der IRA und der ultranationalen Rechten in Jerusalem und Hebron bewegen. Allerdings auf längere Sicht haben wir mehr Chancen. Seit den sechziger Jahren in Irland, seit den achtzigern in Israel, d.h. circa ein halbes Jahrhundert nach der Geburt eines unabhängigen Staates haben sich die akademischen Historiker in diesen Ländern von den Mythen der nationalen Bewegung befreit. Vielleicht gelingt das bald sogar der israelischen Archäologie.

Und trotzdem, so hoffe ich jedenfalls, können die Ideologen des Weltzerfalls nicht ganz ruhig schlafen, solange wir unserem Beruf nachgehen. Denn Ernest Renan hatte Recht, als er vor mehr als einem Jahrhundert schrieb: »Das geschichtliche Vergessen, ja selbst der historische Irrtum sind ein wesentlicher Faktor bei der Bildung einer Nation, und deshalb ist der Fortschritt der historischen Forschung häufig eine Gefahr für die Nationalität.« Das ist, glaube ich, eine schöne Aufgabe für Historiker: eine Gefahr für die nationalen Mythen zu sein. Ich habe unter anderem versucht, sie in meinen Büchern zu erfüllen. Und vielleicht habe ich damit doch einen kleinen Beitrag zur Verständigung geleistet, wenn ich auch bezweifle, ob das einen Preis verdient. Es ist aber schön, daß Sie anderer Meinung sind.

Ich danke Ihnen.

In: Leipziger Buchpreis zur Europäischen Verständigung, Frankfurt/Main 1999, S. 29-34.

# Das Jahrhundert der Arbeiterbewegung

»Das Jahrhundert der Arbeiterbewegung« heißt der Titel, der mir schon vor Jahren vom Vorstand der Linzer Konferenz vorgeschlagen wurde. Jahrhunderte sind natürlich kein historischer Begriff. Sie sind mit der Geschichte nur durch die Chronologie und durch eine unserer Kultur spezifische Magie der Zahlen verbunden. Hundert Jahre sind eine rein zufällige Zahl in der Geschichte; und die Tatsache, daß wir die Jahrhunderte mit zwei Nullen beginnen, ist noch zufälliger. Übrigens ist es reiner Eurozentrismus, daß die Welt dieses Jahresende, das Ende eines Jahrhunderts und eines Jahrtausends, feiert, denn nur in der christlichen Zeitrechnung ist das so. Wir haben uns aber an die Jahrhunderte gewöhnt, und sie sind eine nützliche Zeitspanne für Leute, die beruflich Ideen vermitteln wie Lehrer, Journalisten und auch Historiker. Ich spreche zu Ihnen also über »das Jahrhundert der Arbeiterbewegung«, mit oder ohne Fragezeichen, obwohl jeder Leser des Kommunistischen Manifests weiß, daß die Arbeiterbewegung bedeutend älter ist als hundert Jahre. Allerdings, die Geschichtsschreibung der Arbeiterbewegung ist kaum mehr als ein Jahrhundert alt. Die ersten bedeutenden Werke der britischen Arbeitergeschichte gehören in die 1880er und 1890er Jahre – ich denke vor allem an die großen Werke des Ehepaars Webb über die britischen Gewerkschaften. Der erste allgemeine Überblick ist wohl W. Kulemanns »Die Gewerkschaftsbewegung. Darstellung der gewerkschaftlichen Organisation der Arbeiter und Arbeitgeber aller Länder«, die vor fast hundert Jahren erschien (Jena 1900). Um diese Zeit erschienen auch die ersten innerhalb der Arbeiterparteien geschriebenen Geschichten der Sozialdemokratie, z. B. die erste Version von Mehring 1897/98.

Was aber bedeutet mein Titel? Mindestens zweierlei. Einerseits wirft er die Frage auf: Was ist in diesem Jahrhundert mit der Arbeiterbewegung geschehen? Wie hat sie sich entwickelt? Andererseits die Frage: Was für eine Rolle hat die Arbeiterbewegung in der Geschichte dieses Jahrhunderts gespielt? Wie hat sie diese Geschichte auch außerhalb der Arbeiterklasse beeinflußt? Über beides möchte ich sprechen.

Zufällig hat die Wende vom 19. zum 20. Jahrhundert (wenn wir die Daten nicht zu pedantisch auffassen) Bedeutung für beide Fragen. Lassen Sie mich ein paar Daten zitieren: In den damaligen neunziger Jahren gab die britische Regierung zum ersten Mal eine »Abstract of Labour Statistics« heraus; 1896 das betreffende belgische Ministerium die erste Nummer einer »Revue du Travail«. Mit anderen Worten: In den neunziger Jahren des 19. Jahrhunderts mußten die Regierungen Europas zum ersten Mal bewußt mit einer fest etablierten Arbeiterbewegung rechnen. 1894 griff ein britischer Ministerpräsident – Lord Rosebery – zum ersten Mal als Schlichter in einen Kampf zwischen Unternehmern und Arbeitern ein; fünf Jahre später, 1899, tat es der französische Ministerpräsident Waldeck-Rousseau – aufgefordert diesmal von der streikenden Arbeiterschaft der Schneider-Creuzot-Werke. Und im gleichen Jahr 1899 machte die französische Regierung einen Schritt, der die politischen Parteien der Arbeiterbewegung, d. h. hauptsächlich die sozialistischen, in eine tiefe Krise stürzte: Sie ernannte einen Sozialisten, den vierzigjährigen Alexandre Millerand, zum Handelsminister. Bis dahin – und noch viel später – stand es für die Sozialisten fest, daß sie erst mit der Niederlage des Kapitalismus, d. h. mit der Revolution, dem erfolgreichen Generalstreik oder dem Wahlsieg einer kompromißlosen sozialdemokratischen Partei, Regierungen bilden oder an diesen teilnehmen sollten. Diese Krise, d. h. der 1900er Kongreß der Zweiten Internationale, der sich dazu äußern mußte, eröffnet das »Jahrhundert der Arbeiterbewegung« im Sinne dieses Vortrags. Diese Arbeiterbewegung war damals allerdings fast gänzlich auf Europa und die Länder der europäischen Emigration beschränkt.

Warum glaubten die Regierungen Europas, sie müßten sich mit der organisierten Arbeiterbewegung auseinandersetzen? Kaum aus wirtschaftlichen Gründen, obwohl schon damals Unternehmer behaupteten, die Gewerkschaften brächten sie an den Rand des Untergangs. Der Prozentsatz der gewerkschaftlich Organisierten war wohl dem heutigen in Ländern wie den Vereinigten Staaten von Amerika und Frankreich vergleichbar (gegen 15-20 Prozent in England und Frankreich, etwas weniger in Deutschland). Auch politisch war die Bewegung noch verhältnismäßig schwach, außer in Deutschland, wo die SPD schon mit gegen 30 Prozent der Stimmen bei weitem die größte Wählerpartei war. Allerdings gab es nur in wenigen Staaten schon das allgemeine (männliche) Wahlrecht, aber es war doch vorauszusehen, daß in den Ländern, in denen es eine Arbeiterpartei gab, sie nach Einführung der Wahldemokratie bald zu einer Wahlmacht werden würde. Das geschah im Laufe der Jahre vor 1914 in Skandinavien und anderswo. Was auf die Regierungen einwirkte, war das neue Klassenbewußtsein der Arbeiter, das seinen Ausdruck in den neuen, fast durchweg rotgefärbten Klassenparteien fand. Winston Churchill, als liberaler Handelsminister im reformistischen Ministerium nach 1906, hat das einmal klar formuliert: Wenn das liberal-konservative Zweiparteiensystem einmal zusammenbrechen sollte, dann käme es in Großbritannien zur reinen Klassenpolitik. Und das war natürlich ungünstig, da die meisten Briten zur Arbeiterklasse gehörten. Das war allerdings damals und später ein Ausnahmefall, denn die Arbeiterklasse war eine Minderheit in fast allen anderen Ländern.

Die Millerandkrise zwang die neuen Arbeiterparteien zum ersten Mal zur Untersuchung ihrer Beziehung zum System, in dem sie ihre Tätigkeit ausübten. Offensichtlich stand eine solche Untersuchung auf der Tagesordnung. Im gleichen Jahr – ja, vor fast genau hundert Jahren, im Herbst 1899 – veröffentlichte Eduard Bernstein sein Manifest des Revisionismus »Die Voraussetzungen des Sozialismus und die Aufgaben der Sozialdemokratie«, das zur erbitterten internationalen Diskussion über seine Thesen führte. Wir leben auch heute wieder in einem ähnlichen historischen Augenblick, allerdings nicht unter dem optimistischen Vorzeichen der Arbeiterbewegung des alten fin-de-siècle, sondern unter dem pessimistischen des heutigen. Darf ich Sie daran erinnern, daß im gleichen Jahr 1899, auch zum ersten Mal, Bücher mit dem Titel »Krise des Marxismus« (Masaryk), ja sogar »Ende des Marxismus« (Weisengrün 1899) erschienen?

»Reformismus oder Revolution?« war die Grundfrage sowohl der Millerandkrise wie der Revisionismusdebatte. Wenn der Zusammenbruch des Kapitalismus nicht zu erwarten war – und damals wie heute konnte man nicht mehr an das unmittelbar bevorstehende Ende des Kapitalismus glauben, wenigstens in der sogenannten entwickelten Welt –, dann hieß die Frage: Was gab es eigentlich unter solchen Umständen für die Arbeiterbewegung zu tun? Oder mit anderen Worten, da die meisten dieser Arbeiterparteien sozialistisch waren: Gab es einen anderen Weg zum Sozialismus als die Revolution? Die Fälle Millerand und Bernstein waren skandalös, weil sie diese Frage in einer Form stellten, die sich nicht umgehen ließ. Bernstein formulierte sie sogar als offene Revision des Marxismus und wurde daher von allen Seiten entrüstet abgelehnt. Da es politisch um einen Einzelfall ging und die Theorie nicht angegriffen wurde, behandelte die Internationale die Millerand-Affäre viel behutsamer und schlug eine Kompromißlösung vor, die praktisch die Teilnahme an bürgerlichen Regierungen ermöglichte und daher auch den Weg zu einer neuen Politik öffnete. Auch in der Revisionismusfrage paßte sich die Sozialdemokratie in der Praxis, wenn auch nicht in der Theorie, an die Wirklichkeit des Kampfes um Besserung der Lage der Arbeiter innerhalb des Kapitalismus an, auch wenn sie Bernsteins theoretische Begründung des Reformismus kategorisch abwies. Kurz: Von 1900 an lebte auch die marxistische Arbeiterbewegung in den Hauptländern des Kapitalismus in einer faktischen Symbiose mit dem System und nicht im Kriegszustand mit ihm.

Ich sage bewußt: die sozialistische Arbeiterbewegung und nicht einfach die Arbeiterbewegung. Denn die Krise des Revisionismus war eine Krise des Sozialismus und nicht der Bewegung selbst. Gestern abend diskutierten wir das Thema: »Die Arbeiterbewegung – ein gescheitertes Projekt der Moderne?«[1] Doch dieser Titel ist falsch. Die Arbeiterbewegung (wie das Klassenbewußtsein) ist kein »Projekt«, sondern ein in einem bestimmten Stadium der gesellschaftlichen Produktion logisch notwendiges und praktisch unvermeidliches Charakteristikum einer Klasse der Lohnarbeiter. Der Sozialismus

1 Podiumsdiskussion an der Universität in Linz am 14. September 1999.

dagegen ist ein Projekt, das heißt die Absicht und der Versuch, den Kapitalismus zu stürzen und durch ein neues wirtschaftliches System und eine neue Gesellschaft zu ersetzen. Obwohl dieses Projekt fast von Anfang an mit der Arbeiterbewegung eng verflochten ist, sind die beiden nicht identisch. Arbeiterbewegungen finden wir in allen Gesellschaften, in denen eine Arbeiterklasse existiert, außer dort, wo sie durch Zwang und Terror verhindert wird. Allerdings finden wir sie besonders klar entwickelt in Ländern, in denen es durch politische Demokratie oder anderswie möglich ist, daß sie ihre Tätigkeit entfalten kann. Sie spielte z.B. in der Geschichte der Vereinigten Staaten eine bedeutende Rolle, zum Unterschied vom Sozialismus als Ideologie oder als politische Bewegung, deren Abwesenheit dort schon seit hundert Jahren oft bemerkt wurde. Sie spielt sie dort übrigens noch immer, z.B. als eine der wichtigsten Geldgeberinnen für die Demokratische Partei. Auch in Großbritannien gab es vor der Labour Party eine mit der Liberalen Partei verbundene Arbeiterbewegung, und daß die Bewegung sich gänzlich von den Liberalen trennte, wurde erst nach dem Ersten Weltkrieg unvermeidlich. Es erstaunt noch heute manchen Sozialisten und Kommunisten, daß sich in den vierziger Jahren unseres Jahrhunderts in Argentinien eine politisch eigenständige und radikale Massenarbeiter- und Gewerkschaftsbewegung entwickelte, die ideologisch nicht sozialistisch war und auch nicht liberal, sondern rein durch Treue zu einem demagogischen Führer mobilisiert wurde, nämlich den Peronismus. Ja, es gibt nicht nur nichtsozialistische, sondern auch antisozialistische Arbeiterbewegungen, so zum Beispiel die polnische Solidarność, ebenso wie es nationalistisch oder konfessionell gefärbte Arbeiterbewegungen gab und gibt, ob ohne oder mit Verbindung zu anderen Ideologien. Erinnern wir uns daran, daß der Versuch, die Katholiken in die Regierung Nordirlands zu bringen, vor fünfundzwanzig Jahren durch einen Generalstreik der protestantischen Arbeiterschaft sabotiert wurde.

Ich behaupte natürlich nicht, daß die lange geschichtliche Verbindung zwischen Arbeiterbewegung, den Sozialisten, deren Ideologien und den sozialistischen Parteien ein historischer Zufall ist. Ich will nur feststellen, daß Arbeiterbewegung und Sozialismus nicht notwendigerweise notorisch kongruent waren und sind. Es gibt übrigens in der Geschichte auch Sozialismus und Kommunismus ohne Arbeiterbewegung – vorkapitalistische, wie z. B. christliche und ketzerische, und dann den utopischen Sozialismus vor Marx, der ja an keine Klassenbasis gebunden war, jedenfalls theoretisch nicht, obwohl er praktisch sehr an Elemente aus der jungen Arbeiterbewegung anknüpfte. Ja, mehr noch: Marxistische Theoretiker von Kautsky bis Lenin behaupteten, daß der Sozialismus nicht spontan aus der Arbeiterbewegung entsprang, sondern von außen in sie hineingetragen werden mußte. Das ist meiner Ansicht nach übertrieben. Ich glaube, daß mindestens seit dem Zeitalter der Revolution – besonders der Großen Französischen Revolution, aber auch der gesellschaftlichen Umwälzung der industriellen Revolution – die Möglichkeit eines Umsturzes, einer ganz anderen Gesellschaft als der heutigen, zum Erfahrungsgut der Menschen aller Klassen in den von diesen Revolutionen betroffenen Gebieten wurde. Der kollektive Kampf um die Verbesserung der Bedingungen der Arbeiter schloß also die Möglichkeit und daher für arme Leute den Wunsch nach einer neuen und besseren, d. h. einer sozial gerechteren, Gesellschaft ein. Ja, ich glaube sogar, daß die Idee einer auf Gemeinschaft und nicht auf Konkurrenz gebauten Gesellschaft spontan in der frühen Arbeiterbewegung enthalten war. Was von außen in die Bewegung hineingetragen werden mußte, war etwas anderes: nämlich der spezifische Name und Inhalt dieser neuen Gesellschaft – Sozialismus als Programm der Bewegung, die Strategie des Übergangs vom Kapitalismus zum Sozialismus, und ganz besonders der Begriff der auf gesamtstaatlicher Ebene organisierten und politisch tätigen Klassenparteien und deren Programm. Gewerkschaften, Streiks, Genossenschaften, kollektive, gemeinsame Hilfe ergeben sich sozusagen spontan aus der Lage, aus der Lebenserfahrung der Proletarier. Aber eine politische Partei in einem modernen Staat und noch weniger auf internationaler Ebene kommt nicht automatisch.

Der grundlegende Beitrag von Karl Marx und Friedrich Engels war die Feststellung, schon im Kommunistischen Manifest, daß die Organisation der Arbeiter als Klasse logisch ihren Ausdruck in einer gesamtstaatlichen politischen Partei finden mußte. Allerdings konnte das nur unter Bedingungen der liberalen oder bürgerlich-demokratischen Verfassungsstaaten stattfinden, denn nur diese erlaubten sozusagen eine offizielle legale Organisation der Massen. Das war eine Erkenntnis von ungeheurer historischer Reichweite sowohl für die Arbeiterbewegung, die es ohne politischen Druck auf die Unternehmer durch den Staat nicht sehr weit bringen konnte, wie auch für die Struktur der modernen Politik im allgemeinen. Das beweist schon die Tatsache, daß ja noch heute fast alle Staaten der europäischen Union ganz oder zum Teil von diesen von Marx und Engels vorhergesagten und vor etwa hundert Jahren in der Zweiten Internationale zusammengefaßten Arbeiterparteien regiert werden. Andererseits bestand und besteht kein zwingender Grund anzunehmen, die Arbeiterklasse (und daher die Arbeiterbewegung) könnte es unter keinen Umständen im Kapitalismus zu etwas bringen und müßte daher revolutionär werden oder bleiben, und es gibt überhaupt keinen Grund anzunehmen, sie wäre unter allen Umständen die eigentliche, die »wirklich revolutionäre Klasse«. Das haben Intellektuelle und andere Menschen, die sich der Arbeiterbewegung anschlossen, in sie hineingelesen, weil sie wollten, daß es so wäre.

Wir wissen aber heute leider, daß es nicht notwendigerweise so war oder ist. Wir wissen übrigens auch, daß Revolutionen viel zu komplizierte Ereignisse sind, als daß man sie einfach von der Klassenstruktur ablesen könnte. Die linken Historiker und Theoretiker der Arbeiterbewegung, besonders die Marxisten, die erklären wollten, warum die meisten Arbeiterparteien sich meist hartnäckig weigerten, ihre revolutionäre Rolle zu spielen, hätten sich viel Zeit, Mühe und Scharfsinn ersparen können.

In Ländern des entwickelten Kapitalismus, in denen eine Revolution nicht aus anderen Gründen auf der Tagesordnung stand, gab es wohl Revolutionäre innerhalb und außerhalb der Arbeiterbewegung; aber die Mitglieder dieser Arbeiterbewegung selbst waren nur ausnahmsweise revolutionär, auch wenn ihre Parteien sich sozialistisch nannten. Die Rolle dieser Minderheiten der Revolutionäre war andererseits von Zeit zu Zeit eine bedeutende. Ich werde darauf noch kurz zurückkommen.

Am Anfang dieses Jahrhunderts schien also in den Staaten des entwickelten Kapitalismus der Symbiose der Arbeiterbewegung mit einem funktionsfähigen Kapitalismus nichts entgegenzustehen; und ein Zusammenbruch des Kapitalismus war ebensowenig zu erwarten wie der der bürgerlich-liberalen und sich demokratisierenden Verfassungen, die seine typische Staatsform darstellten. Kaum etwas schien das bürgerlich-kapitalistische Entwicklungsmodell und die imperialistische Struktur der Welt zu gefährden, d. h. die wirtschaftliche, kulturelle und nicht zuletzt politisch-militärische Überlegenheit der »entwickelten« bürgerlichen Welt und die Abhängigkeit der »rückständigen« Welt. Ja, sogar in den meisten rückständigen Ländern, in denen die Revolution wirklich und nicht nur rhetorisch auf der Tagesordnung stand, schien es für die Marxisten klar, daß es nur durch die bürgerlich-kapitalistische Entwicklung vorwärts ging. Für die sogenannten Legalmarxisten in Rußland wurde daher der Marxismus eine Ideologie der kapitalistischen Industrialisierung und nicht mehr, und sogar die Bolschewiki waren bis 1917 überzeugt, daß die kommende Revolution in erster Linie zu einer bürgerlichen Gesellschaft führen müßte, da erst durch diese die geschichtlichen Bedingungen für den weiteren Fortschritt zur proletarischen Revolution und damit zum Sozialismus geschaffen würden.

Der Erste Weltkrieg schien alle diese Prognosen wegzufegen. Was ich das »Katastrophenzeitalter« genannt habe, von 1914 bis Ende der vierziger Jahre, stand im Zeichen der Worte: Krieg, Zusammenbruch und Revolution, d. h. vor allem der russischen Oktoberrevolution. Für die alte Welt ging alles schief: Weltkriege mündeten in Revolutionen und Zusammenbrüchen der Kolonialreiche, die bürgerlich-liberalen und demokratischen Rechts- und Verfassungsstaaten wichen in Blitzesschnelle, innerhalb von zwanzig Jahren, politischen Regimes, die man sich vor 1914 kaum hätte vorstellen können, wie Hitlers Deutschland und Stalins UdSSR.

Der liberale Marktkapitalismus selbst schien in der Krise der frühen dreißiger Jahre zusammenzubrechen. Die Frage stellte sich, selbst für viele Bürgerliche: Konnte er überhaupt überleben, außer in einer Form, die Demokratie und Arbeiterbewegung abschaffte, d. h. als autoritäres oder faschistisches System? (An die Verbindung von Diktatur und uneingeschränkter Marktwirtschaft, wie sie in Chile oder Indonesien bekannt wurde, dachte noch niemand.)

Daß man außerhalb Moskaus die primitive Wirtschaft der Stalinschen Sowjetunion ernstlich als ein dynamischeres Wirtschaftssystem als das westliche betrachten konnte, als mögliche Alternative zum Kapitalismus im Weltmaßstab, läßt sich nur durch die große Krise der beginnenden dreißiger Jahre erklären. Ja, bis in die frühen sechziger Jahre gab es bürgerliche Politiker (wie den englischen Ministerpräsidenten Macmillan), die (wie Chruschtschow) glaubten, die sozialistischen Wirtschaften könnten die westlichen überholen. Aber auch wenn man das wirtschaftliche Potential des kommunistischen Staates skeptischer einschätzte, so konnte niemand die weltpolitische Bedeutung und die militärische Macht der Sowjetunion übersehen. Der Erste Weltkrieg hatte dem Zarismus das Genick gebrochen. Der Zweite bewies die Überlegenheit des neuen Rußland gegenüber dem alten, es war der wichtigste Faktor für den Sieg über den Faschismus. Der Zweite Weltkrieg machte die UdSSR zur Supermacht. Und für die neu befreiten Kolonien und andere Staaten der Dritten Welt wurde sie, und durch sie der Sozialismus, tatsächlich ein wirtschaftliches Entwicklungsmodell.

Der Sturz des Kapitalismus und nicht die Symbiose mit ihm schien also im Katastrophenzeitalter an der Tagesordnung; der revolutionäre Aufbau einer neuen Gesellschaft und nicht der langsame Vormarsch durch Reformen auf ein praktisch kaum mehr angestrebtes Endziel. Ja, das Ehepaar Webb z. B., die Gründer der englischen Fabier-Gesellschaft, von denen seinerzeit Bernstein den Revisionismus gelernt hatte, sagten sich in den dreißiger Jahren vom Reformismus los und wurden Bewunderer der Sowjetunion. Das ist heute schwer zu verstehen, Historiker müssen aber wissen, daß es damals so war.

Doch – obwohl es nach 1918 und in den dreißiger Jahren weiß Gott nicht so aussah – drohten dem Kapitalismus in seinen Hauptländern weder der endgültige Zusammenbruch noch die soziale Revolution. Die blieb auf die Länder an der Peripherie des Systems beschränkt, und die Hoffnung, sie könnte von Moskau nach Berlin überspringen, war nie realistisch. Daher blieb die Basis der reformistischen Symbiose bestehen. Ja, die russische Revolution und das Gespenst eines kommunistischen Weltumsturzes machten sie für die bürgerliche Politik und die Unternehmer noch reizvoller, besonders da sich nach 1917 die reformistischen und die revolutionären Parteien ganz scharf voneinander abgrenzten.

Bloß: Zwischen den Kriegen fehlte zeitweise die wirtschaftliche Konjunktur, welche die Mittel für die dafür notwendigen Konzessionen an die Arbeiterbewegung hätte liefern können. Übrigens blieb die Arbeiterbewegung in diesen Ländern auch in den ärgsten Krisenzeiten mehrheitlich bei reformistischen und nicht bei revolutionären Parteien. Nur während des Krieges änderte sich das in einigen Ländern.

Zwischen den Kriegen gab es nur drei Staaten, in denen legale kommunistische Parteien Massenanhang hatten, und auch dort blieben sie bis zum Ende der Legalität schwächer als die Sozialdemokratie: Deutschland, Frankreich und die Tschechoslowakei; wäre die kommunistische Partei in Finnland legal gewesen, dann hätte es wohl vier gegeben. Anderswo hatten die revolutionären Parteien maximal gegen 6 Prozent (Belgien, Norwegen, Schweden) und auch das nur flüchtig.

Nach dem Zweiten Weltkrieg kehrte die Symbiose wieder, diesmal im Rahmen einer systematischen wirtschaftspolitischen Reform des westlichen Kapitalismus, gestützt sowohl auf eine bewußte Politik der Integration der Arbeiterbewegung durch Vollbeschäftigung und Sozialstaat, wie auch auf das Wirtschaftswunder des »goldenen Zeitalters« (1947-1973). Wäre diese neue Symbiose auf diese Art zustandegekommen ohne die traumatische Erfahrung der großen Krise und des deutschen Nationalsozialismus? Auch ohne die Furcht vor dem Vormarsch des Kommunismus, hinter dem jetzt eine Supermacht stand? Hätte Bernstein ohne Hitler und Stalin siegen können? Wahrscheinlich nicht.

In den Kernländern des Kapitalismus siegte also das revisionistische Modell der Arbeiterbewegung, allerdings offiziell erst nach Ende des Katastrophenzeitalters, so z.B. mit der Absage der SPD an den Marxismus im Godesberger Programm (1959). Doch den Marxismus konnte man als sozialdemokratische Partei ruhig aufgeben. Wer brauchte den Sozialismus, wenn in der Praxis – d.h. gegen Ende des »goldenen Zeitalters« 1947-1973 – die Ziele des Reformismus fast hundertprozentig erreicht waren und es den Arbeitern besser ging, als es sich die optimistischsten Vertreter der Symbiose vor 1914 hätten vorstellen können! Die revisionistischen Parteien blieben trotz Absage an den Sozialismus von Marx weiter in der Arbeiterbewegung verankert und wurden – nicht zuletzt von ihrem Wählerstamm – als Vertreter der Arbeiterklasse behandelt.

Die Abkehr der Arbeiterparteien von ihrer Klasse kam erst später – in den achtziger und besonders den neunziger Jahren. Denn bis Ende der siebziger Jahre erforderte der beispiellose Aufschwung der Industrie – trotz der hohen und steigenden Technologien – noch immer eine riesige Masse der Industriearbeiter, deren Anteil an der Bevölkerung, und daher als Wähler, trotz allem nicht fiel und in vielen Ländern sogar noch anwuchs. In den siebziger Jahren gab es wohl im kapitalistischen Europa absolut und relativ mehr Proletarier als in den letzten Jahrzehnten des 19. Jahrhunderts, als das neue Klassenbewußtsein plötzlich proletarische Massenparteien aus der Erde gestampft hatte. Allerdings stellte sich heraus, daß die Arbeiterparteien es (auch zusammen mit der antireformistischen Linken) bestenfalls auf ungefähr die Hälfte der Stimmen bringen konnten, und auch das erst nach dem Zweiten Weltkrieg und besonders in den siebziger Jahren, kurz vor ihrer Krise.

Wenn wir die Zwischenkriegszeit beiseite lassen, können wir also die Entwicklung der Arbeiterbewegung in den kapitalistischen Kernländern bis zum neuen Krisenzeitalter seit den siebziger Jahren wie folgt zusammenfassen:

Schon vor dem Ersten Weltkrieg begann die Politik der herrschenden Klassen sich im Zuge der Demokratisierung auf sozialen Reformismus umzustellen. Die Zwischenkriegszeit beschleunigte diesen Prozeß in den nichtfaschistischen Ländern, obwohl er sich erst in der zweiten Nachkriegszeit unter der Devise »Wohlfahrtsstaat« systematisch durchsetzte. Es gab im Zuge der Demokratisierung der Politik und des wirtschaftlichen Wachstums schon vor 1914 eine wachsende Anerkennung der Rolle gemäßigter Arbeiterbewegungen (Deutschland, mit seinem Sonderweg, war noch immer eine Ausnahme). In bürgerlich-demokratischen Ländern war deren Integrierung in den normalen Prozeß der Politik nur eine Zeitfrage. Und das bedeutete weiter, in der Praxis, die Identifizierung der Arbeiterbewegungen und -parteien mit ihren Nationalstaaten. 1914 wurde das bei Kriegsausbruch unter Beweis gestellt.

Die Kraft der organisierten Arbeiterschaft, d.h. der Gewerkschaftsbewegungen, wuchs sprunghaft im Ersten Weltkrieg. Obwohl sich das zwischen den Kriegen nicht halten konnte, wuchsen die Kräfte der Arbeiterbewegung weiter in und nach dem zweiten Krieg und erreichten, mit Ausnahme der fast immer schwach und unsicher organisierten Industrieländer Frankreich und Spanien, wohl ihre maximale Stärke in den siebziger Jahren. Die Arbeiterparteien wurden ab dem Ersten Weltkrieg bewußt zu staats- und systemerhaltenden Kräften, d.h. sie wurden in und nach dem Ersten Weltkrieg in die Regierungen einbezogen, bildeten bald selbst Regierungen, allerdings erst nach dem Zweiten Weltkrieg Regierungen ohne Unterstützung durch nichtsozialistische Parteien. Auch diese Entwicklung erreichte ihren Höhepunkt in den siebziger Jahren. Dann aber kam die Krise.

Was aber war die Rolle der Revolutionäre in der Arbeiterbewegung? In den Kernländern des Kapitalismus war die Arbeiterbewegung keine revolutionäre, da weder der Sturz des Kapitalismus noch der Sozialismus zu erreichen waren. Aber man brauchte sie, die Revolutionäre, da auch die unsozialistische Arbeiterbewegung auf die Verbindung von Klassenkampf in den Betrieben und politischem Druck auf Nationalregierungen angewiesen ist. Besonders wo Gewerkschaften stark waren, war also Platz für revolutionäre Aktivisten, so daß ganz kleine Minderheiten z.B. von Kommunisten eine verhältnismäßig enorme Rolle in den Gewerkschaftsbewegungen von Ländern wie Großbritannien und sogar den Vereinigten Staaten spielen konnten, in denen ihre Partei politisch überhaupt nicht zählte. In Großbritannien z.B. erreichte die KP den Höhepunkt ihres Einflusses in der Gewerkschaftsbewegung in den siebziger Jahren, als sie schon politisch im Sterbebett lag. In den Diktaturen, die noch vom Katastrophenzeitalter übrig geblieben waren – so z.B. Portugal und Spanien – spielten die Kommunisten noch immer die führende Rolle in der Illegalität wie seinerzeit im Faschismus, wo die Rolle der Revolutionäre, die ja an die Illegalität, den illegalen Kampf gewöhnt waren, sehr grundlegend war. In den Ländern Südeuropas spielten sie auch eine maßgebliche Rolle im Übergang zur Demokratie, wurden aber bald an den Rand gedrängt. In Italien glich sich die größte kommunistische Massenpartei systematisch dem sozialdemokratischen Modell an; in Frankreich, wo sie das nicht tat, ging es mit ihr steil abwärts.

Außerhalb der Kernländer des Kapitalismus war die Lage ganz anders. Hier aber müssen wir – leider – zwischen den Ländern der siegreichen leninistischen Revolution und denen der Dritten Welt unterscheiden. Kurz gefaßt: Die Kommunisten siegten z. T. durch das und sicher im Namen des Proletariats und schufen durch die Industrialisierung eine riesige Arbeiterklasse in den Ländern des Realsozialismus. Aber sie schafften eine Arbeiterbewegung im wirklichen Sinn des Wortes ab und ließen, solange sie es konnten, keine von Staat und Partei unabhängige Organisation der Arbeiter zu. Und ohne diese kann es eine Arbeiterbewegung nicht geben. In der Zeit des Kommunismus gibt es daher eine Arbeitergeschichte, wohl auch eine Geschichte der Arbeitskämpfe, aber, mit wenigen Ausnahmen wie z. B. die polnische »Solidarität« in den achtziger Jahren, keine Arbeiterbewegung im eigentlichen Sinn.

Anderswo, in der Dritten Welt, beginnt, mit wenigen und bescheidenen Ausnahmen, die Arbeiterbewegung erst mit der russischen Revolution. Die Zweite Internationale existierte kaum in der Dritten Welt, und die Grundlagen der sozialdemokratischen, geschweige denn der Bernsteinschen Politik existierten einfach nicht. Andererseits existierte in gewissen Teilen der Dritten Welt, in Lateinamerika, etwas, was aus historischen Gründen im alten Europa kaum zu finden war, nämlich die Bereitschaft demagogischer Staatsoberhäupter, die Arbeiterbewegungen ganz bewußt gegen ältere Eliten von Großgrundbesitzern zu fördern, manchmal sogar Grundlagen für eine Arbeiterbewegung legal zu schaffen, wie z. B. in Argentinien und Brasilien. Allerdings bestand – mit einigen wenigen Ausnahmen (Bergbau und Energie, Textil-, Transport- und Hafenarbeit) – bis zur wirklichen Industrialisierung der Dritten Welt in den siebziger Jahren auch kaum eine organisierbare Arbeiterklasse.

Seitdem gibt es dort den Aufstieg von mindestens zwei Massenarbeiterbewegungen, die sich mit den europäischen sozialistischen Parteien von vor hundert Jahren vergleichen lassen. Ich denke hier erstens an die »Partei der Arbeiter« in Brasilien und zweitens (darüber weiß ich weniger) an die Massengewerkschaftsbewegung in

Südkorea. Beide entstanden in den achtziger Jahren. Wie weit das typisch ist, ist eine große historische Frage. Das ist wohl, ähnlich wie es in Europa war, ein Übergangsphänomen einer gewissen Phase der Industrialisierung, die auch in der Dritten Welt die Form wie in der Ersten Welt erreichen wird. Der Einfluß der Leninisten auf die Bewegungen der Dritten Welt war zwar bedeutend, aber nur in einigen Gebieten, z. B. in Südafrika, entscheidend. Doch gleichviel, was für eine Ideologie oder Nichtideologie hinter diesen Bewegungen stand, sie lebten meist in Ländern, wo Umsturz, Revolution, Straßenkampf und Gewehre im zwanzigsten Jahrhundert weit vertrauter waren als die friedliche, verfassungsmäßige, demokratische Politik.

Und nun komme ich am Ende dieses Vortrags zur großen Wende seit den siebziger Jahren. Ich denke hier nicht so sehr an den Zusammenbruch des Sozialismus sowjetischen Typs, sondern an den Zusammenbruch der Hoffnungen Bernsteins.

Das Gebäude des Reformismus ruhte auf drei Grundpfeilern.

Erstens, die Größe und das Wachstum der Arbeiterklasse und der Sinn für die Zugehörigkeit, der eine heterogene Masse von Arbeitenden und mehr oder weniger armen Menschen in eine einzige Klasse zusammenschweißte. In bürgerlich-demokratischen Staaten legte das schon vor 1914 Konzessionen an eine wichtige Wählermasse nahe, solange sie sich nicht zu radikal gebärdete. Aber seit den siebziger Jahren schrumpft die alte Arbeiterklasse in den Industrieländern der Ersten Welt sowohl relativ wie absolut, und sie hat viel vom einigenden Klassenbewußtsein verloren. Es kam hinzu, daß Arbeiterschichten, die früher bedingungslos zur Bewegung gehörten, jetzt zu wirtschaftsliberalen Parteien schwenkten, wie das in England unter Thatcher der Fall war. Denn mit der ungeheuren Bereicherung unserer Gesellschaften hat sie auch etwas verloren, nämlich die alte Überzeugung, daß wirkliche Besserung für den einzelnen nur durch oder wenigstens mit Solidarität und kollektivem Handeln zu erreichen ist.

Der zweite Grundpfeiler des Reformismus war seit der russischen Revolution 1917 und besonders seit 1945 die Angst vor dem Kommunismus und der Sowjetunion. Dessen Vormarsch schien nach 1945, wenigstens in Europa, nur durch eine Politik der Vollbeschäftigung und der Sozialreformen einzudämmen zu sein. Aber die UdSSR gibt es nicht mehr, und daher verlernte der Kapitalismus in den Jahren seit dem Fall der Mauer das Fürchten, und daher auch das Interesse an denen, die keine Aktien besitzen. Übrigens zeigte sich auch, daß die Massenarbeitslosigkeit in den achtziger und neunziger Jahren die alte Kraft zur politischen Radikalisierung verloren zu haben schien.

Doch nach 1945 erwies sich auch der Reformismus, und ganz besonders die Politik der Vollbeschäftigung, nicht nur politisch, sondern auch wirtschaftlich als notwendig, was Keynes und die schwedischen Ökonomen der Sozialdemokratie ja vorausgesagt hatten. Und das war der dritte Pfeiler, auf dem der Reformismus ruhte. Nicht nur sozialdemokratische Regierungen, sondern alle Regierungen verfolgten jetzt die gleiche Politik. Diese brachte den westlichen Staaten nicht nur politische Stabilisierung, sondern eine Hochkonjunktur und ein wirtschaftliches Wachstum des Kapitalismus wie noch nie zuvor. Erst in der Zeit der Krise seit 1973, als die Reformpolitik nicht mehr so erfolgreich war, ließen sich viele Regierungen von der ultraliberalen Wirtschaftsideologie überzeugen, die seit den Siebzigern in der volkswirtschaftlichen Fakultät Chicagos grassierte. Und für diese waren die Arbeiterbewegungen, Arbeiterparteien und öffentliche Wohlfahrtsvorkehrungen, ja überhaupt die Staaten, nichts als Behinderungen des freien Marktes, der maximales Wachstum der Profite und der Wirtschaft und daher – so behaupteten diese Ideologen – der allgemeinen Wohlfahrt garantiere. Am besten, man könnte sie alle abschaffen. Statt Vollbeschäftigung gab es jetzt die Doktrin der »natural rate of unemployment«. Dazu kommt der Rückzug des Nationalstaates vor der transnationalen Globalwirtschaft, die seit den siebziger Jahren den Ton angibt. Die Arbeiterbewegungen blieben fest an ihre Nationalstaaten gekettet, ja mehr als je in den staatlich gelenkten Mischwirtschaften und Wohlfahrtsstaaten der zweiten Hälfte des Jahrhunderts. Ohne den Nationalstaat verlieren Arbeiterbewegung und Arbeiterparteien ihre stärkste politische Waffe. Und bis jetzt ist es den Arbeiterbewegungen trotz ihres theoretischen Internationalismus noch nie gelungen, sich vom rein nationalen Rahmen ihrer Tätigkeit zu befreien. Das müssen sie aber heute lernen.

Wir befinden uns also heute in einer neuen Phase der Geschichte der Arbeiterbewegung. Die Arbeiterbewegung besteht noch. In der sich neu industrialisierenden Dritten Welt ist sie, wie das Beispiel Brasilien und Korea zeigt, noch im Aufstieg. Dort kann von einer Schrumpfung der Industriearbeiterschaft noch keine Rede sein. Aber auch in den reichen Ländern der alten Industriewelt wird sie weiterbestehen, wenn auch in beschränkterem Umfang:

Erstens, weil (wie Marx voraussagte) die große Mehrheit der beschäftigten Bevölkerung aus Lohn- und Gehaltsempfängern besteht, deren Interessen, wenigstens als Arbeitnehmer, andere sind als die der Arbeitgeber. Konflikte zwischen beiden erfordern (jedenfalls auf der Arbeitnehmerseite) kollektives Handeln. Ob im politischen Sinn des Wortes oder unpolitisch – eine Art Klassenkampf geht weiter.

Zweitens gibt es noch eine gesellschaftliche Schichtung – d. h. gesellschaftliche Gruppen mit auseinandergehenden Interessen. Ob man sie Klassen nennt oder nicht – sie existieren. Daß diese heute anders aussehen als vor zweihundert oder vor hundert Jahren, das ist ganz natürlich. Die Politik geht daher weiter, wenn auch nur zum Teil als Klassenpolitik.

Drittens geht sie weiter, weil der Staat nicht im Aussterben ist. Ja, in mancher Hinsicht wächst seine Notwendigkeit in der Zeit der wirtschaftlichen Globalisierung, die er zwar nicht aufhalten kann, aber doch regeln muß. Der Staat oder öffentliche Behörden anderer Art bleiben weiter die einzigen Einrichtungen, durch die das Sozialprodukt nach menschlichen Kriterien unter der Bevölkerung verteilt werden kann, und zur Erfüllung der menschlichen Bedürfnisse, die der Markt nicht befriedigen kann. Die Politik bleibt also noch immer eine notwendige Dimension des Kampfes um soziale Besserung. Vielleicht ist sie in der globalen Wirtschaft, die nationale Gewerkschaften schwächt, noch wichtiger als früher.

Daß am Ende des Jahrhunderts die Arbeiterparteien der Zweiten Internationale noch immer, und meist unter ihrem alten Namen, in der Lage sind, Regierungen in den meisten europäischen Ländern zu bilden, ist also kein Zufall. Es ist aber auch kein Grund zum blinden Optimismus.

Zwei Gefahren drohen der Arbeiterbewegung am Ende dieses Jahrhunderts: die Abdankung ihrer Führer vor der Ideologie des Marktes und die Entpolitisierung der Bürger. Der sogenannte dritte

Weg des Herrn Blair ist eine solche theoretische Abdankung – obwohl ich mit Genugtuung feststelle, daß die tatsächliche Politik der britischen Regierung in mancher Hinsicht noch an die alte Tradition des Labour anknüpft. Aber gefährlicher für die Zukunft der Bewegung wird es erst, wenn sich die Menschen selbst demoralisieren lassen. Wenn z. B. die Arbeiter und die Armen aufhören, an Wahlen teilzunehmen, weil sie sagen: Was werden die für unsereins schon tun? Wie in den USA, wo zwischen 1960 und 1988 die Teilnahme der Arbeiter an den Präsidentenwahlen um ein Drittel fiel. Entpolitisierung und das Gefühl der Machtlosigkeit sind die große Gefahr – und nicht nur für die Arbeiterbewegung, sondern für die Demokratie, ohne die sie nicht möglich ist.

In: Die Arbeiterbewegung – Ein gescheitertes Projekt der Moderne? Hrsg. von Bruno Groppo, Winfried R. Garscha und Christine Schindler, Leipzig: Akademische Verlagsanstalt 2000 (= ITH-Tagungsberichte 34: 35. Linzer Konferenz der ITH, 14.-18. September 1999), S. 11-23

# Pessimismus der Intelligenz, Optimismus des Willens*

*Bevor wir uns Ihrem reichen Lebenswerk zuwenden, möchte ich ein paar Fragen nach Ihrer Vita stellen, die ja allein von den Daten her so symbolisch verflochten ist mit diesem Jahrhundert. Sie wurden 1917 in Alexandria geboren, verlebten Ihre Kindheit und frühe Jugend in Wien und Berlin, übersiedelten 1933 als Sechzehnjähriger nach England. Was war der Hintergrund für diesen ungewöhnlichen Lebensweg?*

Meine Eltern begegneten sich kurz vor dem Ersten Weltkrieg in Ägypten. Meine Mutter war eine junge Dame aus dem Wiener Mittelstand, mein Vater ein Engländer, der im britischen Empire – zu dem Ägypten gehörte – bessere Arbeitsmöglichkeiten als in England sah. Sie lernten sich also in Ägypten kennen, verlobten sich, konnten infolge des Krieges aber nicht heiraten und auch nicht zurückkehren, in keines ihrer Länder, da diese ja miteinander im Krieg standen, und so blieben sie in Ägypten. Nur durch einen Zufall der Geschichte bin ich also dort geboren. Nach Kriegsende bestand meine Mutter darauf heimzukehren, und so kam ich als kleines Kind nach Wien. An Ägypten habe ich keinerlei Erinnerung.

*Ihre Familie verließ Berlin, gleich nachdem die Nazis an die Macht kamen. Fühlte sie sich bereits damals bedroht? Viele Juden wollten ja nicht glauben, was ihnen bevorstand?*

Meine Familie fühlte sich nicht bedroht, da wir ja britisch waren, mein

---

* Der ursprüngliche Titel »Gespräch mit Eric Hobsbawm« wurde von den Herausgebern im Rahmen dieser Sammelschrift geändert.

Vater war britischer Staatsbürger. Und auch als mich nach dem Tod meiner Eltern ein Bruder meines Vaters in seine Obhut nahm, änderte sich das nicht. In der Schule in Berlin war ich »der Engländer«. Die Gründe für den Weggang hatten mehr mit der Weltwirtschaftskrise als mit Hitler zu tun. Dennoch waren wir uns frühzeitig über das Wesen des Regimes im klaren. Ich erlebte die Ereignisse sehr bewußt und begriff, was vor sich ging.

*Als Sie nach England kamen, hatten Sie also nicht das Gefühl, die Heimat zu verlassen und sich in eine neue einleben zu müssen?*

Ja und nein. Ich fühlte mich natürlich als Engländer, wuchs zweisprachig auf, doch Englisch war für mich die Sprache des häuslichen Alltags, kulturell gesehen aber war Deutsch meine wichtigste Sprache. Meine Bildung war anfangs vorwiegend deutsch, und ich befürchtete, daß mir in England diese Wurzeln verlorengehen könnten. Ich habe natürlich versucht, auch möglichst viel englische Kultur aufzunehmen, doch gleichzeitig habe ich mich bemüht, mein Deutsch nicht zu vergessen, und in Deutsch Tagebuch geführt.

*Also fiel es Ihnen nicht schwer, in England Fuß zu fassen. Sie waren Engländer, hatten lediglich eine zweifache Wurzel?*

Aufgrund unseres britischen Passes hatten wir formal kein Problem, wir waren Engländer; in Österreich und Deutschland dagegen waren wir Ausländer gewesen. Dafür war ich aber von der Kultur her zunächst Ausländer.

*Sie haben sich frühzeitig politisch engagiert und auch bald der Kommunistischen Partei angeschlossen. Wann war das?*

Als Student. Aber bereits als Schüler, auf dem Gymnasium in Berlin, hatte ich mich engagiert. Organisiert war ich nur kurz, ein paar Monate vor unserer Abreise im Sozialistischen Schülerbund.

*Für den hat Sie, wie ich las, Stephan Hermlin gewonnen?*

Ja, wir waren auf derselben Schule, am Prinz-Heinrich-Gymnasium in Schöneberg, und Rudolf Leder, wie er eigentlich hieß, hat mich für den Sozialistischen Schülerbund geworben. Nicht für den Bund der Jungkommunisten. Er meinte, für mich wäre der Schülerbund das richtige. Ich habe ihn dann aus den Augen verloren. Erst viel später, als ich ein Buch mit dem Titel »Abendlicht« las, glaubte ich, der Autor Stephan Hermlin müßte der sein, den ich als Rudolf Leder gekannt hatte.

*Sie haben sich nie wiedergesehen?*

Nein. Aber mir ist, als hätte ich ihm seinerzeit geschrieben und ihn gefragt: Bist du der, den ich als Rudolf Leder kannte?

*Und was hat Sie zu diesem Engagement, bald darauf in der britischen KP, motiviert? War es die marxistische Theorie oder mehr die soziale Erfahrung?*

Die marxistische Theorie bestimmt nicht. Das politische Engagement entwickelt sich ja meist, bevor man die Theorie entdeckt. Auf Intellektuelle wirkt Marx zunächst anziehend; später erkennen sie vielleicht, daß Marx auch ein interessantes Studienobjekt ist. Aber zuerst ist das Engagement da. Ich bin nicht sicher, ob ich sagen sollte, aus sozialer Erfahrung. Heute weiß ich, daß sich meine Familie in einer sozial unsicheren Situation befand, aber damals wußte ich das nicht. In der Mittelklasse sagte man das den Kindern nicht. Ich hielt unsere Familie für besser situiert, als sie tatsächlich war. Dennoch weckte wohl vor allem das Erleben der Weltwirtschaftskrise mit ihrer Massenarbeitslosigkeit, der politisch überhitzten Atmosphäre in den letzten Jahren der Weimarer Republik in mir und vielen anderen das Gefühl, diese Welt könne nicht dauern. Darum wirkten politische Argumente auf uns alle so stark, und ich muß sagen, wenn ich nicht unter linken Einfluß geraten wäre, hätte ich, wie viele Schulkameraden, leicht auch nationalistisch reagieren können. Aber ich habe wohl schon damals erkannt, daß dies nur eine kurzzeitige Lösung sein konnte, eine Sache ohne Zukunft. Ich spürte jedoch durchaus die Anziehungskraft eines ultrarechten Nationalismus. Es war eine Zeit, in der junge Menschen aus intellektuellen Kreisen sich nicht mit den liberalen, gemäßigten Ansichten ihrer Väter zufriedengaben, sie wollten etwas anderes.

*Hat Ihr kommunistisches Engagement nicht zu Konflikten mit der Familie und mit Freunden geführt? Gerade in Großbritannien mußte ein Engagement bei den Kommunisten ja noch viel extremer wirken als in Deutschland, wo es immerhin eine starke KP gab?*

Seltsamerweise war dem nicht so. In Großbritannien gab es für mich weniger Konflikte, denn meine Familie in England war keine richtige Mittelklasse, sondern bescheidenerer Herkunft, Handwerker, kleine Beamte und so weiter, und falls sie überhaupt politisch einzuordnen war, dann als Anhänger von Labour. Und die Labour Partei war im Unterschied zur deutschen Sozialdemokratie nicht so kommunistenfeindlich. Sie glaubten, ohne Genaueres darüber zu wissen, daß die Sowjetunion ein Arbeiterstaat sei, und da die Zahl der Kommunisten eher unbedeutend war, gab es nicht diesen schrecklichen Zwist innerhalb der Linken wie in Deutschland.

*Bald drangen aber doch Informationen über Stalins Schreckensherrschaft in den Westen, über die Schauprozesse, die Hinrichtungen früherer KP-Führer und auch Bücher. Arthur Koestlers »Sonnenfinsternis« erschien im englischen Original 1940. Hat Sie das beeinflußt?*

Um diese Zeit, Mitte der dreißiger Jahre, als ich studierte und mich der KP anschloß, war die Anziehungskraft des Kommunismus selbst viel stärker. Sie beruhte vor allem auf dem Kampf gegen den Krieg und gegen die Ausbreitung des Faschismus. Ich trat der KP bei, kurz bevor der Spanische Bürgerkrieg ausbrach, und dieser Krieg hatte auf England große Auswirkungen. Wenn ich zurückdenke an die Leute, die damals in Cambridge der KP beitraten: Es waren achtbare Männer aus der Mittelklasse, und das sind sie noch heute, ich treffe sie gelegentlich, achtbare, unpolitische Menschen, von denen einige die Anwaltsfirmen ihrer Familie übernommen haben und dergleichen. Wenn ich sie sehe, sage ich mir: Und diese Leute hast du für die KP geworben! Wir alle waren damals der Meinung, daß die Politik des Appeasement gegenüber dem anscheinend unaufhaltsamen Aufstieg des internationalen Faschismus falsch war, und wir sahen in der Sowjetunion die einzige Kraft, die sich nicht daran beteiligte.

*1940, nach der Niederlage Frankreichs, als Großbritannien auf sich allein gestellt der Gefahr einer deutschen Invasion ausgesetzt war, traten Sie in die Armee ein und hoben in East Anglia Schützengräben aus. In einem Essay sprechen Sie von den Menschen, »die das Glück hatten, diesen außerordentlichen Augenblick in unserer Geschichte mitzuerleben … C'était magnifique, et c'était la guerre – und Churchill faßte es in Worte«. Das sind, von heute aus, erstaunliche Gefühle für einen jungen britischen Kommunisten zu einer Zeit, als Hitler und Stalin faktisch Verbündete waren.*

Ich denke, Sie verkennen die Situation. Wegen Hitler sind die Deutschen leider nicht in der Lage, den Krieg als eine große nationale Erfahrung zu empfinden. Aber für die Briten und auf andere Weise auch für die Russen war der Krieg ein nationales Drama, an dem alle beteiligt waren. Es mag willkürlich oder rhetorisch erscheinen, wenn die Russen von ihrem Großen Vaterländischen Krieg reden, und doch war das für viele die Realität, in gewisser Weise auch für viele in England. Solange wir allein kämpften, konnte ich als Intellektueller mir nicht vorstellen, wie wir je siegen könnten. Dennoch kamen meine Kameraden gar nicht auf den Gedanken, den Kampf einzustellen, ja es ist vielleicht sogar eine Schwäche des heutigen England, daß man noch immer von dem damals angesammelten emotionalen Kapital zu zehren versucht. Heute, da wir längst nicht mehr sind, was wir einst waren, erleben manche dies immer noch als den großen Augenblick ihres Lebens.

*Wie war Ihre persönliche Situation? 1940 war die Sowjetunion ja mit Deutschland verbündet. Hatten Sie da als Kommunist nicht das Gefühl, auf der falschen Seite zu kämpfen?*

Wir sahen sie nicht als Deutschlands Verbündeten, wir sahen sie als außerhalb des Krieges stehend an.

*Immerhin haben sie sich Polen geteilt...*

Sicher, trotzdem sahen wir die Russen nicht als Verbündete Deutschlands. Natürlich stimmt es, daß 1940 viele die russische Position, beide Seiten seien gleich schlimm, als absurd ansahen. Das galt erst recht ab Anfang 1941, als Hitler Griechenland und Jugoslawien besetzte. Wir konnten nichts dagegen tun. Aber die Erleichterung, als die Russen im Juni 1941 in den Krieg eintraten, war gewaltig. Nicht nur für die Kommunisten, sondern für die Soldaten überhaupt – daß dieses Volk endlich an unserer Seite war. Von da an hatten natürlich auch die Kommunisten keine Probleme mehr.

*Lassen Sie mich noch in dieser Zeit, 1939/40, verweilen. Ich wurde damals geboren, und in der Rückschau erscheint mir dies als die dunkelste Periode in der europäischen Geschichte dieses Jahrhunderts. Die Spanische Republik war zerschlagen, Frankreich am Boden und große Teile Europas okkupiert, faschistische Regime in Deutschland, Italien, Spanien und Stalin mit Hitler quasi verbündet. Ich weiß, Sie mögen keine Spekulationen über »was wäre, wenn ...«, aber an dieser Stelle möchte ich doch meine retrospektiven Befürchtungen an den Zeitzeugen weitergeben: Was wäre aus der Welt geworden, wenn die Achse Berlin-Moskau gehalten hätte, wenn die beiden Diktatoren die Welt unter sich aufgeteilt hätten?*

Das wäre schrecklich gewesen. Andererseits war ich und waren wohl viele nicht davon überzeugt, daß es zwischen beiden Mächten eine dauerhafte Übereinkunft geben könnte. Daß Deutschland womöglich den Krieg gewann, das war viel gefährlicher.

*Also die Situation, die Robert Harris in seinem Roman »Vaterland« schildert.*

Genau. Das ist auch ein Grund, weshalb man heute mit gewisser Wehmut an Churchill denkt, obwohl er in vieler Hinsicht erzkonservativ, erzreaktionär war: Er hätte nie die Möglichkeit ins Auge gefaßt, mit Deutschland Frieden zu schließen, was andere durchaus getan hätten. Unter den Intellektuellen gab es damals das Spiel: Wenn Hitler England in die Knie zwingt, wer ist dann der englische Pétain? Wahrscheinlich Lloyd George.

*Um das Kapitel KP abzuschließen: Sie sind der Partei lange treu geblieben, auch noch nach 1956, nach dem XX. Parteitag, nach den Aufständen in Polen und Ungarn, als die westlichen kommunistischen Parteien viele Anhänger unter den Intellektuellen verloren. Dabei haben Sie in Ihren Büchern bereits damals unorthodoxe Ansichten vertreten. Hat die Partei nie versucht, Sie auf Linie zu bringen?*

Die britische KP hatte nicht viele Mitglieder, und sie war vorsichtig genug, diese nicht zu vergraulen. Ich habe immer erklärt: Wenn euch das nicht paßt, schließt mich aus. Doch das taten sie nicht.

*Und die Partei hat nie versucht, auf Ihre Arbeiten Einfluß zu nehmen, die doch nicht eben dogmagetreu waren?*

Dazu muß ich sagen, daß ich Auseinandersetzungen ausgewichen bin, indem ich mich auf die Vergangenheit, das 19. Jahrhundert, verlegt habe. Ich hätte natürlich nicht frei über die Geschichte der Sowjetunion und Osteuropas schreiben können, ohne daß es zum Bruch gekommen wäre. Aber die Verbindung wurde natürlich lockerer.

*Wann sind Sie ausgetreten?*

Praktisch nie. Kurz vor der Auflösung der englischen KP – die jetzt nicht mehr besteht – habe ich einfach meine Mitgliedskarte verfallen lassen.

*Nach dem Zusammenbruch des Kommunismus kam es zu einer starken Reaktion auch gegen den Marxismus als Denkweise. Er wird heute des öfteren herabgesetzt, bisweilen auf bescheidenem Niveau. Ich denke da an einen konservativen deutschen Politiker, der auf einer Kundgebung in Polen ausrief: »Marx ist tot, aber Jesus lebt.« Nun begibt sich die internationale Wisssenschaftlergemeinschaft gewiß nicht auf ein solches Niveau, dennoch die Frage: Haben Sie nach der Wende in Ihrer Disziplin, der Historiographie, diesen Klimawechsel gespürt, und wie sehr tangiert er Sie?*

Gewiß hat der Marxismus einen schweren Rückschlag erlitten, aber das war weniger eine geistige als eine politische Reaktion. Was mich betrifft, so muß ich sagen: Ich habe nie an den Marxismus als eine weltliche Theologie geglaubt, wie sie in der Sowjetunion und in den Blockstaaten verordnet war. Übrigens ist keins meiner Bücher in der Sowjetunion erschienen, und auch nicht in der DDR. Meine Distanz zum offiziellen Marxismus-Leninismus ist also das eine, das war nicht mein Marxismus. Zum anderen muß ich sagen, daß ich von manchen Aspekten bei Marx, von Teilen der marxistischen Theorie heute nicht mehr überzeugt bin. Das gilt zum Beispiel für Aspekte der ökonomischen Theorie, etwa die Mehrwerttheorie. Dagegen gibt es in der marxistischen Analyse Dinge, die ich nach wie vor für gültig erachte. Als Historiker hatte ich keine besonderen Schwierigkeiten, vielleicht weil ich noch zur alten linken Tradition gehöre, die auf Engels und Kautsky zurückgeht. In der habe ich mich entwickelt und die materialistische Geschichtsauffassung stets als hilfreich und nützlich empfunden. Sie ist für mich als Historiker das Herzstück des Marxismus. Sicherlich muß man sie diskutieren und verändern und durch andere Analysen ergänzen, aber insgesamt finde ich sie brauchbar. Ich sage nicht, daß sie die einzige Methode ist, aber falls meine Geschichtswerke von irgendeinem Wert sind, dann aufgrund dieser Betrachtungsweise. Im übrigen ist der Gedanke, Marx sei tot, einfach lächerlich, denn er ist auf jeden Fall ein großer Denker und wird weiter gelesen werden, allein deswegen, weil es nicht gar so viele große Denker gibt. Außerdem ist es eine Sache der Pietas, daß man einem Menschen, dem man soviel verdankt, auch dann noch Respekt erweist, wenn man nicht mehr wie früher an seine Lehren glaubt. Als Historiker verdanke ich Marx unendlich viel. Ich könnte es mir leicht machen und erklären, ich bin kein Marxist mehr, aber ich sehe nicht ein, warum ich das nicht mehr sein sollte.

*Fühlen Sie sich durch die jüngste Geschichte genötigt, Forschungsergebnisse zu korrigieren oder gar Ihre Methodik zu revidieren?*

Nicht die Methodik. Im Gegenteil, ich und andere hielten es immer für einen großen Fehler der sowjetischen und der osteuropäischen Theoretiker, daß sie die Analyse, mit der sie westliche kapitalistische Gesellschaften untersuchten, nicht auch auf ihre eigene Gesellschaft anwandten.

*Dann hätten Sie ja erkennen müssen, daß diese Gesellschaft nicht den marxistischen Vorstellungen entsprach, daß sie den Marxismus pervertierte.*

Das ist richtig. Dagegen meine ich, daß ich versucht habe, diese Analyse auch auf östliche Phänomene anzuwenden, etwa auf die Solidarność in den achtziger Jahren. Soziologisch und strukturell gesehen war sie eine klassische Arbeiterbewegung mit einem Klassenbewußtsein, durchaus vergleichbar den Anfängen der deutschen Sozialdemokratie im 19. Jahrhundert, auch wenn sie sich, leider, gegen linke Positionen richtete. Es gab damals ähnliche, allerdings linksorientierte, Bewegungen zum Beispiel auch in Brasilien. Aber das ist kein Grund, die marxistische Methode aufzugeben, es sei denn, daß man Angst vor seinen eigenen Schlußfolgerungen hat.

*Einige Ihrer Kollegen meinen indes, daß die politischen Veränderungen seit 1989 auch Ihr Denken geprägt haben. So schreibt Hans-Ulrich Wehler in seiner Besprechung Ihres Buches »Das Jahrhundert der Extreme«: »Die Melancholie, die das Scheitern der kommunistischen Utopie bei ihm ausgelöst hat, färbt auch sein Gesamturteil über das Entwicklungspotential der Menschheit ... es taucht jetzt manchmal ein geradezu apokalyptischer Ton auf.« Oder Tony Judt entdeckt im selben Kontext bei Ihnen »eine jeremiashafte Stimmung von drohendem Verhängnis«.*

Das ist eher eine Kritik an meiner Stimmung als an meiner Analyse. Natürlich konnte für jemanden wie mich, der einen großen Teil seines Lebens, mit immer weniger Illusionen, auf eine Hoffnung gesetzt hat, die schließlich scheiterte, deren Zusammenbruch nicht ohne Wirkung bleiben. Ich habe das sowjetische System nie idealisiert, dennoch war das Ende der Sowjetunion für mich wie für viele langjährige Kommunisten ein trauriger Moment, obwohl man längst wußte, daß diese Sache, so betrieben, keine Zukunft haben konnte. Zum anderen kommt das Gefühl, daß die Zukunft der Welt düster ist, zum Teil wohl auch von meinem Alter. Wir, die wir dies schreckliche Jahrhundert durchlebt haben, sind uns natürlich stärker darüber im klaren, welch schlimme Dinge geschehen können – und im Augenblick geschehen sie ja auch. Nehmen Sie dagegen einen jungen Menschen, der in den achtziger Jahren in Ost- oder Südostasien geboren wurde: Für ihn muß sich die Welt ganz anders, viel positiver darstellen als für jemanden, der dieses Jahrhundert in Europa erlebt hat.

*Das wäre aber vor allem Naivität?*

Teils Naivität, teils eine andere Lebenseinstellung. Für einen Lateinamerikaner war das 20. Jahrhundert im wesentlichen eine Zeit ohne Krieg – bis auf einen kleinen Krieg von 1932 bis 1935 zwischen Bolivien und Paraguay. Er hat eine ganz andere Lebenserfahrung. Dagegen reagierte die Wirtschaft dort immer empfindlich auf die großen Wirtschaftskrisen in der übrigen Welt, auf Rezessionen, Revolutionen, Putsche, Kriege usw. Aber wenn er das zu kompensieren versucht, ist sein Erleben ganz anders als Ihres und meins hier in Mitteleuropa. Wenn ich sage, die Zukunft sieht eher düster aus, dann meine ich, wir mögen zwar noch ein beträchtliches ökonomisches Wachstum erleben, aber unsere politische Zukunft ist nicht glänzend. Und was die Kultur angeht, so läßt sich schwer vorhersagen, wie sich die globale Konsumgesellschaft entwickelt. Vor allem aber glaube ich, daß wir alle das Ausmaß des Zusammenbruchs in Ost- und Mitteleuropa unterschätzt haben. Diese Länder haben im 20. Jahrhundert drei solcher Zusammenbrüche durchgemacht, nach jedem Weltkrieg und jetzt mit der Wende, und der dritte war leider der schlimmste. Einige Länder beginnen sich allmählich davon zu erholen, wenngleich ich bezweifle, daß es dort, abgesehen von Polen, schon besser aussieht als 1988. Aber immerhin, es geht aufwärts. Trotzdem ist es in großen Teilen dieser Region zu einem dramatischen Rückgang gekommen, vor allem in Rußland und auf dem Balkan, und der wird wahrscheinlich andauern und weitere Länder erfassen. Noch wissen wir nicht, wie uns selbst ein Krieg auf dem Balkan betrifft. Nehmen wir also an, daß eine etwas pessimistische Zukunftssicht nicht zwangsläufig auf der Enttäuschung des Betrachters basiert.

*Eine Idee, die von Marx befördert wurde, obwohl sie schon aus der Aufklärung und von Hegel stammt, ist, daß Geschichte eine Richtung hat oder sogar auf ei-*

*nen zivilisatorischen Fortschritt hinausläuft, wie man wohl im 19. Jahrhundert gesagt hätte. Wie denken Sie, nachdem Sie das Jahrhundert der Extreme erlebt haben, darüber?*

Zunächst darf man nicht Richtung und Fortschritt verwechseln. Ich mußte mich von der Idee, daß Geschichte auf ein vorbestimmtes Endziel hinausläuft, also von einer eschatologischen Interpretation lösen. Dies ist eines der Elemente, die Marx zu analytischen Fehlern veranlaßt haben. Er hat in seine Kapitalismusanalyse eine kommunistische Zukunft hineingelesen, was allenfalls möglich, aber nicht notwendig war. Doch das hat nichts mit dem Fortschrittsbegriff zu tun. Fortschritt ist zum Beispiel die zunehmende Beherrschung der Produktionsmittel und der natürlichen Umwelt, ob wir das nun mögen oder nicht. Nach den Begriffen des 19. Jahrhunderts geht es der Menschheit insgesamt besser, trotz der Hunderte Millionen, die in unserem Jahrhundert getötet wurden. Jedenfalls gilt das für den größten Teil der Menschheit, mit Ausnahme vielleicht von zwanzig Prozent in Rußland und Afrika. Heute leben dreimal soviel Menschen auf der Erde wie zu Beginn unseres Jahrhunderts, und sie leben besser, werden älter, größer – in einem Maße, wie sich das ihre Großeltern nie hätten vorstellen können. Allerdings sind wir jetzt in einem Stadium, wo eine weitere Entwicklung nicht mehr automatisch die gleichen Resultate bringt. Im Gegenteil: Sie können das Leben auf der Erde unmöglich machen. Unsere Umweltprobleme sind die Folge des außerordentlichen Fortschritts.

*Manche meinen, Geschichte sei eine rein zufällige, absolut unvorhersehbare Anhäufung von Geschehnissen, ein Chaos, über das man praktisch keine Aussagen treffen kann. Wenn ich Ihre Aufsätze richtig verstehe, stimmen Sie dem nicht zu.*

Die Geschichte ist nicht willkürlich, das ist ganz klar. Sie ist aber nicht einfach vorhersagbar durch Extrapolation des Gegebenen, höchstens in einem sehr allgemeinen Sinne. So können wir etwa sagen: Falls die Menschheit sich nicht selbst in den Untergang manövriert, sind wir in fünfzig Jahren technisch noch weiter als heute. Was das praktisch bedeutet, ist keineswegs klar. Geschichte, die auf eine bestimmte Endstufe zielt, wie es 1989 die These vom Ende der Geschichte postulierte, ist nicht plausibel. Hochtechnologie-Gesellschaften machen einige Dinge unmöglich und andere möglich. In meinem Buch »Wieviel Geschichte braucht die Zukunft?« erörtere ich, welche Voraussagen der Historiker treffen kann, ohne sich zu Prophezeiungen zu versteigen. Wir können die Bereiche, für die wir Voraussagen treffen können, scharf eingrenzen. Wir können sagen, daß einige Dinge mit Sicherheit nicht geschehen, daß andere möglich sind. Aber positive Vorhersagen sind unmöglich. Wer sich auf die einläßt, verfährt rein willkürlich. Aber selbst die willkürlichen Vorhersagen bewegen sich innerhalb einer vorgegebenen Struktur.

*Neben Fukuyamas These vom Ende der Geschichte hat eine andere Theorie Furore gemacht: Huntingtons These von einem bevorstehenden Konflikt der Kulturen. Ist sie ein Erklärungsmuster für das, was wir zur Zeit erleben? Oder nur ein aufgewärmter und aktualisierter Spengler?*

Etwas in der Art. Man müßte zunächst definieren, was mit dem »Clash of Civilizations« gemeint ist. Ich glaube, der Gedanke deutet darauf hin, daß Huntington und manche in Amerika der Meinung sind, daß die USA irgendwann einen Krieg gegen China führen müssen. Das hat mit den Besonderheiten der amerikanischen Außenpolitik zu tun. Die USA sind aufgrund ihrer Verfassung schwer zu regieren. Darum braucht man immer einen ausländischen Gegner, um überhaupt Politik machen zu können. Rußland ist als Gegner verschwunden, daher braucht man einen anderen. All das Gerede über die Gefahr des islamischen Fundamentalismus ist Unsinn. Wir wissen doch, daß die USA und der Westen auf jedes islamische Land so viele Atombomben abwerfen können, wie sie wollen, während diese uns im Gegenzug nicht erreichen. Ernster zu nehmen ist schon das Gefühl der Bedrohung durch China.

Aber wieso China eine Bedrohung sein soll, ist keineswegs klar. Die Amerikaner haben sich an den Gedanken der Weltherrschaft gewöhnt und begreifen nicht, daß selbst dem stärksten Land Grenzen gesetzt sind.

*Eines Ihrer Hauptthemen in den letzten Jahren ist das Wiedererwachen des Nationalismus. In Ihrem Buch »Nationen und Nationalismus« analysieren Sie verschiedene Arten von Nationalismus und erläutern, inwiefern der heutige sich von dem des 19. Jahrhunderts unterscheidet.*

Ja, das ist mein Eindruck, wobei der Nationalismus etwa im Kosovo durchaus dem klassischen Muster entspricht. Die Kosovaren wollen einen unabhängigen Kleinstaat. Aber die Gefahr von Krieg und Wirren hat in der Welt allgemein zugenommen; sie erwächst heute nicht so sehr aus der Rivalität zwischen Staaten, sondern aus dem Zerfall von Staaten. Wir können überall in der ganzen Welt kleinere Kriege beobachten, in denen es, verglichen mit den Weltkriegen, nicht so viele Tote gibt, die aber zu ebenso vielen Flüchtlingen führen, schon jetzt sind es schätzungsweise zehn Millionen, darunter eine Million aus dem früheren Jugoslawien. Die Gefahr geht nicht von irgendeinem Diktator aus, auch wenn die USA das gern so ausmalen, die wirkliche Gefahr entsteht dadurch, daß die Welt von Vernichtungsmaterial überschwemmt ist, von Waffen, die Siebzehnjährige bedienen können, von Maschinenpistolen und -gewehren, die mehr Zerstörungskraft besitzen als jede vergleichbare Waffe im Zweiten Weltkrieg, bis zu Raketen, mit denen man Panzer und Flugzeuge abschießen kann.

*Das wäre aber doch ein bißchen kompliziert für Siebzehnjährige?*

Glauben Sie mir, die wirkliche Gefahr in der Welt geht heutzutage von Männern zwischen fünfzehn und vierundzwanzig aus.

*In Ihrem Buch beschreiben Sie den Rückgang des Nationalismus alten Stils, während wir doch heute eher ein Wiederaufleben des Phänomens beobachten?*

Ich glaube, wir haben beide denselben Eindruck, aber ich sehe darin einen anderen politischen Inhalt. Die Welt wird immer globaler organisiert, vor allem auf wirtschaftlichem Gebiet, aber auch in der Politik. Es gibt Supermächte und Superkonsortien, Großstrukturen wie die Europäische Union. Demgegenüber entwickelt sich eine Tendenz zu kleineren lokalen Identitäten innerhalb der Großstrukturen und sogar innerhalb der alten Staaten. Ich meine sogar, ein Beispiel dafür liefern die Ostdeutschen, die sich nicht als Westdeutsche fühlen und auf ihrer Identität beharren. Das ist kein Nationalismus, nur das Gefühl: Wir wollen wir selbst sein und uns unsere Identität bewahren.

*Das ändert sich sicher, wenn auch langsam, in den nächsten Generationen.*

Das mag sein. Worum es mir geht, ist das Phänomen der lokalen Identität. Plötzlich werden in vielen Teilen Europas Dialekte wiederentdeckt und stärker gebraucht.

*Ich habe solche Ansätze in der Bretagne und in der Provence beobachtet, aber sie erschienen mir recht künstlich und von kleinen Minderheiten betrieben. Vielleicht ist das in Großbritannien anders, etwa in Wales?*

Das Walisische ist eine richtige Sprache, auch wenn es dort nur von etwa 20 Prozent gesprochen wird. Das mag oft künstlich wirken, ich sehe darin jedoch eine Reaktion auf die Ausweitung des Entscheidungsrahmens. An die Stelle der altmodischen Nationalitäten treten immer mehr neue, globale Strukturen, und darauf reagiert man. Betrachten Sie nur die Funktion der englischen Sprache in der Welt. Sie übernimmt allmählich die Rolle des Lateins im Mittelalter als internationale Verkehrssprache. Natürlich waren damals nur wenige so gebildet, während heute fast die Hälfte der Bevölkerung in den entwickelten Ländern, allein schon aufgrund der Technik, genötigt ist, Englisch zu lernen. In Frankreich kann man beobachten, wie diese Nation, die stets größten Wert auf ihre kulturelle und sprachliche Identität legte, auf sich selbst zurückgeworfen ist. Für mich jedenfalls erklären diese globalen Phänomene die Tendenz, zur eigenen Identität zurückzukehren.

*Aber das ist doch kein Nationalismus, in der Regel ist er nicht mit separatistischen Tendenzen verbunden.*

Manchmal schon. Die Europäische Union fördert sogar den Separatismus, weil sie den direkten Kontakt mit den Regionen, an den nationalen Regierungen vorbei, favorisiert. Natürlich ist das nicht zwangsläufig so. So gibt es bei manchen ethnischen Gruppen wie den Italo-Amerikanern in den USA keinerlei Separatismus.

*Aber doch wohl deshalb, weil sie sich, anders als die Kosovo-Albaner, nicht unterdrückt fühlen.*

Ja, natürlich. Aber ich spreche jetzt nicht von den Kosovo-Albanern. Das ist unbestreitbar eine ganz andere Situation, wie auch bei den Kurden und vielen anderen. Worum es mir geht: Der Gebrauch ein und derselben Sprache hat heute nicht mehr unbedingt dieselben politischen Implikationen wie früher.

*Eine Frage noch zum Zusammenhang zwischen Ihrer Periodisierung des 20. Jahrhunderts und den von Ihnen mehrfach zitierten Kondratjew-Wellen des ökonomischen Zyklus. Sie sprechen von der »Sandwich-Struktur« des Jahrhunderts, wonach sich an eine erste Phase schwerer Krisen von 1914 bis 1945 ein Goldenes Zeitalter der Wirtschaft und des Friedens von etwa 1947 bis Mitte der siebziger Jahre anschließt, gefolgt von einer bis heute andauernden erneuten Krisenzeit. Diese drei Phasen umfassen zwischen fünfundzwanzig und dreißig Jahre, und als ebenso lang gelten die von Kondratjew entdeckten Langzeitwellen der ökonomischen Entwicklung. Haben beide Phänomene miteinander zu tun?*

Schwer zu sagen. Wir wissen lediglich, daß Mitte der siebziger Jahre ein großer Wandel einsetzte.

*Die Ölkrise?*

Nicht nur die. Damals ging die Periode des Booms zu Ende, obwohl man das nicht erkannte: es zeichnete sich erst aus der Sicht der achtziger und neunziger Jahre ab. Wann diese Periode endet, ist nicht klar. Als ich »Das Zeitalter der Extreme« schrieb, ließ die Entwicklung der letzten beiden Jahrzehnte eine Depression in den kapitalistischen Ländern wieder möglich erscheinen, und dieser Eindruck verstärkt sich. Immerhin kam es 1980/81 und 1990/91 zu schweren

Rezessionen, und 1997/98 gab es erneut große Einbrüche, vor allem in Asien und Lateinamerika. Zu unserem Glück blieben Europa und Amerika verschont. Also wir wissen nicht genau, wann diese Phase endet. Vielleicht war es ein Fehler, daß ich meine kurze Geschichte des 20. Jahrhunderts mit dem Zusammenbruch der Sowjetunion schloß. Aber die Jahre von 1980 bis 1990 waren ohne Zweifel das Ende eines historischen Abschnitts.

*Falls die Kondratjew-Wellen ein brauchbares Erklärungsmuster liefern, an welchem Punkt der Welle befinden wir uns gerade?*

Ich hätte für ungefähr jetzt den Beginn eines neuen großen Aufschwungs erwartet.

*In den USA scheint er ja begonnen zu haben.*

Das scheint so, aber Sie erinnern sich vielleicht, daß ich in meinem Buch sage, er könne durch die Nachwirkungen des ökonomischen Zusammenbruchs in den sozialistischen Ländern aufgehalten werden. Erst voriges Jahr war die Welt durch den Kollaps in Rußland stark betroffen. Wenn es in den nächsten drei, vier Jahren nicht zu einem größeren Aufschwung kommt, stellt sich womöglich heraus, daß Kondratjew sich geirrt hat, aber vorerst halte ich seine Beobachtung noch für zutreffend.

*Sind Sie eher Pessimist oder Optimist? Mit zweiundachtzig Jahren befindet man sich darüber vermutlich nicht mehr im Zweifel.*

Mich überzeugt der Ausspruch von Gramsci: Pessimismus der Intelligenz, Optimismus des Willens. Natürlich lebe ich nicht mehr so lange, daß der Optimismus des Willens noch große Chancen hat. Für einen Historiker jedenfalls ist der Pessimismus der Intelligenz ein guter Ausgangspunkt.

Das Gespräch führte Joachim Meinert, der auch die Übersetzung aus dem Englischen besorgte. In: Sinn und Form, 1/2000, S. 95-106

# Eine Spezies, die das 20. Jahrhundert überlebt hat, geht nicht unter*

In ihrem Gedicht »Zum Ende des Jahrhunderts« schreibt Wislawa Szymborska:

»Es hätte besser sein müssen als die andern,
unser zwanzigstes Jahrhundert:
jetzt hat es keine Zeit mehr dazu,
Seine Jahre sind abgezählt,
Es steht unsicher auf den Beinen,
Der Atem geht ihm aus.

Zuviel ist schon geschehen
Das nicht hätte geschehen sollen
Und was hätte kommen sollen
Das ist nicht eingetroffen.«

Doch das unglaublichste Jahrhundert in der Geschichte der Menschheit, an dessen Ende wir stehen, erfordert mehr als die skeptische Melancholie der polnischen Dichterin. Es war vor allem ein Jahrhundert der Revolution. Damit meine ich nicht die großen politischen und sozialen Revolutionen in aller Welt, welche es allerdings auch kennzeichneten, sondern die gesellschaftlichen Umwälzungen, die – besonders seit Mitte des Jahrhunderts – das Leben der Menschheit plötzlich und grundlegend verändert haben. Nach dem Fall der Berliner Mauer hörte man viel vom sogenannten »Ende der Geschichte«. Davon hört man heute etwas weniger. Aber noch weniger sind wir uns bewußt, daß wir tatsächlich im Lauf einer einzigen menschlichen Generation, etwa zwischen 1950 und 1975, das Ende

* Die Überschrift wurde von den Herausgebern gewählt.

der bisherigen Geschichte der Menschheit erlebten, nämlich das Ende der jahrtausendelangen Epoche, in der die Menschheit seit dem Neusteinzeitalter lebte, meistens von Ackerbau und Viehzucht und fern von Städten. Ich habe das mal ein bißchen übertrieben – aber nur ein bißchen – so ausgedrückt: »Für 80 Prozent der Menschheit hörte das Mittelalter in den 1950er Jahren mit einem Schlag auf.« Denn im Maßstab der Geschichte – und nicht unserer übrigens auch steil gestiegenen persönlichen Lebenserwartung – sind 25 oder sogar 50 Jahre kaum mehr als ein Augenblick. Das ist die eigentliche soziale Revolution des zwanzigsten Jahrhunderts, der Strom, welcher uns mit beschleunigter Geschwindigkeit in eine unbekannte und mit der Erfahrung der letzten zehntausend Jahre nicht zu bewältigende Zukunft treibt.

Wohin geht sie? Einerseits war das 20. Jahrhundert wohl blutiger und grausamer als alle seine Vorgänger – jedenfalls in absoluten Zahlen. In seinem Lauf sind gegen 200 Millionen Menschen – Männer, Frauen, Kinder – in Kriegen, Hungersnöten, Genoziden und anderen von Menschen einander angetanen gesellschaftlichen Katastrophen untergegangen. Das entspricht etwa einem Zehntel der Weltbevölkerung um das Jahr 1900. Andererseits geht es der Mehrheit der Menschen am Ende dieses Jahrhunderts – allerdings mit tragischen Ausnahmen, wie den Völkern der früheren Sowjetunion und großer Teile Afrikas – heute weit besser als ihren Vorgängern. Denn wir haben auch ein Jahrhundert des atemberaubenden wissenschaftlich-technischen Fortschritts durchlebt, der eine beispiellose materielle Bereicherung der Welt mit sich brachte. Kann man so ein Jahrhundert auf einen Nenner bringen? Sicherlich nicht. Denn wie kann man auch die Bilanz eines Jahrhunderts ziehen, das uns Auschwitz wie Disneyland gebracht hat? Lassen Sie es uns aber doch einmal versuchen.

Heute leben sechs Milliarden Menschen auf dieser Erde – dreimal so viel wie am Anfang des Jahrhunderts. Trotz dieser beispiellosen Beschleunigung des Bevölkerungswachstums, besonders seit 1950, sind diese Menschen im Durchschnitt körperlich größer als ihre Eltern und Großeltern, sie sind im Durchschnitt gesünder, sie können, wenigstens seit den siebziger Jahren, erwarten, die biblische Lebenslänge zu überschreiten. Das Reich der Notwendigkeit ist vorbei. Dank einem beispiellosen und steil ansteigenden Wachstum der Weltwirtschaft leben wir, wenigstens potentiell, im Reich des grenzenlosen Überflusses. Im Lauf des 19. Jahrhunderts, der ersten Epoche der industriellen Revolution, hatte sich das Bruttogesamtprodukt der Weltwirtschaft nicht einmal verdreifacht. Für Anfang dieses Jahrhunderts schätzt man es auf – in Werten von 1990 – circa 200 Milliarden Dollar. Anfang der 1990er Jahre war es mindestens fünfzehnmal so groß, pro Kopf also theoretisch mindestens fünfmal so groß wie gegen 1900.

Leider ist die Theorie weit entfernt von der Praxis. Auch wenn es wohl stimmt, daß es heute den meisten Menschen auf der Erde besser geht als früheren Generationen – denn Afrika und die frühere Sowjetunion, wo es seit Ende des Sozialismus bergab geht, bilden zusammen nur weniger als ein Fünftel der Weltbevölkerung –, so war das 20. Jahrhundert als Ganzes, ganz besonders die zweite Hälfte des Jahrhunderts, doch eine Ära der steil ansteigenden Ungleichheit; Anfang des 19. Jahrhunderts (gegen 1820) war das Bruttosozialprodukt pro Kopf in den reichsten Ländern bloß dreimal so hoch wie in den ärmsten Ländern. Vor dem Ersten Weltkrieg war es schon elfmal so groß. Seitdem erweiterte sich die Kluft zwischen den reichsten und ärmsten Ländern sprungartig: 1960: 30mal so groß, 1990: 60mal so groß, 1997: 74mal so groß. Gemessen am Pro-Kopf-Bruttosozialprodukt standen im Jahre 1997 jedem Deutschen 4351 (viertausendreihunderteinundfünfzig) mal so viel Dollarwerte zur Verfügung wie jedem Äthioper und 641 mal so viel wie jedem Einwohner von Bangladesh. Die internationale Ungerechtigkeit ist also noch viel schreiender als die nationale – denn sogar im ungerechtesten Land der Welt, nämlich in Brasilien, ist der Pro-Kopf-Anteil der wohlhabendsten 20 Prozent »nur« 32 mal so groß wie der der ärmsten 20 Prozent.

Aber nicht nur die Kluft zwischen reichen und armen Ländern vergrößert sich, und zwar ganz besonders scharf im letzten Viertel unseres Jahrhunderts. Auch innerhalb jedes Landes werden die Reichen immer unerhört reicher, und ihr Aufstieg läßt alle anderen unvorstellbar weit hinter sich. Der Reichtum dieser heutigen Multimilliardäre ist unvorstellbar. Die reichsten 200 Personen auf unserem Globus – nota bene, ich meine nicht multinationale Konzerne, sondern einzelne Menschen mit zwei Beinen, die morgens ihr Frühstück essen und sich jeweils auch nur einen Bissen in den Mund schieben können –, diese reichsten 200 besaßen im vorigen Jahr einen kollektiven Vermögenswert von tausend Milliarden Dollar, also ungefähr so viel wie der Wert des Gesamtproduktes der chinesischen Wirtschaft oder ungefähr halb so viel wie das Gesamtprodukt Deutschlands. Und der kollektive Vermögenswert der drei Allerreichsten unter diesen Superkrösussen überschritt den Gesamtwert des Bruttosozialproduktes der 600 Millionen Menschen, die in den sogenannten »am wenigsten entwickelten«, das heißt in den ärmsten Ländern leben. Wir haben es also mit einzelnen Personen zu tun, die sich sozusagen privat mit Staaten messen können – sowohl mit ihren eigenen wie mit anderen. Ich glaube, eine solche Konzentration des Reichtums war nicht einmal in den Zeiten der absoluten Herrscher zu finden. Und die Unwahrscheinlichkeit solcher Ziffern geht schon daraus hervor, daß heutzutage niemand genau weiß, was sie eigentlich bedeuten. Sie beschreiben eine Welt, in der die Beziehung zwischen Geld und Wirklichkeit in die Phantasie ausgeschweift ist.

Dieses enorme Wachstum der globalen Produktion und des globalen Reichtums wäre undenkbar ohne die für unser Jahrhundert charakteristische Globalisierung der Weltwirtschaft, die, wie Marx schon vor 150 Jahren voraussagte, »die Produktion und Konsumtion aller Länder kosmopolitisch gestaltet«. Und diese wieder ruht auf der Revolution im Verkehr und im Kommunikationswesen, die uns von den Eisenbahnen, Dampfschiffen, den Telegraphendrähten und -kabeln des 19. Jahrhunderts so weit entfernt hat wie die Menschen des Jahres 1900 von den Postkutschen. Praktisch wurden im letzten Drittel unseres Jahrhunderts Zeit und Entfernung – ja sogar, wie heute jeder Supermarkt beweist, der ewige Rhythmus der Jahreszeiten – abgeschafft. Wie ungeheuer dies unser Leben umgestülpt hat, können nur die älteren Generationen wirklich begreifen, die diese Revolution selbst erlebt haben. Als ein Teil meiner Familie 1939 von England nach Chile auswanderte, waren sie von Liverpool nach Valparaiso ungefähr sechs Wochen unterwegs. Vor einem Jahr machte ich diese Reise in 15 Stunden. Und per E-mail trennen mich nicht einmal Sekunden von meinen Verwandten in Santiago.

Allerdings sind auch diese Wunder der elektronischen Kommunikation bis jetzt nur einer kleinen Minderheit der Menschen zugänglich, was man zu leicht vergißt. Es gibt mehr Telefone in Kanada als in ganz Afrika, und 91 Prozent aller Benutzer des Internet befinden sich in den wohlhabenden Ländern der OECD, in denen weniger als ein Fünftel der Menschheit lebt. Aber trotz alledem: Das Fernsehen und vor allem das Aufkommen der batteriegefütterten Miniaturradios hat die *große Welt* zu den entferntesten Bevölkerungen gebracht. Und heute, am Ende des Jahrhunderts, wird die Welt Tag und Nacht von einer ununterbrochenen, endlosen, immer überwältigenderen Flut von Informationen überschwemmt, und wir haben uns daran gewöhnt, 24 Stunden am Tag nicht nur Luft, sondern auch durch die Luft Licht- und Schallwellen einzuatmen.

Diese Flut der Informationen kennzeichnet die letzten Dezennien unseres Jahrhunderts. Sie beruht aber nicht bloß auf einer technischen Revolution, sondern auf gesellschaftlichen Umwälzungen, besonders im Bildungswesen und in der Verteilung der Menschen zwischen Stadt und Land. Bis zum 20. Jahrhundert bestand die große Mehrheit der Menschheit aus Analphabeten und lebte auf dem Land, also nicht nur fern vom Lesen und Schreiben, sondern auch fern von den Zentren des Wissens und des Fortschrittes. Das hat im 20. Jahrhundert aufgehört – besonders in der revolutionären zweiten Hälfte dieses Jahrhunderts.

Heute kann, laut den offiziellen Statistiken, die Mehrheit der erwachsenen Menschen lesen und schreiben – jedenfalls außerhalb von 24 meist afrikanischen und islamisch-asiatischen Ländern, welche zusammen weniger als 10 Prozent der Weltbevölkerung bilden. Wir stehen also an der Schwelle einer alphabetisierten Welt, obwohl das an sich nicht viel besagt. Andererseits ist die Mittelschulbildung, die Anfang des Jahrhunderts sogar in Westeuropa bestenfalls drei Prozent der Altersgruppen von 10 bis 19 Jahren erfaßte – meist viel weniger –, im Lauf des Jahrhunderts zur Norm geworden, jedenfalls in den entwickelten Ländern. Was es aber bedeutet, daß heute etwa 150 Länder – wieder, wie gewöhnlich, mit Ausnahme Afrikas und eines Großteils der islamischen Welt – behaupten, daß mehr als die Hälfte der betreffenden Altersgruppen Mittelschulbildung genießt, sei dahingestellt.

Die Hochschulstudenten und -studentinnen waren – mit Ausnahme der USA – bis in die sechziger Jahre demographisch unbedeutende Gruppen von je ein paar Zehntausenden. Daß sich die Dinge seitdem gründlich geändert haben, brauche ich Ihnen kaum zu beweisen.

Ähnlich sieht es mit der Verstädterung der Welt aus. Noch 1950 gab es nur drei Staaten in Lateinamerika, in denen mehr als die Hälfte der Bevölkerung in Städten lebte. Heute ist das in allen 33 Staaten südlich der USA der Fall, außer in ein paar kleinen Republiken in und um die Karibik, die zusammen vier Prozent der Bevölkerung darstellen. Heute leben 46 Prozent der Menschheit in Städten. In 20 Jahren werden es 54 Prozent sein. Zum ersten Mal in der Geschichte wird die Landbevölkerung zur Minderheit – obwohl schon heute das Land praktisch den gleichen Zugang zur Konsumtion der Allgemeinkultur hat wie die Stadt. Allerdings bis heute nicht zu deren Produktion. Fernsehprogramme sind heute auch auf der Alm zugänglich, wo bekanntlich keine Sünd' ist. Fernsehstudios aber sind kaum in Dörfern zu finden.

Trotz dieser globalen Revolution im Zugang zum Wissen ist die Welt auch in dieser Hinsicht wohl ungleicher geworden als am Anfang des Jahrhunderts. Und das aus zwei Gründen: Erstens, weil die hochtechnologisierte heutige Welt ein noch nie dagewesenes Niveau der wissenschaftlich-technischen Bildung voraussetzt, und zweitens, weil dieses eine kleine Handvoll der reichen Länder immer mehr bevorteilt. Woher kommen die ernstzunehmenden Nobelpreise, also die drei naturwissenschaftlichen? Egal in welchem Erdteil geboren, verdienten sich die Preisträger fast ohne Ausnahme ihre Preise an einer Handvoll der Universitäten und Forschungsinstitute in kaum einem Dutzend Länder und, bis zum Ende des Kommunismus, in Rußland. Wissenschaft, wie Kapital, geht hochkonzentriert aus dem 20. Jahrhundert.

Und das, obwohl sich in den letzten dreißig Jahren der außerordentliche Aufstieg der Industrien in Lateinamerika und besonders in Süd- und Ostasien, die Produktion und die Technologie stark globalisiert haben. Südkorea produziert heute mehr als Kanada, die Stadtstaaten Singapur und Hongkong exportieren mehr Elektronik und Büromaschinen als die USA, und Indien schickt dieses Jahr Softwareexporte im Wert von fast 2 Milliarden Dollar in die Welt.

Allerdings ist auch diese Industrialisierung sehr ungleich verteilt. Afrika und die islamische Welt nehmen kaum daran teil, und seit dem Ende des Kommunismus in der UdSSR und in Südosteuropa geht die Industrie in diesen Gebieten katastrophal zurück, anders als im kommunistischen China.

Doch soviel Ungleichheit es auch bringt, das beispiellose Wachstum der Wirtschaft und des Reichtums geht noch immer weiter, wenn auch seit den siebziger Jahren mit etwas verminderter Geschwindigkeit. Eben dieses Wachstum aber hat uns an die Schwelle des größten, weil universalsten Problems der Welt im 21. Jahrhundert gebracht: der Umweltkrise. Am Ende des Jahrhunderts entdeckt die Menschheit, daß die Gefahr der Weltverheerung nicht vom schrecklichen Potential der Zerstörung kommt, das dieses Jahrhundert zum ersten Mal mobilisiert hat, sondern von der noch ungeheureren und schrecklicheren Macht unserer Produktionskräfte. Vor allen anderen steht dieses Problem auf der Tagesordnung des 21. Jahrhunderts. Leider ist hier wenig Platz für Optimismus, denn ein globales Problem ist nur im Weltmaßstab anzugehen, und bis jetzt existieren keine globalen Institutionen mit den nötigen Machtbefugnissen. Die Wirtschaft wird globalisiert, die Wissenschaften, die Technologie, das Feld des Verkehrs und der Kommunikation sind es schon lange, aber eine analoge Entwicklung in der Politik ist nicht zu finden. Hier entscheiden noch immer die Regierungen der international anerkannten Staaten, oder besser gesagt: der Mächtigeren unter ihnen. Deren Interessen sind nur zu selten auf einen Nenner zu bringen. Eine geteilte Welt in der Politik steht einer globalisierten Welt in Wirtschaft, Wissenschaft, Technologie und Verkehr gegenüber. Diese gespaltene Welt geht nun ins 21. Jahrhundert. Wohin geht sie?

Werfen wir einen kurzen Blick auf die Politik. Am Anfang des Jahrhunderts bestand die Welt aus circa 60 international anerkannten Staaten, fast ausschließlich in Europa und Amerika, darunter zehn Kolonialreiche mit ihren abhängigen Territorien. 1913 gab es nur drei unabhängige Staaten in Asien und nur zwei in Afrika. Heute gibt es praktisch keine offiziellen Kolonien und fast 200 Mitglieder der Vereinten Nationen. Außerhalb der amerikanischen Kontinente war Monarchie die Regel. Die Ironie der Geschichte will, daß diese vorsintflutliche Staatsform sich am besten in den wirtschaftlich entwikkelten reichen und demokratischen Ländern gehalten hat, in Europa und Japan. Wenn man von den Duodezfürstentümern der Ölscheichs absieht, gibt es heute außerhalb der OECD nur fünf ernstzunehmende Monarchien: Thailand, Nepal, Saudi-Arabien, Jordanien und Marokko.

Praktisch lebt heute also die große Mehrzahl der Menschheit in Republiken; und seit dem Ende des Kommunismus meist, wenigstens theoretisch, in Verfassungsstaaten unter demokratisch gewählten Regierungen, wie auch die Bürger der meisten Monarchien. Die für die erste Hälfte des Jahrhunderts so charakteristische »totalitäre« Reaktion gegen die liberale Demokratie – ob von rechts oder links – ist abgeflaut. Der Faschismus überlebte den Zweiten Weltkrieg nicht, und seit dem Ende der UdSSR existieren kommunistische Staatsformen nur in Ostasien und Kuba und die Wirtschaft des »Realsozialismus« fast nirgends.

Eine andere Reaktion gegen liberale Verfassungsstaaten war aber fast ebenso charakteristisch für unser düsteres Jahrhundert, nämlich das Militärregime. Es war im 19. Jahrhundert eine fast rein iberisch-lateinamerikanische Spezialität, breitete sich aber in der Zwischenkriegszeit in Europa aus, nach der Dekolonisation auch in Asien und Afrika. Es erreichte seinen Höhepunkt in der Mitte der siebziger Jahre, als ihm nur die drei Hochburgen der Zivilmacht in ihren eigenen Grenzen wirksamen Widerstand entgegensetzten, nämlich die nordatlantischen Liberaldemokratien, die Staaten im Sowjetimperium und Indien. Auch diese Regierungsform ist seither relativ im Rückzug. Wer aber glaubt, die Ära, in der Panzer an Straßenecken erscheinen, sei nun zu ganz zu Ende, dürfte sich täuschen.

Seit dem Ende der Sowjetunion ist die liberale Demokratie zur Weltnorm geworden, und auch in der Praxis ist sie heute weiter verbreitet als je zuvor. Dennoch ist die politische Weltlage kaum als stabil zu betrachten. Erstens, weil, wie die Geschichte aller Kontinente beweist und nicht zuletzt die Europas nach dem Ersten Weltkrieg, eine stabile Demokratie mehr erfordert als die offizielle Einführung der Regierungswahl durch Mehrparteiensysteme und des allgemeinen Wahlrechts. Zweitens, weil am Ende des Jahrhunderts die politische und wirtschaftliche Lage der Welt, sowohl international wie auch innerhalb der nationalen Grenzen, alles andere als stabil ist. Wir leben heute nicht mehr in der Euphorie nach dem Fall der Mauer. Das Ende der Sowjetunion hat weder eine Welt ohne Kriege, eine »Neue Weltordnung« noch einen problemlosen Kapitalismus und den endgültigen Sieg des freien Weltmarktes und der liberalen Demokratie mit sich gebracht.

Es ist heute klar, daß keine einzige Supermacht, nicht einmal die unantastbare militärisch-technische Überlegenheit der Vereinigten Staaten, in der Lage ist, die Welt zu kontrollieren. Die Wirtschaftskatastrophen der späten neunziger Jahre bilden die tiefste Krise der Weltwirtschaft seit den 1930er Jahren, auch wenn sie die Europäische Union und Nordamerika zu unserem Glück bis jetzt nur beschränkt in Mitleidenschaft ziehen.

Die kapitalistische Weltwirtschaft wird auch diese Krise überleben, wie sie die Krise der dreißiger Jahre überlebte. Was aber mit dieser Krise untergeht, ist der Wahnsinn der Ideologie des wirtschaftlichen Neoliberalismus, die man mit Recht als »Marktfundamentalismus« bezeichnet hat. Und wieder will es die Ironie der Geschichte, daß auf ihrem Grabstein gemeißelt das Wort »Rußland« erscheinen wird. Der Versuch, die Sowjetwirtschaft sozusagen über Nacht dem uneingeschränkten Egoismus des freien Marktes auszuliefern, beruhte auf der theologischen Überzeugung unter anderem sehr kluger, wenn auch wirklichkeitsfremder westlicher Experten, daß dieser irgendwie der menschlichen Natur entspreche und daher automatisch und rasch zur Wiederherstellung der durch planwirtschaftliche Pfuscherei zerstörten natürlichen Beziehung zwischen Mensch und Wirtschaft führen müsse. Wir wissen nun, wohin das führte: in die Katastrophe, zum Zerfall der postsowjetischen Wirtschaften, die seit 1989 rund die Hälfte ihres gemeinsamen inländischen Sozialprodukts verloren haben, zum Zerfall der zivilen und militärischen Institutionen des Staates, der Bildung und der Wissenschaft und zur Rückkehr zum geldlosen primitiven Tauschhandel in den Ruinen der früheren Industrie. Und im Sommer 1998 auch zum Krach der internationalen Spekulation in russischen Anleihen, der einen Augenblick lang sogar das feste Gebäude der amerikanischen Finanzwelt ins Beben brachte.

Wie sieht also die Weltpolitik am Jahrhundertende aus? Ich möchte Sie auf drei Problemkreise aufmerksam machen: auf die politischen Folgen des Zusammenbruchs der westlichen kommunistischen Staaten, auf das neue Problem der Kriege und auf die Strukturkrise der Nationalstaaten, die bis jetzt das Leben fast aller Menschen einrahmen.

Zum ersten Punkt. Nicht nur das Gleichgewicht der Supermächte, das die Weltpolitik seit Ende des Zweiten Weltkrieges in hohem Maße stabilisierte, hat mit dem Ende der Sowjetunion aufgehört, sondern auch das System der internationalen Beziehungen, wie wir es seit dem 18. Jahrhundert kannten; das heißt das System der sogenannten »Großmächte«, von deren Beziehung zueinander Krieg und Frieden abhingen, erst in Europa, später in der Welt. Der Sicherheitsrat der UNO mit seinen vetofähigen »permanenten« Mitgliedern stellt noch den Idealtyp dieses Systems dar. Obwohl es bis zum Fall der Mauer alle Kriege der letzten zweieinhalb Jahrhunderte überlebte, existiert dieses System nicht mehr. Es gibt keine internationale Ordnung. Anstelle der Großmacht, welche seit dem frühen 18. Jahrhundert Eurasien zwischen Mitteleuropa und dem Stillen Ozean regierte, gibt es zehn Jahre nach dem Ende der UdSSR nur einen leeren Raum, besetzt von einer Anzahl zusammengebrochener, gelähmter und machtloser, korruptionsgefüllter Staatswesen, und hungernde Völker. In diesem Machtvakuum befinden sich enorme Naturschätze, die sowohl benachbarte Staaten wie westliche Konzerne anlocken, – und Tausende von praktisch unkontrollierten Kernwaffen. Das ist eine ungeheuer gefährliche Situation.

Zum zweiten Punkt: Außerhalb der westlichen Hemisphäre haben seit 1914 Staatenkriege, von begrenzten Konflikten bis zu Weltkriegen, den Globus heimgesucht. Im Augenblick besteht zum ersten Mal seit langer Zeit keine Gefahr eines Weltkrieges. Auch Regionalkriege gibt es am Ende des Jahrhunderts nicht einmal im Mittleren Osten und in Südasien. Und dennoch ist kein Frieden auf der Welt. Im Gegenteil. Es wird in der Welt mehr als je gekämpft und gemetzelt, Soldaten und Flieger aus Europa und Amerika sind heutzutage fast ohne Unterbrechung in oder über fremden Ländern tätig. Die Welt ist unwahrscheinlich voll von Waffen. Noch nie war es für Banden junger

Männer leichter, sich mit den verheerendsten Waffen der modernen Technik zu versorgen. Und es ist wohl nur eine Zeitfrage, bis der florierende internationale Waffenhandel ihnen eine tragbare Kernwaffe verschafft. Seit den schrecklichen Jahren nach dem Zweiten Weltkrieg hat es wohl nie so viele Flüchtlinge, Zwangsauswanderer und Vertriebene gegeben wie die zwölf Millionen, die nach den Schätzungen des UNO-Kommissariats noch vor Kosovo, Timor und dem zweiten Tschetschenienkrieg in der Welt herumirrten.

Wer in diesen Kriegen leidet und stirbt, ist klar: Heute ist es zu 90 Prozent die Zivilbevölkerung, die im Lauf des Jahrhunderts immer mehr zum Ziel der Kriegshandlungen geworden ist. Wer aber gegen wen kämpft, ist viel unklarer, besonders in den Konflikten, die in den Ruinen zerfallender Staaten und Herrschaftssysteme stattfinden. Wie zum Beispiel auf dem Territorium des früheren Jugoslawien. Was sind das eigentlich für Kriege, in denen alles mitmacht: Truppen alter, neuer und hypothetischer Regierungen des Inlands und des Auslands, die Mannschaften der Unternehmer im neuen Geschäft der »Sicherheitskonzerne«, paramilitärische Killer von Beruf oder aus Ideologie und Lust am Terror, Aufständische und Freibeuter, mit oder ohne Uniform, Räuber- oder Erpresserbanden? Kinder mit Maschinengewehren machen die Gegend unsicher, und keiner weiß, wer an der nächsten Straßensperre steht. Alles ist dabei. Und wie im Dreißigjährigen Krieg wächst die Barbarei und die Zerstörung und entrinnt der menschlichen Kontrolle.

Dazu kommt, daß seit dem Ende des Kalten Krieges Staaten leichtsinniger als früher zu den Waffen greifen, eben weil die Gefahr des kollektiven Selbstmordes durch den Nuklearkrieg nicht mehr existiert. Diese Gefahr stabilisierte fast ein halbes Jahrhundert lang die Grenzen der praktisch wehrlosen Territorien zahlreicher neuer und auch mancher alten Staaten – zum Beispiel in Afrika. Heute kämpfen die Truppen von mindestens neun oder zehn afrikanischen Staaten auf dem Boden anderer afrikanischer Republiken als der eigenen. Daß das alte Prinzip der Außenministerien – der Nichteinmischung in die inneren Angelegenheiten international anerkannter Staaten – heute nicht mehr anerkannt wird – aus guten wie auch aus schlechten Gründen –, macht die Lage nur noch gefährlicher.

Die meisten Menschen leben, Gott sei Dank, nicht auf der Balkanhalbinsel, in Zentralasien, um den Kaukasus und in den Mutter-Courage-Landschaften Afrikas. Und dennoch ist das, was sich in jenen unglücklichen Ländern abspielt, uns nicht ganz so fern, wie wir glauben möchten. Denn es ist der pathologische Ausdruck einer Tendenz, welche sich in den letzten vierzig Jahren des Jahrhunderts auch bei uns bemerkbar macht, nämlich in der Entwicklung des Nationalstaats.

Das bringt mich zu meinem dritten und letzten Punkt. Von Mitte des 18. bis zur Mitte des 20. Jahrhunderts läßt sich die Entwicklung des modernen Territorialstaates in drei Sätzen zusammenfassen: Nationalregierungen erzielten und stärkten das Monopol der öffentlichen Ordnung der Waffengewalt und des physischen Zwanges, sowohl nach innen wie nach außen. Die Kontrolle einer immer stärkeren und besser informierten Zentralmacht über ihr Hoheitsgebiet und ihre Bevölkerung wuchs ununterbrochen. Der Staat dehnte andauernd sein Tätigkeitsfeld aus, bis fast alles, was das kollektive und Privatleben seiner Bürger betraf, von ihm abhing. Die Kriege und Revolutionen unseres Jahrhunderts beschleunigten diesen Prozeß. Am Höhepunkt dieser Entwicklung, in den dreißig Jahren nach dem Zweiten Weltkrieg, wurden in fast allen leistungsfähigen Staaten der Welt – und so manchen weniger leistungsfähigen – die Wirtschaften vom Staat geplant oder wenigstens gelenkt, der Staat übernahm die Verantwortung für die Gesundheit, Wohlfahrt und Bildung und nötigenfalls das Einkommen der gesamten Bevölkerung. Die Propheten des Neoliberalismus wie Friedrich von Hayek stellten damals traurig fest: Ob liberal oder konservativ, sozialdemokratisch oder kommunistisch, alle Staaten waren auf dem gleichen Weg.

Sie sind wohl noch immer auf dem gleichen Weg, doch seit ungefähr Ende der 1960er Jahre führt er in die entgegengesetzte Richtung. Er führt in der Politik von der Zentralmacht zur Dezentralisierung, von der staatlichen oder gelenkten zur privatisierten Wirtschaft. Staaten entledigen sich ihrer alten Funktionen wie der staatlichen Post oder der Gefängnisse; ja, heute werden sogar in manchen Fällen statt nationaler Wehrkräfte Privatunternehmen eingesetzt. Gleichzeitig verlieren auch starke Staaten die volle Kontrolle über die öffentliche Ordnung. Wer hätte sich vor dem Zweiten Weltkrieg vorgestellt, daß die Bevölkerung Großbritanniens dreißig Jahre lang einen Bürgerkrieg in Teilen des Königreichs sozusagen in den Rahmen des Alltagslebens einfügte? Wir hoffen, daß er jetzt zu Ende ist, aber dreißig Jahre lang mußten wir für diesen Bürgerkrieg in einem normalen Leben irgendwie Platz machen. Und Großbritannien ist bei weitem nicht das einzige Land, in dem heute bewaffnete Gruppen neben dem Staat bestehen, und, obwohl klein, doch nur mit großer Schwierigkeit und riesigen Kosten in Grenzen zu halten sind.

Mehr noch: Seit den sechziger Jahren gibt es zum ersten Mal nationalistische und separatistische Bewegungen, welche die Existenz alter und festgefügter Staatsgebilde in Frage steilen, zum Beispiel in Großbritannien, Spanien, Italien. In großen Teilen der Dritten und früheren sozialistischen Welt ist diese Tendenz zum Zerfall des Staates viel weiter fortgeschritten. Die alten Grenzen mögen noch bestehen, aber was sie umschließen, sind keine funktionsfähigen Staaten, sondern Kraftfelder und Kriegsschauplätze wie – ich denke nur an Afrika – Sierra Leone, die unglücklichen einstigen Kolonien Belgiens in Zentralafrika, Liberien, Guinea-Bissau, Somalia sowie große Teile Angolas und des Sudan. Vor hundertfünfzig Jahren war es normal, daß eine lateinamerikanische Regierung in entlegenen Provinzen nichts zu sagen hatte – aber nicht einmal Oberst Aureliano Bundia, der Held des wunderbaren Romans von Garcia Marquez, hätte erwartet, daß am Ende des Jahrhunderts die Nationalregierung von Kolumbien keine Kontrolle über 40 Prozent ihres Territoriums ausüben kann. Und über den Balkan, den Kaukasus und ähnliche Gebiete brauche ich wohl kein weiteres Wort zu verlieren.

Kurz gesagt, der Nationalstaat beendet das Jahrhundert, welches ihm zu seiner größten Macht verhalf, unter mehrfachem Druck: Von oben drohen ihm eine unkontrollierbare und globalisierte Weltwirtschaft sowie übernationale Gebilde wie die Europäische Union. Von unten höhlen ihn separatistische und – praktisch von der EU unterstützte – regionalistische Bewegungen aus sowie der heutige Hang zur Dezentralisierung. Unsicher, dunkel und gefährlich bedroht ihn zudem von außen die internationale Lage seit dem Kalten Krieg, und innerhalb seiner Grenzen schwindet seine Macht, und die Schwächung der Beziehung zu seinen Bürgern findet zum Beispiel in der fallenden Wahlbeteiligung Ausdruck. Die USA ist wohl ein Grenzfall, doch daß 1998 nur 36 Prozent der Wahlberechtigten an der Kammerwahl teilnahmen, ist beängstigend.

Was geht aus diesem globalen Überblick am Ende unseres Jahrhunderts hervor? Ich glaube, hier ist der bekannte Ausspruch Antonio Gramscis am Platz: »Pessimismus der Intelligenz, Optimismus des Willens«. Wie dramatisch das 20. Jahrhundert versagt hat, ist uns allen klar, besonders in politischer und gesellschaftlicher Hinsicht. Man könnte daher bezweifeln, ob die Menschen überhaupt zur Lösung ihrer Probleme fähig sind. Der Irrsinn des theologischen Glaubens an den uneingeschränkten freien Markt, die Absage fast aller Regierungen der geschichtlichen Linken an das schöne Ziel der Aufklärung, nämlich die Weltverbesserung, sind wohl Symptome eines solchen Pessimismus. Meiner Ansicht nach ist aber eine Ohnmachtserklärung vor den großen Problemen des 21. Jahrhunderts, wie zum Beispiel dem Umweltproblem, weder möglich noch notwendig. Noch kann man sich, wie es heute wieder Mode ist – ich denke hier an den heute viel gedämpfteren Herrn Fukuyama –, mit dem Argument trösten, am Ende werde ein sozialer Darwinismus doch irgendwann und irgendwie lebensfähige Gesellschaften hervorbringen.

Wenn sie überhaupt lösbar sind, können weder die kleinen noch die großen Probleme des angehenden Jahrhunderts ohne bewußte, kollektive menschliche Entscheidungen angegangen oder gar gelöst werden. Und historisch erfordert das, wie Max Weber erkannte, den Glauben an die Möglichkeit der Weltveränderung durch menschliche Aktion. Wie einmal Oscar Wilde sagte: Keine Weltkarte taugt etwas, die nicht die Insel Utopia enthält – wir können zwar nie auf ihr landen, aber ohne auf sie zuzusteuern, erreicht die Menschheit die erreichbaren Ziele auch nicht. Wir brauchen die Hoffnung an eine bessere, gerechtere, lebenswertere und lebensfähigere Gesellschaft. Wir brauchen den Glauben, daß der Aufbau einer solchen Gesellschaft das Hauptziel der Politik ist. Wird sie das 21. Jahrhundert wiederbringen?

Ist sonst noch Platz für Hoffnung? Doch. Die Menschheit hat das 20. Jahrhundert überlebt: eine der schwärzesten Epochen in der Geschichte, ein Jahrhundert, das uns allen die Macht und das Potential der menschlichen Barbarei klargemacht hat, die Unfähigkeit, die

Fehleinschätzungen, die fast grenzenlose Fähigkeit zur Selbsttäuschung unserer Führer, die Dummheit, Ignoranz und Blindheit ihrer Völker. Und wir haben dieses Jahrhundert doch überlebt. Wir sind noch da, dreimal so zahlreich wie am Anfang des Jahrhunderts, größer, langlebiger und gesünder. Mehr noch, allen seinen Katastrophen zum Trotz – und sie sind noch nicht zu Ende – war es ein Jahrhundert des erstaunlichen Fortschrittes. Das Leben und die Lebenschancen im Jahre 2000 sind für die große Mehrheit der Menschen unvergleichlich besser als für ihre Vorfahren im Jahre 1900.

Mit der Welt am Jahrhundertende steht es nicht gut. Wenn Sie mir bis jetzt zugehört haben, werden Sie mich nicht beschuldigen, daß ich ihre Probleme unterschätze. Wenn ich aber bedenke, wie die Menschheit am Ende der Ära dasteht, die Isaiah Berlin als »das schrecklichste Jahrhundert in der Geschichte des Westens« bezeichnet hat, dann fühle ich mich doch berechtigt zu einem bescheidenen, einem äußerst bescheidenen Optimismus: Eine Spezies, die wie die Menschheit so das 20. Jahrhundert überlebt hat, die geht nicht unter.

Unter dem Titel »Das 20. Jahrhundert: Zeitalter der Extreme« erschienen in: Berliner Lektionen, C. Bertelsmann Verlag AG, Gütersloh, 2000, S. 205-219.

# Die USA wollen die Weltherrschaft

*Professor Hobsbawm, Sie haben das 20. Jahrhundert das mörderischste in der Geschichte der Menschheit genannt. Müssen wir uns nach den Terroranschlägen des 11. September und der drohenden Verbreitung von Massenvernichtungswaffen nicht auf noch schlimmere Rückfälle in die Barbarei gefaßt machen?*

Nein. Obwohl im neuen Jahrhundert Kriege zu erwarten sind, unter denen wieder Zivilisten am meisten leiden werden, sind doch Weltkriege eher unwahrscheinlich.

*War der 11. September nicht eine historische Zäsur?*

In keiner Weise, Terrorismus ist alles andere als neu. Hier in England hatten wir beispielsweise 30 Jahre lang ein Problem mit der IRA. Spanien muß noch immer mit den Bomben der ETA leben. Neu ist nur, daß ein gewaltiger ausländischer terroristischer Angriff die USA traf. Dies war für die Amerikaner, die sich für allmächtig und gegen jede Gefahr gefeit fühlten, der große Schock.

*Aber wir haben es doch auch mit einer neuen Dimension von Terrorismus zu tun.*

Die allermeisten terroristischen Bewegungen wählen eher einzelne Symbolfiguren als Ziele aus und versuchen nicht, eine größtmögliche Zahl von Zivilisten umzubringen. Gleichwohl haben die Anschläge vom 11. September nicht im Geringsten die strategische Situation verändert: Die USA bleiben ebenso immun gegen Angriffe von außen, wie sie es bisher waren.

*Gegen Angriffe vielleicht, aber nicht gegen Terroranschläge.*

Die Anschläge haben bei den Amerikanern ein riesiges Trauma verursacht. Sie bedeuteten auch eine enorme öffentliche Erniedrigung für die Vereinigten Staaten, denn die angegriffenen Ziele symbolisierten ihre wirtschaftliche und militärische Macht. Amerikaner reagieren sehr, sehr empfindlich auf Erniedrigungen.

*Gibt es nicht doch ein neues Bedrohungspotenzial, zum Beispiel, daß Terroristen in den Besitz von biologischen und chemischen Waffen oder einer Atombombe gelangen könnten?*

Die al-Qaida-Kommandos haben Flugzeuge mit Hilfe von Teppichmessern entführt. Eine neue Qualität liegt allein in der Bereitschaft der Attentäter, Selbstmord zu begehen.

*Jemand, der auf diese Weise Selbstmord begeht, würde auch chemische oder nukleare Waffen einsetzen.*

Sicher, aber was hat die Gefahr der Proliferation mit dem 11. September zu tun? Sie besteht verstärkt schon seit den frühen neunziger Jahren, vor allem weil noch immer eine Menge nukleares Material aus alten Sowjet-Arsenalen herumvagabundiert. Die Welt starrt vor Waffen.

*Osama Bin Laden wollte sich eine Atombombe beschaffen.*

Er ist nicht der Einzige, der gern eine Atombombe hätte. Doch man mußte nicht auf den 11. September warten, um sich darüber Sorgen zu machen.

*Jedenfalls betreiben die USA seit den Anschlägen eine aggressive Außenpolitik gegen potenzielle Terroristenförderer.*

Die Anschläge haben dazu geführt, daß sich in Washington eine Politik herauskristallisierte, die bereits seit dem Ende des Kalten Krieges entwickelt wurde: eine Politik, die zum Ziel hat, sich als dominante Macht dieser Welt zu etablieren.

*Sind die USA nicht ohnehin seit dem Kollaps der Sowjetunion die einzige Supermacht und globale Autorität, die bewaffnete Konflikte kontrollieren und regeln kann?*

Die einzige globale Autorität sind die Vereinten Nationen, und die haben keine Macht. Sie sind von einem Sicherheitsrat abhängig, in dem die USA und andere Mächte ihr Veto einlegen können. Es ist erstaunlich, daß die Globalisierung wirtschaftlich, wissenschaftlich, technisch und sogar kulturell weit vorangeschritten ist, nicht aber in der Politik. Die Nationalstaaten sind die einzigen wirkungsvollen politischen Einheiten geblieben. Knapp 200 an der Zahl, doch nur eine Hand voll davon zählt – mit den Vereinigten Staaten als überwältigender Macht.

*Und der Präsident dieser dominanten Macht hat nun eine »Achse des Bösen« ausgemacht. Die Amerikaner neigen offenbar zu manichäischen Kreuzzügen.*

Das manichäische Denken in Schwarz und Weiß, Gut und Böse war stets in der Politik der Vereinigten Staaten stark ausgeprägt. Es gibt den deutschen Ausdruck vom »Primat der Innenpolitik«. Er traf besonders für die USA zu mit ihrer demokratischen Öffentlichkeit. Um außenpolitische Vorhaben durchzusetzen, muß man sie in den Vereinigten Staaten innenpolitisch begründen. Also sagt man, Amerika sei bedroht, von einer unmoralischen, nahezu satanischen Macht. Das war so im Kalten Krieg, und so ist es auch jetzt wieder.

*Wie beurteilen Sie die Pläne des Pentagon, unter Umständen Mini-Atomwaffen – auch gegen China und Rußland – einzusetzen?*

Man ist bisher davon ausgegangen, daß Atomwaffen ausschließlich die Aufgabe haben, vor dem Gebrauch von Atomwaffen abzuschrecken. Die USA haben seit dem Verlust ihres Nuklearmonopols während des Kalten Krieges niemals wirklich ernsthaft ihren Einsatz erwogen. Atomwaffen offensiv gegen andere Nuklearmächte oder sogar gegen Länder, die keine Atomwaffen besitzen, einzusetzen, betrachte ich als amoralisch und vollkommen inakzeptabel. Nur eine Macht, die nach absoluter globaler Vorherrschaft strebt, kann das überhaupt in Erwägung ziehen.

*Sehen Sie einen Unterschied zwischen republikanischen und demokratischen US-Präsidenten und ihren Regierungen?*

Nicht wirklich. Clintons Auftreten gegenüber Lateinamerika war genauso imperialistisch wie das jetzige Auftreten von George W. Bush gegenüber der gesamten Welt.

*Zur militärischen und politischen Dominanz der USA kommt auch noch die wirtschaftliche hinzu.*

Der US-Wirtschaft kommt entgegen, daß das Land, und damit ihr Binnenmarkt, so groß ist und daß sie politisch von der Regierung unterstützt wird. Auch auf internationale Institutionen wie Weltbank und Weltwährungsfonds hat die US-Regierung einen großen Einfluß. Nur Europa können die Amerikaner nicht so leicht unter Druck setzen.

*Das Imperium Romanum begann auseinander zu brechen, als die Römer gleichzeitig Germanen, Perser und andere Barbaren niederhalten mußten. Die USA haben 65 größere Militärstützpunkte auf der ganzen Welt. Können sie auf Dauer den ganzen Planeten kontrollieren?*

Das ist die entscheidende Frage. Die Amerikaner konnten ganz allein den Krieg in Afghanistan gewinnen, und sie könnten wohl auch in jedem anderen Krieg obsiegen, außer gegen China. Nein, den Planeten können sie nicht kontrollieren.

*Der Krisenkontinent des 21. Jahrhunderts ist Asien?*

Daß die Konfliktfelder nicht mehr mitten in Europa liegen, ist ein wichtiges Ergebnis des Zweiten Weltkriegs. Was wir weltweit besonders seit den siebziger Jahren des 20. Jahrhunderts erlebt haben, ist eine Schwächung von staatlichen Strukturen und ein Anstieg an internen Konflikten, die wiederum Interventionen von außen provozieren. Der Balkan und Afghanistan sind Beispiele dafür, und in dem großen Gebiet, das sich von Nordafrika bis an die Grenzen Chinas erstreckt, gibt es viele potenzielle Krisenherde. Man muß sich wirklich über die gegenwärtige amerikanische Politik sorgen, weil die Bush-Regierung offensichtlich keine langfristigen Pläne hat. So wie sie agiert, wirft sie brennende Streichhölzer auf die gesamte Region zwischen dem Nil und der chinesischen Grenze – wo eine Menge Sprengstoff liegt.

*Vor allem, so wird den Amerikanern vielfach unterstellt, gehe es ihnen um die Sicherung der Rohstoffe, an erster Stelle des Öls.*

Sie wollen mehr. Die USA wollen die Weltherrschaft. Seit dem Zweiten Weltkrieg haben sie dieses Ziel verfolgt. Aber in den westlichen Ländern hat sich niemand dafür interessiert, schließlich machte man im Kalten Krieg gemeinsame Sache gegen die Sowjetunion. Einzig die Franzosen haben es stets so gesehen, daß die Amerikaner unter anderen Umständen eine erhebliche Gefahr darstellen könnten.

*Eine Weltherrschaft läßt sich aber schwerlich ohne Bodentruppen absichern, ob nun in Afghanistan oder im Irak.*

Nein, ohne Bodentruppen geht das nicht. Und einer der entscheidenden Vorteile von Großmächten aus dem 19. Jahrhundert existiert nicht mehr, nämlich daß eine legitime und mächtige Regierung zivilen Gehorsam abfordert. Die Habsburger konnten problemlos 40 Jahre lang Bosnien und Herzegowina beherrschen, während es heute Zehntausender ausländischer Soldaten bedarf, um zu verhindern, daß dort alles in Stücke geschossen wird. Für die USA wirft das ein großes Problem auf: Sie wollen die Welt mittels Hightech beherrschen, bei minimalen Auswirkungen auf das Leben in Amerika. Und das geht nicht.

*Dennoch wollen die Vereinigten Staaten jetzt gegen die »Achse des Bösen« zu Felde ziehen, gegen Nordkorea, Iran und den Irak.*

Die Vorstellung, daß die Vereinigten Staaten durch diese drei Länder bedroht seien, ist lächerlich. Ich bin mir sicher: niemand in Washington macht sich ernsthaft Sorgen über Nordkorea, den Irak oder Iran.

*Als Herren der Welt boykottieren die USA nicht nur das Klima-Abkommen von Kyoto, sondern eine ganze Reihe anderer wichtiger internationaler Verträge, wie den gegen Landminen. Hoffnung auf eine Rückkehr zum Multilateralismus gibt es unter Bush wohl kaum?*

Die Vereinigten Staaten sind auf Grund ihrer Erfahrungen in der westlichen Hemisphäre an die Idee umfassender Vorherrschaft gewöhnt. Sie hoffen, daß sie diese Hegemonie auch im Rest der Welt durchsetzen können, aber ich denke, dieser Planet ist zu groß und kompliziert dafür. Die Berufskrankheit einer Weltmacht ist der Größenwahn.

*Gibt es eine Kur dagegen?*

Die Amerikaner müssen lernen, daß es Grenzen ihrer Macht gibt, so wie die Briten das im 19. Jahrhundert gelernt haben.

*Da hieß es aber auch »Rule Britannia«.*

Doch die Führer des britischen Empire waren klug genug, der Ambition zu widerstehen, alle Welt zu kontrollieren.

Die Vereinigten Staaten sind ein revolutionäres Land, und deshalb wollen sie, daß der Rest der Welt genauso sein soll wie sie selbst. Dabei ist das amerikanische System äußerst speziell und nicht exportierbar.

*Immerhin ein sehr stabiles System.*

Die Art der Gewaltenteilung führt zu dem kuriosen Ergebnis, daß niemand Politik macht. Die Politik macht sich selbst. Es gibt Leute mit politischen Konzepten und Projekten, aber es bedarf einer besonderen Situation, sie umzusetzen. Das amerikanische Beispiel zeigt, daß es auch ohne clevere Leute geht. Amerika ist dafür geeignet, vom Mittelmaß regiert zu werden.

*Wie das?*

Zu meinen Lebzeiten mußten drei amerikanische Präsidenten – Roosevelt, Kennedy und Nixon – unvorhergesehen von Vizepräsidenten ersetzt werden, die nicht wegen ihrer Fähigkeiten zum Regieren ausgewählt worden waren. Und das machte in der Politik überhaupt keinen Unterschied.

*Trotz Ihrer Kritik an den USA haben Sie geschrieben, daß dieses Land in vielerlei Hinsicht »das Beste des 20. Jahrhunderts« darstellt, den »größten Erfolg«.*

Die Amerikaner haben die effektivste und mächtigste Wirtschaft der Welt aufgebaut und als erste Massen-Wohlstand geschaffen. Vielleicht der positivste Aspekt der Vereinigten Staaten ist, daß sie den Leuten den Glauben gaben, daß man die Dinge tun kann, die man tun will. Sie haben Selbstvertrauen gegeben. Und sie haben niemals die Tore für Zuwanderer zugesperrt.

*Gehört zu der US-Außenpolitik neben sehr viel Selbstvertrauen aber nicht auch die Inkonsistenz und Sprunghaftigkeit? Die USA haben Saddam Hussein gegen Iran unterstützt, Milosević hofiert, die Taliban mit an die Macht gebracht.*

Ich würde es nicht Inkonsistenz nennen, es ist Taktlosigkeit und kurzfristiges Denken. Außerdem sind die USA in der Weltpolitik nicht besonders erfahren. Wie lange ihr Empire bestehen kann, hängt davon ab, ob sie Satelliten finden, die sie unterstützen.

*Ist der militante Islam nun der gefährlichste Feind der USA?*

Der Islam ist keine Gefahr für Amerika, weil er ein Phänomen der Dritten Welt ist und die USA jedes Land in der Dritten Welt mit ihren Bomben zerstören können. So einfach ist das. Das wirkliche Problem der amerikanischen Außenpolitik ist heutzutage Israel. Auch hier zeigt sich das Primat der Innenpolitik, in Gestalt der mächtigen Israel-Lobby in den USA. Aber sie steht gegen das nationale Interesse der USA, sich aus energiepolitischen Erwägungen mit den arabischen Staaten gut zu stellen. Nun wollen die USA den Irak angreifen, und Israel ist dabei der einzige Verbündete.

*Sie vergessen den hiesigen Premierminister Tony Blair, obwohl es in der Labour Partei deswegen auch schon kräftig rumort.*

Ja sicher, Tony Blair. Wenn es einen potenziellen Satellitenstaat der USA gibt, dann ist es Großbritannien. Das ist eine wirkliche Schwäche Europas: Jemanden unter sich zu haben, der stets garantiert das tut, was die Amerikaner tun.

*Wie sollen sich die Europäer zu einem möglichen Krieg gegen den Irak stellen?*

Der Krieg gegen den Irak wird ein entscheidender Test werden.

*Wäre Saddam Hussein gerissen, würde er wieder UNO-Waffeninspektoren ins Land lassen.*

Mich erinnert die Situation an den Ausbruch des Ersten Weltkriegs 1914. Damals stellte Österreich den Serben ein Ultimatum, das diese gar nicht annehmen konnten. Die Amerikaner werden Saddam ein ähnliches Ultimatum stellen. Und dann werden wir sehen, ob die Amerikaner es – anders als im Golfkrieg – nahezu auf sich allein gestellt versuchen und schaffen werden, Saddam zu stürzen.

*Sollen die Europäer dabei mitmachen?*

Es gibt keinen vernünftigen Grund, warum die Europäer sich auf Seiten der Amerikaner engagieren sollten.

*Dann werden uns die Amerikaner vorwerfen, wir seien Feiglinge und Weicheier, welche die Gefahr der Verbreitung von Massenvernichtungswaffen nicht ernst nehmen.*

Nun denn. Es gibt keine große Gefahr, die mit dem Sturz Saddams überwunden würde. Aber wenn er gestürzt würde, könnte die gesamte Region in Chaos und Krieg versinken.

*Könnte über solch einen Konflikt die transatlantische Freundschaft in die Brüche gehen?*

Ich glaube, die alte Idee in Europa, es gäbe naturgemäß eine familiäre Beziehung mit den USA, gilt nicht mehr. Sie ist ein Überbleibsel des Kalten Krieges, und den Kalten Krieg gibt es nicht mehr. Europa sollte seine eigene Politik entwickeln.

*Das würde dann aber wohl die Nato sprengen.*

Die Nato hat hoffentlich ausgedient. Sie hat ohnehin keine Funktion mehr seit dem Ende des Kalten Krieges. Der Krieg in Afghanistan hat ebenfalls gezeigt, daß sie nutzlos ist. Nicht einmal die Amerikaner brauchen die Nato mehr.

*Aber welches Sicherheitssystem sollte an die Stelle der Nato treten?*

Europa braucht gemeinsame, nicht von den USA abhängige Streitkräfte, um Interventionen wie auf dem Balkan leisten zu können. Was es nicht braucht – da es in keiner Weise mehr militärisch bedroht ist –, ist ein Verteidigungsbündnis wie die Nato. Wir sollten uns von der überholten Idee, daß Europa unentwegt Krieg droht, endlich verabschieden.

*Herr Hobsbawm, wir danken Ihnen für dieses Gespräch.*

In: DER SPIEGEL vom 18. März 2002, S. 142-149.

# Rücksichtslose und zänkische Diva der Weltpolitik – Das britische und amerikanische Weltreich im Vergleich*

Die derzeitige Weltlage ist ein historisches Novum. Die großen Weltreiche früherer Epochen, das Spanische Reich des 16. und 17. Jahrhunderts und das britische Empire im 19. und 20. Jahrhundert, sind mit dem Imperium der Vereinigten Staaten der Gegenwart kaum zu vergleichen. Die Globalisierung besitzt eine völlig neue Qualität, die sich an drei Aspekten festmachen läßt: an dem weltumfassenden Integrationsprozeß, an der technologischen Entwicklung und an den politischen Strategien.

Aspekt Nummer eins: Völlig alltägliche Operationen überall in der Welt sind derart ineinander verzahnt, daß eine Störung ihres Ablaufs sofort globale Auswirkungen hat: Das zeigt sich etwa im Fall der Infektionskrankheit Sars, die irgendwo in China ausgebrochen ist, aber binnen Tagen zu einer globalen Erscheinung wurde. Seitdem hat Sars nicht nur den weltweiten Personen- und Warenverkehr beeinträchtigt, sondern auch internationale Konferenzen und Institutionen, die globalen Märkte und sogar ganze Volkswirtschaften – und dies in einem zuvor undenkbaren Tempo.

Aspekt Nummer zwei: Die permanente technologische Revolution ist auf wirtschaftlicher wie militärischer Ebene zu einem ungeheuren Machtfaktor geworden. Ohne avancierte militärische Technologie kann kein Staat heute im globalen Maßstab Macht ausüben. Doch nur sehr große Staaten können militärtechnologisch mithalten. Dieses Kriterium der Größe spielte früher keine Rolle. Großbritannien etwa

* Die Überschrift wurde von den Herausgebern geändert.

war im 18. und 19. Jahrhundert, als es über das größte Weltreich seiner Epoche gebot, ein für damalige Maßstäbe lediglich mittelgroßer Staat. Und noch im 17. Jahrhundert konnte ein Staat wie die Niederlande eine wichtige weltpolitische Rolle spielen. Heute hingegen reicht es für einen Staat, der Weltmachtambitionen hat, nicht aus, wirtschaftlich stark und technologisch führend zu sein.

Der dritte Aspekt hat mit der Komplexität des politischen Systems zu tun. Die Epoche der Nationalstaaten ist nicht vorüber, und diese – nationale – Ebene ist nach wie vor die einzige, auf der Globalisierung nicht funktioniert. Das gilt zumindest für die Art Staat, in dem der einfache Bürger noch eine wichtige Rolle spielt. In der Vergangenheit konnten die politischen Entscheidungsträger über den Staat verfügen, ohne allzu viel Rücksicht auf die Meinung der Bevölkerungsmehrheit zu nehmen. Noch während des 19. und zu Anfang des 20. Jahrhunderts konnten Regierungen davon ausgehen, das Volk im Prinzip hinter sich zu haben. Seither jedoch müssen sie mehr denn je den Willen der Bevölkerung und deren Handlungsbereitschaft in ihre Politik einbeziehen.

Im Gegensatz zum imperialen Projekt der Vereinigten Staaten – und dies ist in anderer Hinsicht etwas Neues – wußten alle früheren Großmächte und Weltreiche, daß sie nicht isoliert und nicht die Einzigen ihrer Art waren. Keines von ihnen strebte ernsthaft nach alleiniger Weltherrschaft. Auch hielt sich keines für unverwundbar, selbst dann nicht, wenn es sich im Zentrum der Welt wähnte, wie China oder das Römische Reich auf dem Gipfel seiner Macht. Die größte Gefahr, die dem internationalen System vor dem Kalten Krieg drohte, war das Streben nach regionaler Vorherrschaft – wobei die globale Reichweite staatlicher Macht, wie sie nach 1492 möglich wurde, nicht mit Ambitionen zur Weltherrschaft zu verwechseln ist.

Im 19. Jahrhundert war das britische Empire das einzig tatsächlich »globale«, insofern sich seine Aktivitäten rund um die Erde erstreckten. Und in diesem Sinne kann man es als Vorläufer des US-Empires bezeichnen. Das kommunistische Rußland dagegen träumte zwar auch von einer weltverändernden Rolle, aber selbst auf dem Gipfel sowjetischer Macht wußte man im Kreml sehr wohl, daß die Weltherrschaft unerreichbar war. Es wurden nie ernsthafte Anstrengungen in diese

Richtung unternommen, auch wenn die Rhetorik des Kalten Krieges zuweilen anders klang.

Aber die Ambitionen der Vereinigten Staaten heute und die Großbritanniens vor über hundert Jahren unterscheiden sich erheblich voneinander. Erstens erstrecken sich die USA über ein riesiges Territorium und sind auch nach der Einwohnerzahl eines der größten Länder der Erde, mit wachsender Bevölkerungszahl (im Gegensatz zur Europäischen Union), da sie weiterhin fast unbegrenzt neue Einwanderer aufnehmen.

Zudem gibt es Unterschiede des politischen Stils. Auf dem Gipfel seiner Macht besaß und verwaltete das britische Empire ein Viertel der Erdoberfläche.[1] Die USA dagegen waren niemals eine echte Kolonialmacht, sieht man von einer kurzen Zeitspanne am Ende des 19. und Beginn des 20. Jahrhunderts ab, also während der Hochzeit des kolonialen Imperialismus. Die USA stützten sich vielmehr auf abhängige bzw. Satellitenstaaten, und zwar vornehmlich innerhalb der westlichen Hemisphäre, wo sie so gut wie konkurrenzlos agieren konnten. Zudem verfolgten die USA im 20. Jahrhundert – im Gegensatz zu Großbritannien – eine Politik der bewaffneten Intervention in diesen Staaten.

Da zu früheren Zeiten die Kriegsflotte die entscheidende Waffe eines Weltreichs war, hat Großbritannien überall strategisch wichtige Marinestützpunkte und Versorgungshäfen in seinen Besitz gebracht. Von Gibraltar über St. Helena bis zu den Falklandinseln wehte – und weht – der Union Jack. Für die Vereinigten Staaten dagegen entstand der Bedarf an solchen Stützpunkten – sieht man von denen im Pazifischen Ozean ab – erst nach ihrem Eintritt in den Zweiten Weltkrieg 1941. Doch diese Stützpunkte erwarben sie im Übereinkommen mit einer »Coalition of the Willing«, wie man sie damals zu Recht nennen konnte. Heute stellt sich die Situation ganz anders dar. Die USA haben erkannt, daß sie die direkte Kontrolle von sehr vielen militärischen Stützpunkten über die indirekte Kontrolle von Ländern sicherstellen müssen.

---

1 Siehe dazu: Eric Hobsbawm, »Das imperiale Zeitalter. 1875-1914«, Frankfurt/M. (Campus) 1992.

## Das Commonwealth als Keimform der Globalisierung

Zum Dritten besteht ein großer Unterschied in der Struktur der innerstaatlichen Machtausübung und der entsprechenden Ideologie. Das britische Empire betrieb Weltpolitik im britischen, nicht etwa in einem universell begründeten Interesse, wobei natürlich seine Propagandisten die nationalen Motive zuweilen auch in altruistischen Formeln artikulierten. Zum Beispiel wurde die britische Seemacht auch mit dem Kampf um die Abschaffung des Sklavenhandels legitimiert, so wie die USA ihre militärische Macht heutzutage des Öfteren mit dem Kampf für die Menschenrechte rechtfertigen. Ähnlich wie das revolutionäre Frankreich am Ende des 18. und das revolutionäre Rußland am Beginn des 20. Jahrhunderts sind die USA eine Großmacht, die sich auf eine universalistische Revolution beruft. Das heißt, sie ist im Grunde der Meinung, die übrige Welt habe ihrem guten Beispiel zu folgen beziehungsweise müsse befreit werden. Es gibt kaum etwas Gefährlicheres als ein Empire, das seine eigenen Interessen in dem Glauben verfolgt, damit der ganzen Menschheit einen Dienst zu erweisen.

Das britische Empire war zwar in gewisser Hinsicht sogar noch globaler als die heutigen Vereinigten Staaten, denn seine Flotte beherrschte die Weltmeere so unangefochten und eindeutig, wie keine Macht von heute den globalen Luftraum kontrolliert. Aber Großbritannien strebte nicht nach globaler Macht – nicht einmal nach militärischer und politischer Kontrolle zu Lande in Europa oder Amerika. Das britische Empire diente den ökonomischen Interessen Großbritanniens, wobei es sich so wenig wie möglich in fremde Angelegenheiten einmischte. Es war sich der eigenen Grenzen durch seine geographische Größe und seine Ressourcen stets bewußt und hat nach 1918 seinen Niedergang auch völlig klar gesehen.

Auf der anderen Seite war das weltweite Empire der ersten Industrienation in gewisser Weise eine Keimform der Globalisierung, zu deren Entfaltung die britische Volkswirtschaft sehr viel beigetragen hat. Es war vor allem ein System des internationalen Handels, das im Laufe der Entwicklung seiner heimischen Industrie vor allem auf dem Export seiner industriellen Fertigwaren in die weniger entwickelten Länder basierte. Im Gegenzug wurde Großbritannien zum wichtigsten Import-Markt für Rohstoffe aus aller Welt.[2] Und als es später seine Rolle als industrielles Fertigungszentrum für die Welt einbüßte, entwickelte es sich zum Zentrum des globalen Finanzsystems.

Anders die Volkswirtschaft der USA. Ihr Hauptmerkmal war zunächst, daß sie die heimische Industrie auf dem potenziell gigantischen Binnenmarkt gegen ausländische Konkurrenz schützte, ein Protektionismus, der noch heute ein wesentliches Element der US-Politik ist. Doch zu Beginn des 21. Jahrhunderts nimmt die US-Ökonomie keine so dominante Stellung unter den heutigen Industrieländern mehr ein wie noch vor einigen Jahren.[3] Darin zeigt sich eine entscheidende Schwäche des US-Empires. Die USA importieren heute riesige Mengen industrieller Fertigwaren, was sowohl bei den einheimischen Produzenten als auch bei den Wählern nach wie vor protektionistische Reflexe auslöst. Es existiert ein Widerspruch zwischen der Ideologie einer weltweit dominierenden und von den USA beaufsichtigten Freihandelspolitik einerseits und den Interessen wichtiger innenpolitischer Kräfte, die sich durch diese Ideologie kompromittiert fühlen.

Die Entwicklung der Rüstungswirtschaft stellt eine probate Möglichkeit dar, dieses Problem zu lösen. Und hier zeigt sich ein weiterer Unterschied zwischen dem britischen und dem amerikanischen Empire. Vor allem seit dem Ende des Zweiten Weltkriegs hat die Akkumulation von Waffen in den USA ein für Friedenszeiten unerhörtes und in der modernen Geschichte nie da gewesenes Niveau erreicht. Dies dürfte der Grund für den bestimmenden Einfluß sein, den der »militärisch-industrielle Komplex« (den Begriff prägte Präsident Eisenhower) auf die US-Politik ausüben konnte. In den 40 Jahren des Kalten Kriegs haben beide Seiten geredet und agiert, als befänden sie sich im Krieg oder als ob jederzeit einer ausbrechen könne. Das britische Empire stand ein Jahrhundert lang – von 1815 bis 1914 – am Zenit seiner Macht. In dieser Zeit kam es nicht zu großen internationalen Kriegen.

2 Ebd.

3 Siehe Chalmers Johnson, »The Costs and Consequences of American Empire«, New York (Owl Books) 2000.

Mehr noch: Trotz der offensichtlich ungleichen Machtverhältnisse zwischen den USA und der Sowjetunion hat Washington – schon vor Ende des Kalten Krieges – den Ausbau der eigenen Rüstungsindustrie immer weiter verstärkt, und dieser Trend hält bis heute an. Mit dem Kalten Krieg wurden die USA zur Hegemonialmacht der westlichen Welt, wobei sie sich allerdings als Kopf eines internationalen Bündnisses verstanden. Unter den Verbündeten machte sich natürlich niemand Illusionen über die wahren Kräfteverhältnisse: Die reale Macht lag in Washington und nirgendwo sonst. Die Europäer erkannten damals in gewisser Weise die Logik eines amerikanischen Imperiums an. Heute dagegen muß die US-Regierung davon ausgehen, daß ihr Empire und ihre Ziele keine echte Akzeptanz mehr finden. Von einer »Koalition der Willigen« kann keine Rede sein, die aktuelle Politik der USA ist unpopulärer, als es die irgendeiner früheren US-Regierung oder vielleicht sogar die irgendeiner anderen Großmacht je war.

Früher nahmen die Amerikaner ihre Führungsrolle so sensibel und zurückhaltend wahr, wie es solchen internationalen Bündnissen entspricht. Schließlich verlief die Frontlinie im Kampf gegen die sowjetischen Armeen mitten durch Europa. Dennoch war die Allianz auf die USA angewiesen, da sie auf deren Militärtechnologie angewiesen war. Und Washington hat seinen Widerstand gegen ein unabhängiges militärisches Potenzial in Europa nie aufgegeben. Die ständigen Zwistigkeiten zwischen den USA und Frankreich – seit den Tagen von General de Gaulle – rühren von der Weigerung Frankreichs her, ein Bündnis zwischen Staaten als ewige Allianz anzusehen, sowie von dessen Festhalten an einem eigenen militärischen Potenzial, an einer unabhängigen Produktion von Hightech-Waffensystemen. Trotz solcher Belastungen war diese alte Allianz jedoch eine echte »Koalition der Willigen«.

Da sich nach dem Zusammenbruch der Sowjetunion keine andere Macht mit den USA anlegen konnte oder wollte, ist es nur schwer zu verstehen, daß sich Washington plötzlich als eigensinnige, rücksichtslose und zänkische Macht aufspielt. Dies entspricht weder der bewährten und im Kalten Krieg erprobten imperialen Strategie noch den Interessen der US-Wirtschaft. Ohnehin ist die Welt von heute zu kompliziert, als daß ein einziger Staat sie dominieren könnte.

Und die materiellen Vorteile der USA sind – von ihrer militärischen Überlegenheit bei den HighTech-Waffensystemen abgesehen – im Schwinden begriffen oder zumindest gefährdet. Die US-Volkswirtschaft hat zwar immer noch riesige Dimensionen, aber ihr Anteil an der Weltwirtschaft nimmt stetig ab. Zudem ist sie, auf kurze wie auf längere Sicht, durchaus krisenanfällig. Man stelle sich zum Beispiel vor, die OPEC faßte plötzlich den Beschluß, alle Ölrechnungen in Euro statt in Dollar auszustellen.

Auf politischer Ebene haben die USA die meisten ihrer Trümpfe in den letzten 18 Monaten leichtfertig aus der Hand gegeben, auch wenn ihnen noch einige bleiben. An dem vorherrschenden Einfluß der US-amerikanischen Kultur und der englischen Sprache wird sich nichts ändern. Aber der entscheidende Vorteil bei allen imperialen Plänen liegt im Militärischen: Hier steht das amerikanische Empire völlig konkurrenzlos da, und das wird auf absehbare Zeit so bleiben. Keine andere Macht, auch nicht China, ist in der Lage, den technologischen Vorsprung der Amerikaner aufzuholen. Ob dieser für regional begrenzte Konflikte so entscheidende Vorteil ausreicht, um alle politischen Ziele durchzusetzen, ist eine andere Frage.

Die USA sind natürlich keineswegs darauf aus, die ganze Welt zu erobern. Wenn sie einen Krieg führen, wollen sie vielmehr proamerikanische Regierungen installieren und anschließend wieder nach Hause fahren. Doch dieses Konzept wird nicht aufgehen. Der Irakkrieg zum Beispiel war militärisch höchst erfolgreich. Darüber wurden allerdings die ganz praktischen Anschlußprobleme vernachlässigt. Wie etwa die Frage, wie man in einem besetzten Land die zivile Verwaltung und die wichtigsten Alltagsfunktionen in Gang halten kann, wie es die Briten in ihrem klassischen Kolonialland Indien getan haben. Und die USA machen sich etwas vor, wenn sie glauben, sie benötigten keine echten Verbündeten unter den anderen Staaten und sie könnten ohne echte Unterstützung in den Ländern auskommen, die sie zwar militärisch erobern, aber nicht erfolgreich verwalten können.

Der Irakkrieg war ein Exempel für die Frivolität, mit der in Washington schwerwiegende Entscheidungen getroffen werden. Der Irak ist geschlagen, hat sich aber nicht unterworfen. Das Land war, obwohl es über große Ölreserven verfügt, so ausgeblutet, daß es leicht zu besiegen schien. Dabei war dieser Krieg in erster Linie eine günstige Gelegenheit für die USA, ihre Machtposition international zu demonstrieren. Das politische Ziel hingegen, von dem die Extremisten in Washington reden – die vollständige Umgestaltung der Nahostregion –, hat nicht viel Sinn. Wenn sie die saudische Monarchie beseitigen wollen, wen sollen sie an deren Stelle setzen? Wenn es ihnen im Ernst darum ginge, die Karten im Nahen Osten neu zu verteilen, müßten sie zu allererst eins tun: Druck auf Israel ausüben. Präsident Bush sen. war dazu bereit, sein Nachkomme im Weißen Haus scheint es weniger zu sein.

Begriffe wie »axis of evil« oder »roadmap« sollen nicht etwa politische Konzepte bezeichnen, sie sind lediglich PR-Formeln, die nachträglich ein gewisses Eigengewicht gewinnen. Die geradezu erdrückende Fülle von »Neusprech«, die unsere Welt seit dem September 2001 überschwemmt, ist ein klares Indiz für das Fehlen einer echten Realpolitik. Bush selbst ist kein Politiker, sondern ein Politikdarsteller. Und die Leute, die seine Regierung repräsentieren (inoffiziell wie Richard Perle oder offiziell wie Paul Wolfowitz), benutzen öffentlich wie privat dieselbe Rambosprache. Für sie zählt einzig und allein die unschlagbare Macht der Vereinigten Staaten. Das heißt konkret, daß die USA jedes Land besetzen können, wenn es nur klein genug ist und damit einen schnellen Sieg gestattet. Doch dieses Konzept ist keine Politik und erst recht kein Rezept für erfolgreiche Politik.

## Imperialismus als Dienst an den Menschenrechten

Für die USA wird das innen- wie außenpolitisch gefährliche Folgen haben. Innenpolitisch droht einem Land, das die Welt kontrollieren will – und zwar mit vornehmlich militärischen Mitteln –, die ernsthafte und bislang beträchtlich unterschätzte Gefahr der Militarisierung. Außenpolitisch droht eine große Destabilisierung. Der Nahe Osten ist dafür nur ein Beispiel, denn die Region ist heute weit weniger stabil als noch vor zehn oder vor fünf Jahren. Nicht nur hier bewirkt die Politik der USA die Schwächung aller anderen – vertraglichen wie informellen –

Übereinkommen, die eine gewisse Ordnungsstruktur gewährleisten. In Europa hat sie bereits das Nordatlantische Verteidigungsbündnis untergraben – ein Verlust, der wohl zu verschmerzen wäre. Aber der Versuch, aus der Nato eine globale Polizei-Truppe im Dienst der USA zu formen, entlarvt das Ganze endgültig als Farce.

Auch die Europäische Union wird von Washington bewußt sabotiert. Und eine der großen Errungenschaften unserer Welt nach 1945 wird systematisch torpediert: die Entwicklung zum prosperierenden und demokratischen Sozialstaat. Dagegen scheint mir die Glaubwürdigkeitskrise der Vereinten Nationen weniger schwerwiegend zu sein. Denn sie konnten immer nur allenfalls am Rande agieren, da sie völlig vom UN-Sicherheitsrat – sprich: vom US-amerikanischen Gebrauch des Vetorechts – abhängig sind.

Wie soll die Welt den Vereinigten Staaten begegnen respektive ihre Macht eindämmen? Natürlich halten es einige Länder für günstiger, sich dem neuen Empire anzuschließen, weil sie davon ausgehen, daß sie nicht mächtig genug sind, um sich ihm entgegenzustellen. Gefährlicher sind freilich die Politiker, die zwar die vom Pentagon verfochtene Ideologie entschieden ablehnen, das imperiale Projekt aber dennoch mit dem Argument unterstützen, daß man in diesem Rahmen immerhin auf lokaler und regionaler Ebene gewisse ungerechte Zustände beseitigen könne. Diese Auffassung eines »Imperialismus im Dienst der Menschenrechte« wurde vor allem durch das Scheitern der europäischen Politik in den Balkankonflikten der 1990er Jahre genährt. In den öffentlichen Kontroversen um den Irakkrieg hat sich nur eine Minderheit einflußreicher Intellektueller – zum Beispiel Michael Ignatieff und Bernard Kouchner – für die US-Intervention ausgesprochen, weil sie an die Notwendigkeit einer bewaffneten Macht glauben, die Ordnung ins Elend der Welt bringt. Nun läßt sich tatsächlich argumentieren, daß es Regierungen gibt, die so verbrecherisch und grausam sind, daß ihre Beseitigung ein Segen wäre. Aber das rechtfertigt noch nicht das daraus entstehende Risiko: eine Weltmacht, die sich im Grunde für den Rest der Welt nicht interessiert, weil sie ihn ohnehin nicht versteht, und die zugleich jederzeit in der Lage ist, militärisch zu intervenieren, wenn ihr irgendwo etwas nicht paßt.

Vor diesem Hintergrund ist der zunehmende Druck auf die Medien zu sehen. In einer Welt, in der die öffentliche Meinung derart wichtig ist, wächst die Versuchung der Manipulation.[4] Im Golfkrieg 1990/91 bemühte sich die amerikanische Seite systematisch, eine Situation wie die in Vietnam zu vermeiden und zu verhindern, daß direkt aus den Kampfgebieten berichtet wurde. Vergebliche Mühe: Medien wie CNN waren in Bagdad vertreten und brachten Nachrichten, die der von Washington gewünschten Darstellung nicht entsprachen. Im jüngsten Irakkrieg versuchte man es mit dem Gegenteil und integrierte Journalisten in die Truppen vor Ort (die *embedded journalists),* um deren Sicht der Dinge zu beeinflussen. Nichts davon hat wirklich funktioniert, weshalb man sich bemühen wird, wirksamere Methoden zu ersinnen. Das Ergebnis könnte eine direkte, vielleicht als letztes Mittel die technische Kontrolle der Medien sein. In jedem Fall wird man das Zusammenspiel zwischen Regierungen und Medienkartellen noch wirksamer auszubeuten wissen, als wir es heute schon bei der Bush-Regierung mit Fox News beobachten können – oder in Italien beim Zusammenspiel Berlusconis mit sich selbst.

Das amerikanische Empire könnte aus innergesellschaftlichen Gründen ins Wanken geraten. Der aktuellste Grund liegt darin, daß die meisten US-Amerikaner an Imperialismus im Sinne von Weltherrschaft und Weltregierung sehr viel weniger Interesse haben als an ihrem eigenen Wohlergehen in den Vereinigten Staaten. Angesichts der kriselnden US-Wirtschaft werden sowohl die Regierenden als auch die Wähler irgendwann zu dem Ergebnis kommen, daß es weitaus wichtiger ist, die eigenen ökonomischen Probleme zu lösen als sich auf weitere militärische Abenteuer in aller Welt einzulassen.[5] Dies gilt erst recht, wenn die Kosten für künftige militärische Interventionen – anders als beim ersten Golfkrieg und auch weitgehend während des Kalten Krieges – in erster Linie von der US-Bevölkerung selbst getragen werden müssen.

Seit gut fünf Jahren steckt die kapitalistische Weltwirtschaft in der

---

4 Siehe »France protests US media ›plot‹« *International Herald Tribune.* 16. Mai 2003.

5 Siehe »US-unemployment hits an 8 year high«. *International Herald Tribune.* 3. Mai 2003.

Krise. Zusammenbrechen wird sie natürlich nicht, aber es ist auch kaum anzunehmen, daß Washington seine ehrgeizige Außenpolitik bei ernsthaften inneren Problemen einfach weiter betreiben wird. Die Bush-Regierung verfügt – selbst nach den Kriterien des einheimischen Kapitals – über keine angemessene ökonomische Strategie für die USA. Und ihre Außenpolitik ist nicht einmal im Sinne der imperialen oder globalen Interessen der USA besonders rational, und für die Zukunftsperspektiven des US-Kapitalismus schon gar nicht. Das erklärt im Übrigen auch die politischen Kontroversen innerhalb der Bush-Regierung.

Es gab ja durchaus Zeiten, in denen das US-Empire anerkannt hat, daß seiner Macht Grenzen gesetzt sind – oder daß es sich zumindest so verhalten sollte, als ob es sie gäbe. Der Grund war natürlich, daß man die andere Weltmacht Sowjetunion zu fürchten hatte. Heute müssen wir an Stelle der Furcht auf andere limitierende Faktoren setzen: auf das aufgeklärte Eigeninteresse der USA und auf die mäßigende Wirkung der anderen Staaten.

Gekürzt aus: Le Monde diplomatique, Nr. 7077 vom 13.6.2003, (dort erschienen unter dem Titel: »Das britische und amerikanische Weltreich im Vergleich. Rücksichtslose und zänkische Diva der Weltpolitik«), Übersetzung ins Deutsche von *Niels Kadritzke.*

# Macht ohne Recht – Über die Zukunft des Westens und Amerikas Hegemonie

*Herr Hobsbawm, Sie sind zwischen den russischen Revolutionen geboren und können sich genau an den Tag erinnern, als Hitler an die Macht kam. Gibt es eine Lektion, die wir aus dem Jahrhundert der Extreme lernen können?*

Leider wird fast nie etwas aus der Geschichte gelernt. Entweder weil die Leute zu dumm sind oder nicht genug über die Geschichte wissen, weil sie es nicht wissen wollen. Aber selbst wenn man aus der Geschichte lernt, kommt es meistens anders, als man es erwartet hat. Man könnte höchstens sagen, daß uns das 20. Jahrhundert zu einem gewissen Optimismus berechtigt. Wenn die Menschheit sich durch solch ein Jahrhundert durchgeschlagen hat, kann sie vermutlich alles vertragen. So hat sich, trotz der Katastrophen, die Welt zum Besseren verändert. Aber vielleicht habe ich Unrecht.

*Auch wenn die Geschichte offen ist, gibt es, wie Sie sagen, historische Megatrends.*

Ein Megatrend ist die Globalisierung, die man bis ins 15. Jahrhundert zurückverfolgen kann. Damals schon gab es einen Orbis terrarum, schon vor der Entdeckung Amerikas, auch wenn das natürlich nicht der ganze Globus war. Seit Kolumbus gibt es ein globales Weltsystem, und seit der Revolution der Kommunikationsmittel hat sich dieser Globalisierungsprozeß ungeheuer beschleunigt. Zeit und Distanz sind nahezu abgeschafft.

*Wie werden künftige Historiker unsere Gegenwart beschreiben – als eine Zwischenphase?*

In einer Zwischenphase befindet man sich immer. Voraussagen zu machen ist aber sehr schwierig. Was wir Historiker erreichen können, ist, Probleme herauszuschälen, die es heute zu lösen gilt. Wir können zum Beispiel beschreiben, daß die Globalisierung zwar universal ist, aber politisch nicht funktioniert. Eine Tendenz zur politischen Globalisierung gibt es nicht. Noch nicht.

*Also leben wir in einer Übergangsepoche?*

Ich glaube, wir kommen im Augenblick aus einer Übergangsepoche heraus. Die letzten 25 Jahre waren eine solche Übergangsepoche. Wir erleben den Übergang von einer westlich orientierten Wirtschaft zu einer asiatisch orientierten. Im Westen, sogar in den USA, ist die Wirtschaft kaum gewachsen, jedenfalls im Vergleich zum Osten. Der Schwerpunkt der Ökonomie verlagert sich nach Asien. Wirtschaftlich jedenfalls, kulturell eher nicht.

*Läßt sich die Politik nicht globalisieren, weil sie an den Nationalstaat gebunden bleibt?*

Der Nationalstaat läßt sich nicht globalisieren, außerdem ist er ein historisches Phänomen, das erst seit zwei Jahrhunderten existiert. Eine andere Frage ist es, ob sich staatliche Strukturen globalisieren lassen. Heute gibt es die Utopie des freien Marktes, eine Art Weltanarchismus. Doch ich fürchte, daß ein absolut freier Markt nicht einmal seine Grundlage, die Kontraktfreiheit, sichern kann. Es braucht jemanden, der das Recht garantiert.

*Globale Institutionen sind doch ebenso utopisch. Der Irak-Krieg hat gezeigt, daß sich keine Macht der Welt auf Dauer einbinden läßt.*

Das stimmt nicht ganz. Nationale Souveränität ist eingedämmt worden, zum Beispiel in Europa. Europa ist zwar nicht auf dem Weg zu den »Vereinigten Staaten«, aber es gibt ein Element, das Europa zusammenhält: das Äquivalent zum amerikanischen »Obersten Gerichtshof«. Daß allgemeines europäisches Recht vor nationalem Recht rangiert, ist, historisch gesehen, eine Revolution.

*Diese Rechtsbindung gilt aber nicht für die Weltgesellschaft. Das Völkerrecht ist unzählige Male gebrochen worden, zuletzt von Amerika.*

Was Amerika angeht, haben Sie Recht. Der Irak-Krieg war ein Bruch des Völkerrechts, daran besteht kein Zweifel. Die USA zeigen alle Zeichen von Megalomanie und werfen die Erfahrungen der Diplomatie einfach in den Papierkorb. Es scheint typisch, daß ein Realpolitiker, Henry Kissinger, gegen den Irak-Krieg war. Auch Bismarck hätte nach 1871 seine Vorherrschaft ausnützen können. Er hat es nicht getan, weil er wußte, daß es besser ist, die Lage zu stabilisieren.

*Realpolitiker paktieren aber mit Diktatoren.*

Selbstverständlich. Die Welt besteht nicht nur aus Gesellschaften, die so regiert werden wie wir. Das ist leider so. Wenn man nur mit Leuten zusammenarbeiten will, die so sind wie wir, brauchte man weder Weltpolitik noch Diplomatie.

*Amerika handelt, während Europa dämmert.*

Viele, die heute auf seiten Amerikas stehen, sind von den Vereinten Nationen und von der Europäischen Union enttäuscht, weil sie im Balkan-Krieg nichts unternommen haben. Diese Enttäuschungen haben es für viele leichter gemacht zu sagen: Die Einzigen, die intervenieren können, sind die Amerikaner. Allerdings, wer das glaubt, der muß auch daran glauben, daß die Durchsetzung von Menschenrechten im genuinen amerikanischen Interesse liegt. Die Durchsetzung von Menschenrechten liegt aber nicht im amerikanischen Interesse.

*Was liegt dann im amerikanischen Interesse?*

Das Interesse der Amerikaner ist Amerika. Selbst wenn es anders wäre, ist es nicht bewiesen, daß die Menschenrechte weltweit befördert werden. Es ist nicht einmal sicher, ob die politische Entwicklung in den USA, was Menschenrechte und Demokratie angeht, uns zuversichtlich stimmen kann. Im Moment sieht es nicht danach aus.

*Osteuropäische Intellektuelle wie Adam Michnik sagen, die amerikanische Freiheit sei besser als der faule Frieden, den Europa so liebt.*

Ich bin mit Michnik befreundet und kann seine Haltung verstehen. Amerika, so meinen einige osteuropäische Intellektuelle, kämpfe für die Demokratie und habe sie vom Kommunismus befreit. Andere sind der Meinung, man könne gegen die US-Hegemonie ohnehin nichts ausrichten. Wer schwach ist, muß mitmachen, oder wie wir hier sagen: *If you can't lick them, join them.* Ich habe den Eindruck, daß die osteuropäische Haltung eine Mischung aus diesen beiden Positionen ist. Doch ich fürchte, man unterschätzt die Gefahr eines Weltreiches. Viele glauben, es sei ein Weltreich für das Gute, und nur fürs Gute. Dabei ist das, was die Amerikaner unter Menschenrechten verstehen, nicht immer das, was andere darunter verstehen.

*Wer die Demokratie nicht durchsetzen will, der findet sich mit Diktaturen ab.*

Es geht nicht um den Gegensatz von Diktatur und Demokratie, darum ging es auch im Kalten Krieg nicht, denken Sie an die zahlreichen westlichen Militärdiktaturen. Es geht um die Menschenrechte und ihre Durchsetzung. Es gibt Regierungen, die so grausam sind, daß etwas geschehen muß. Ob sich daraus ein allgemeines System der Menschenrechtsverteidigung durch Großmächte ableiten läßt, ist eine ganz andere Frage.

*Deshalb will Amerika diese Aufgabe stellvertretend übernehmen und die Welt endlich ändern.*

Das ist doch Unsinn. Die Welt ist nicht statisch. In den meisten Ländern ändert sich was. Sogar autoritäre Regime können sich langsam verändern, denken Sie an Brasilien, Spanien oder Südkorea. Man kann doch nicht einfach sagen: Es gibt da miese Regierungen, da müssen wir einmarschieren. Wer garantiert, daß damit die Menschenrechte durchgesetzt werden? Stattdessen besteht die Gefahr eines Imperialismus der Menschenrechte.

*Die Alternative heißt Appeasement-Politik?*

Nein. Die Garantie der Menschenrechte besteht nicht allein aus der Demokratie, das wäre ein Irrtum. Sie besteht aus dem Recht, nicht verletzt zu werden. Sie besteht im besten Fall aus einer wirklich liberalen Verfassung. Nebenbei gesagt, hat hier das amerikanische System auch seine Nachteile. Das System der Menschenrechte besteht aus Tolerierung, aber das amerikanische ist nach innen keineswegs so tolerant, wie immer behauptet wird. Schon de Tocqueville hat das eindrucksvoll nachgewiesen. Ein wirkliches System der Rechte garantiert das Recht der Minderheiten. Und genau diese werden in einer reinen Demokratie nicht berücksichtigt. Das ist eines der wenigen Dinge, die Amerika von Europa unterscheiden. Europa beharrt in seinen Demokratien nicht auf Einstimmigkeit, während die Amerikaner von der Einstimmigkeit träumen. Darin liegt eine Gefahr, besonders für ein Weltreich.

*Dennoch könnte man sagen, die US-Hegemonie sei das Beste, was der Welt passieren kann.*

Es mag sein, daß die amerikanische Hegemonie das Beste ist, was der Welt passieren kann. Aber schön ist es nicht. Die Welt ist heute unsicherer als früher, sie kann nach der US-Politik nicht stabiler werden. Die Bush-Regierung versucht, vieles von dem abzuschaffen oder einzuschränken, was eine globale Ordnung befördert. Sie versucht, Europa zu spalten und seine Errungenschaften infrage zu stellen, etwa die Tatsache, daß Europa eine Zone des Friedens und des Wohlfahrtsstaates geschaffen hat. Ob es am Ende um die Menschenrechte besser bestellt sein wird, ist keineswegs ausgemacht.

*Das klingt nach Antiamerikanismus. In Ihrer Autobiographie heißt es aber, Amerika sei das Beste am 20. Jahrhundert gewesen, sein größter Erfolg.*

Dabei bleibe ich. Die Fragestellung, ob man für oder gegen Amerika ist, ist abwegig. Das fragen wir uns bei anderen Ländern doch auch nicht. Aber eine gewisse Ambiguität, gerade im Fall von Amerika, gehört immer dazu. Die Politik der amerikanischen Regierung muß bekämpft werden, daran habe ich keinen Zweifel.

*Dennoch könnte man sagen: Es ist gut, daß Konservative, die bislang den Universalismus verhöhnt haben, die Menschenrechte durchsetzen.*

Sie wollen die amerikanische Macht durchsetzen. Das ist aber eine ganz andere Sache. Amerika hat doch den Irak nicht angegriffen, weil dort die Menschenrechtssituation unerträglich war. Sie haben den Irak angegriffen, weil sie ihn vor zehn Jahren besiegt hatten und die Leute sich weigerten, die Niederlage ernst zu nehmen.

*Hat das Projekt der Bush-Berater Ähnlichkeiten mit der Idee der Weltrevolution?*

Das hat mir ein ehemaliger Trotzkist, der sich nun auf die amerikanische Seite geschlagen hat, auch gesagt. Er ist der Meinung, Amerika sei die letzte der großen revolutionären Mächte, und deshalb sollten wir der amerikanischen Politik folgen und eine Weltrevolution anzetteln. Für mich ist das kein besonders zugkräftiges Argument. Noch eigenartiger finde ich, daß die Ideen des Staatsrechtlers Carl Schmitt eine große intellektuelle Stütze für Rumsfelds Berater sind. Stellen Sie sich eine Welt vor, die nach Schmittschen Mustern regiert würde. Das ist keine verlockende Aussicht.

*Ließe sich ein US-Imperium stabilisieren?*

Sie vergessen, daß es schon lange ein amerikanisches Imperium gibt, und zwar seit 1947. Die amerikanische Hegemonie im Großteil der Welt ist nichts Neues. Doch bislang hat es ein wirkliches Weltreich noch nie gegeben – also jemanden, der tatsächlich die ganze Welt kontrolliert. Das galt nicht einmal für das englische Weltreich, denn England kannte seine Grenzen. Heute ist die Welt zu kompliziert, und deshalb wird sich ein Imperium nicht stabilisieren lassen. Der andere Grund liegt darin, daß der Staat und die Idee der Macht heute geschwächt sind. Früher genügte ein Bataillon Fallschirmjäger, das marschierte irgendwo in Afrika durch die Stadt, dann wurde der Präsident abgesetzt oder wieder eingesetzt, je nachdem. Damit ist es aus.

*Was folgt daraus?*

Daß sich Imperien wieder daran gewöhnen müssen, wie Imperien in der Vorzeit zu handeln. Die haben auch die Lage nie vollständig kontrolliert, nicht einmal im Römischen Reich. Die Idee, daß Staaten einen totalen inneren Frieden und eine vollständige Rechtsordnung schaffen, die vom Präsidentenpalast herunter bis ins letzte Haus reicht – das ist eine typisch moderne Vorstellung. Heute ist das zur Illusion geworden. Hinzu kommt, daß die Welt während des Kalten Krieges mit Handfeuerwaffen überschwemmt wurde. Auch chemische und biologische Waffen sind fast jedem zugänglich.

*Dann hätte Präsident Bush mit seiner Warnung vor terroristischen Gruppen Recht.*

Die Gefahr des Terrorismus ist nicht zu unterschätzen. Aber gegen allerkleinste Gruppen kann man nicht so vorgehen wie gegen Staaten. Darin besteht der Irrtum von Bush.

*Welche Perspektiven gibt es für Sie als Historiker? Die UN sind geschwächt…*

… genauso wie Europa geschwächt ist. Das wird so bleiben, bis Amerika entdeckt, daß es nützlich ist, sich in die UN einzubinden, weil eine Politik der Unipolarität scheitern wird.

*Könnte Europa dieser Einsicht nachhelfen? Und was sagen Sie zu der Initiative einiger Intellektueller wie Habermas, Derrida oder Eco?*

Ich bin gegenüber Europa skeptischer als Habermas. Trotzdem, in diesem Fall leuchtet mir die Sache ein. Denn es stimmt, nur ein Kerneuropa könnte gegen Amerika wirksam die Stimme erheben. Andererseits beschwört man damit die Gefahr herauf, daß ein Kerneuropa vom Randeuropa abgetrennt wird. Das darf auf keinen Fall passieren, denn es ist unverzichtbar, daß Europa so breit wie möglich bleibt. Denn das Wichtigste, was Europa als Gegenspieler Amerikas glaubhaft macht, sind Wirtschaft und Recht. Also das, was de Tocqueville schon aufgefallen war: Europa glaubt nicht, daß Demokratie in jedem Fall Einstimmigkeit bedeutet. An diesem Pluralismus muß Europa festhalten.

*Ist das der Grund, warum Sie gegenüber einer europäischen Identität skeptisch bleiben?*

Ich glaube nicht in dem Maße an eine europäische Identität wie Habermas. Aber eines stimmt schon: Es existiert eine europäische Identität, die in ihrem Selbstverständnis nicht deckungsgleich ist mit der amerikanischen. Gegenüber Amerikanern ist man europäisch, gegenüber anderen Europäern fühlt man sich als Engländer oder Deutscher. Auch das, was aus der Arbeiterbewegung und dem Kommunismus hervorging, ist ein unzerstörbarer Teil der europäischen Identität. Dazu gehört elementar die Idee des Wohlfahrtsstaates. Ohne dieses Erbe läßt sich Europa nicht verstehen. Das ist der Unterschied zu den USA.

*Sie definieren Identität durch Abgrenzung.*

Identität besteht aus Abgrenzung. Ohne sie gibt es keine Identität.

*Im freiheitlichen Europa hat sich bis vor kurzem kaum eine Regierung an Berlusconi gestört.*

Das Gefährliche und das Neue an Berlusconi ist die Verbindung zwischen populistischer Demokratie, allgemeiner gesagt: die Verbindung zwischen der Staatsmacht und der Kontrolle der Massenmedien. Doch in den USA gab es im Irak-Krieg auch so eine Entwicklung.

*Sie begrüßen es, daß sich politische Leidenschaften abkühlen. Kehren im Fundamentalismus diese Leidenschaften nicht wieder? Und warum?*

Was wir in den vergangenen vier Jahrzehnten erlebt haben, ist ein absolutes Novum. Eine derartige Beschleunigung der Gesellschaft hat es in der Geschichte noch nie gegeben. Diese Veränderungen verwirren die Menschen zutiefst – sie zerstören Bindungen und Regeln. Heute haben die Menschen eine Sehnsucht nach Kontinuität, nach einem Fixstern, der sich in ihrem Leben nicht verändert. Fundamentalismus ist der Wunsch nach diesem Fixstern. Mir ist die Verbindung zwischen Hochtechnologie und Archaik zutiefst unheimlich.

*Ist das der Schatten, der auf dem Fortschritt der Freiheit liegt – falls es den überhaupt gibt?*

Es gibt keinen Fortschritt der Freiheit. Man kann in der Menschheit eine Tendenz zum Fortschritt in der Wissenschaft und der Technologie ausmachen, in der Kontrolle des Menschen über die Natur. Aber eine Tendenz zum Fortschritt in geistigen und moralischen Dingen läßt sich nicht feststellen, auch wenn es derzeit wieder aufwärts zu gehen scheint. Ich kenne einen berühmten Astrophysiker, Sir Martin Rees, der glaubt, die Menschheit habe nur noch eine 50-prozentige Chance, das nächste Jahrhundert zu überleben, weil ihr die Biotechnik entgleiten werde. Aber wissen kann man es nicht. Gott sei Dank sind Historiker keine Propheten. Das überlassen wir lieber den Geschäftsleuten.

Das Gespräch führte Thomas Assheuer. In: DIE ZEIT 10.07.2003 Nr. 29.

# Ich bin ein Reiseführer in die Geschichte

*Professor Hobsbawm, Sie wurden 1917 geboren und haben mit Ihrem Leben fast das ganze verrückte 20. Jahrhundert begleitet. Historiker Ihres Alters, haben Sie einmal gesagt, seien Führer in die Vergangenheit. Stellt diese Doppelrolle von Zeitzeuge und Wissenschaftler nicht ein Problem dar, wenn es um die notwendige Distanz geht?*

Nun ja, es sind eigentlich zwei verschiedene Rollen. Als Zeitzeugen können wir den Leuten erklären, wie es damals ausgesehen hat. Die meisten Menschen in England, zum Beispiel, können sich heute einfach nicht mehr vorstellen, wie das Leben hier noch bis in die fünfziger Jahre war. Etwa, daß die Nationalhymne offiziell nach jeder Kinovorstellung gespielt wurde und die Leute aufgestanden sind. Was? In diesem Sinne kann man den Menschen sagen, ich bin ein Reiseführer in die Geschichte, in ein anderes Land, in dem die Dinge anders gemacht wurden als hier und heute. Andererseits ist es nicht nur möglich, sondern auch notwendig für einen Historiker, diese Erlebnisse zu verarbeiten. Jedenfalls zu dem Zeitpunkt, zu dem er oder sie schreibt. Beim Schreiben meiner Autobiographie »Gefährliche Zeiten« habe ich sehr viel Vergangenheit sozusagen neu analysieren müssen. Das kann man nie ganz unbefangen tun. Als Historiker hat man Regeln, die es einem ermöglichen, gewissen Dingen mehr oder weniger Gewicht zu geben und eine bestimmte Perspektive auf die Vergangenheit zu haben.

*Also schaltet sich bisweilen der Historiker in Ihnen ein und korrigiert den Zeitzeugen?*

Auch umgekehrt. In meiner »Geschichte des 20. Jahrhunderts« habe ich dieses Jahrhundert als Historiker erzählt, aber von Zeit zu Zeit auch als Zeitzeuge durch Illustrationen eigener Erlebnisse ergänzt. In der Autobiographie ist es andersherum. Ich versuchte zu sehen, wie die Zeit selbst den Historiker gestaltet.

*Thomas Mann hat einmal geschrieben, er müsse immer nur von sich erzählen und löse damit der Zeit die Zunge.*

Der Historiker schreibt ganz bewußt nicht von sich selbst. Aber es ist auch für den Historiker wichtig zu wissen, inwieweit er auch das Kind seiner Zeit ist und wie er von ihr beeinflußt wird. Wie anders es auch hätte kommen können! Hätte mein Onkel zum Beispiel die Stelle, die man ihm in Frankreich angeboten hatte und nicht die in Berlin angenommen, dann hätte ich das Berlin Anfang der dreißiger Jahre bis zur Machtergreifung nicht erlebt, und ich wäre sicherlich auch als Historiker ganz anders ausgefallen.

*Sie haben einmal geschrieben, Ihre Zeitzeugenschaft mache Sie immun gegen die Anachronismen derer, die nicht Zeitzeugen waren.*

Der Anachronismus bedeutet meistens, daß man Dinge in der Vergangenheit nach dem heutigen Maßstab mißt und annimmt, daß die Menschen damals genauso gedacht, gehandelt und gefühlt haben wie wir. Der Zeitzeuge weiß, daß das nicht unbedingt so war.

## »Es war ein kalter Wintertag, als Hitler an die Macht kam«

*Machen wir einmal die Probe aufs Exempel. Erinnern Sie sich noch, mit welchen Gefühlen Sie den 30. Januar 1933, den Tag der Regierungsübernahme durch die Nazis, in Berlin erlebt haben?*

Es war ein kalter Wintertag, als Hitler an die Macht kam. Meine Erfahrung an diesem Tag war einfach: Ein Junge und seine Schwester, die von der Schule nach Hause gehen und eine Schlagzeile sehen. Wir dachten: Jetzt ist es entschieden, jetzt ist Hitler an der Macht. Ein einschneidender Moment in der Geschichte. Wenn man vorher unpolitisch gewesen war, hätte man das vielleicht anders aufgefaßt. Aber man war ja nicht unpolitisch im Berlin Anfang der dreißiger Jahre. Sehr wenige Leute waren das.

*Sie haben damals auch gefährliche Sachen gemacht, zum Beispiel noch 1933 kommunistische Flugblätter verteilt. Sie waren erst 15 damals.*

Das war vor der letzten Reichstagswahl. Wir gingen raus und schoben in den Wohnhäusern Flugblätter unter die Türen, wie man das so macht. Die Gefahr war uns nicht immer so recht bewußt, da war doch ein Element von Karl May dabei. Aber riskant war es wohl doch. Mir wurde zum Beispiel die Vervielfältigungsmaschine überlassen, weil unsere Wohnung sicherer schien. Die habe ich in meinem Zimmer versteckt. Ich wurde auf der Schule von Rudolf Leder politisiert, der später unter dem Namen Stephan Hermlin als Schriftsteller in der DDR bekannt wurde. Durch ihn kam ich in die kommunistische Politik.

*Haben Sie noch alte Flugblätter aus der Zeit?*

Nein, das einzige, was ich von damals noch habe, ist ein kleines Gesangbuch mit Texten von revolutionären Liedern der KPD. Die kommunistischen Schüler waren im SSB organisiert, dem Sozialistischen Schülerbund. Wir kamen von verschiedenen Berliner Gymnasien und trafen uns im Hinterzimmer einer Kneipe in Halensee. Da gab es einen Orglei, einen organisatorischen Leiter, einen Polei, den politischen Leiter, und einen Kassenwart – wie es sich gehört. Es war eine außerordentliche Zeit. Es gibt Zeiten, an die man sich später vollständig erinnert, weil sie öffentlich wie persönlich irgendwie wichtig erschienen. Dazu gehören die Jahre ’31 bis ’33 in Berlin – eine Zeit, die mich mein Leben lang geprägt hat.

## »Es war schwer, in dieser Zeit nicht politisiert zu sein«

*An was erinnern Sie sich da im Einzelnen?*

Ich erinnere mich noch genau an die Buchhandlung im KaDeWe, die Bücher von B. Traven und vom Malik Verlag, die dort auslagen. Eben die Dinge, die einem gegenwärtig waren damals. Zum Beispiel die Lieder: Aus Brechts »Dreigroschenoper«, oder die Erich-Weinert-Lieder, das Stempellied zum Beispiel: »Keenen Sechser in der Tasche, bloß'n Stempelschein /durch die Löcher der Kledasche /schaut die Sonne 'rein« (singt)

> Mensch so stehste vor der Umwelt
> gänzlich ohne was.
> Wenn dein Leichnam plötzlich umfällt,
> wird keen Ooge naß.
> Keene Molle schmeißt der Olle,
> wenn er dir so sieht.
> Ja, die Lage sieht sehr flau aus
> bestenfalls im Leichenschauhaus
> haste noch Kredit!
> Stellste dir zum Stempeln an
> wird das Elend nicht behoben.
> Wer hat dich, du armer Mann
> abjebaut so hoch da oben.

Und so weiter. Der Erich Weinert war damals ein sehr linker Chansonnier, der von Leuten wie Ernst Busch gesungen wurde. Nicht gerade das, was in bürgerlichen Kreisen wie meinem Elternhaus gepflegt wurde! Da hielt man die »Vossische Zeitung« und das »Tagebuch«, las Autoren wie Vicky Baum und Lion Feuchtwanger.

*Wurde man als Schüler von den Umständen politisiert?*

Es war schwer, in dieser Zeit nicht politisiert zu sein. Aber eigenartigerweise war mein Leben nicht das eines gänzlich politisierten Jungen. Meine eigentlichen Interessen waren literarisch. Mit meinen Mitschülern sprachen wir vor allem über Literatur, und in der Schule war ich im Literaturclub tätig.

## »Das Straßenbild dieser Stadt drang auf einen ein«

*Welche Rolle hat Ihre Schule bei Ihrer politischen Prägung gespielt?*

Das Prinz-Heinrich-Gymnasium war wie alle Gymnasien eine elitäre Schule, aber keine Nazi-Schule. Ein Freund, mit dem ich noch in Kontakt stehe, blieb noch bis 1938. Er hatte nie Schwierigkeiten als Jude an dieser Schule. Sie war deutschnational, volkstreu und all diese Sachen aus dem Kaiserreich. Aber Nazis waren sie nicht, im Gegenteil. Wir alle, die wir in den frühen Dreißigern als Jugendliche in Berlin Schüler waren, haben bei allen persönlichen und politischen Unterschieden etwas gemeinsam: Die kollektive Gemeinschaft und die Lebenserfahrung dieser außergewöhnlichen Zeit.

*Sie haben in der Schule das »Kommunistische Manifest« gelesen...*

Das gehörte dazu. Das »Kommunistische Manifest« gehört mit Recht in eine Schulbibliothek. Der Direktor hat sich auch sehr darum bemüht, daß die Schulbibliothek nicht nur die alten Sachen hatte. Dann drangen natürlich von außen die Bilder, die Lieder, das Straßenbild dieser Stadt auf einen ein. Das Straßenbild mit diesen teuren Autos. Wir sind mit der Schule gewandert, haben Sonntag gerudert. Das war eine schöne Zeit, intellektuell ungeheuer aufregend. Stellen Sie sich das vor: das sind Jugendliche, die sich im Moment der intellektuellen Reifung, der Pubertät zufälligerweise an einem Zeitpunkt finden, der geschichtlich absolut zentral ist. Wir erkannten damals auch, daß etwas ungeheuer Wichtiges geschah, ob gut oder schlecht.

*Als Sie 1934 nach England emigrierten, sprachen Sie besser Deutsch als Englisch, und zwar mit Wiener Akzent.*

Den Wiener Akzent habe ich nie verloren. Und in Berlin habe ich Berlinerisch gesprochen, so wie alle meine Mitschüler. Die meisten Gymnasiasten im Prinz-Heinrich-Gymnasium waren keine geborenen Berliner, wir hatten auch Russen. Aber wir alle konnten Berlinern, wenn wir wollten. Aber der österreichische Dialekt bleibt länger hängen als das Berlinerische, wie Sie hören.

### »Die Prostituierten waren da, man sprach darüber«

*Wie war das, als Sie 1934 dann in England ankamen?*

In Berlin hatten wir in einem Milieu gelebt, in dem Kunst, Intelligenz, neue Gedanken vollkommen normal waren. Alles das zusammen war eine ungeheuer explosive Mischung. Sie können sich vorstellen, daß mir England da ziemlich langweilig schien. Bis ich auf die Universität nach Cambridge kam, wo es etwas weniger langweilig zuzugehen schien, aber immer noch nicht weiter fortgeschritten, als wir damals in Berlin schon als 15-jährige Gymnasiasten gewesen waren. Frauen gab es nur auf Tanzabenden oder bei Schulfeiern, die Sitten Berlins waren da interessanter. Die Tatsache etwa, daß wir damals als Schüler schon weit mehr von der Komplexität der Prostituiertenszene wußten.

*Woher?*

Schauen Sie, man kam doch herum. Die Prostituierten waren da, man sprach darüber. Schau mal dort, die mit den Stiefeln, die sind für Sado-Masochismus und solche Sachen. In Schöneberg, um den Nollendorf-Platz herum gab's schon viele Sachen. Die Homosexuellen-Szene war mir damals nicht bewußt, so etwas habe ich erst in Cambridge bemerkt. Sie war damals für uns einfach nicht da, jedenfalls nicht für mich. Ich kam ja aus österreichisch-jüdischem Milieu. Wenn man da Sex dachte, dachte man: Weiber.

Die jugendliche Sexualität ist ein anderes Beispiel für den Anachronismus, von dem ich sprach: Es gibt ja eine ganze Menge Leute, die glauben, sie hätten anno 1968 die sexuelle Freiheit entdeckt. Die Zeitzeugen wissen, daß diese sexuelle Freiheit schon viel früher da war, sogar in den Wiener bürgerlichen Kreisen meiner Jugend oder gar in denen des Großvaters! Andererseits gab es die sexuellen Möglichkeiten, die junge Leute heute in der Öffentlichkeit haben, damals nicht.

*Aber genau um diese Möglichkeiten geht es doch, wenn man von sexueller Befreiung durch die 68er spricht. In bürgerlichen Kreisen wurde früher doch Keuschheit geheuchelt, für »Initiation« des Sohnes war dann das Dienstmädchen zuständig, oder der Vater ging mit dem Sohn ins Bordell, wie im Fall Franz Kafkas.*

Ich erinnere mich an eine alte Anekdote aus der Zeit, die davon handelte, wie junge böhmische Juden den Sex entdecken: Wenn einer aus Brünn kam, entdeckte er ihn mit dem Dienstmädchen, das früher vom Vater gevögelt worden war. Wenn er aus Ostrau kam, ging er ins Bordell. Wenn er aus Prag kam, entdeckte er ihn entweder in einem kommunistischen oder zionistischen Zeltlager. Und wenn er ganz aus der Provinz kam, entdeckte er den Sex in der Hochzeitsnacht mit seiner Frau. Das scheint heute den meisten Menschen unverständlich, aber so war das.

## »Napoleon hat nun mal nicht Waterloo gewonnen«

*Sie haben immer wieder wissenschaftliche Richtungen wie etwa die feministischen Geschichtswissenschaften kritisiert, ideologisch zu sein. Sie selbst aber sind ein Leben lang überzeugter marxistischer Historiker gewesen.*

Da besteht ein gewisser Widerspruch. Die Parteilichkeit in der Wissenschaft ist nicht zulässig. Wer ein Aktivist ist, kann nicht zugleich wissenschaftlich arbeiten. Wissenschaft allein ist nicht unbedingt neutral, aber sie hat ihre Regeln, während Parteien andere Regeln haben.

*Welchen Regeln muß ein junger Historiker verpflichtet sein?*

Die erste Regel ist, daß man sich an die Tatsachen halten muß. Wenn etwas etabliert ist, kann es nicht abgestritten werden. Man darf nicht lügen oder verheimlichen. Einer der Gründe, warum ich für die Postmoderne nicht gerade schwärme, ist ihr Relativismus, die Vorstellung, daß es keine Wirklichkeit gebe. Es darf keinen Geist der Wünschbarkeit in der Geschichtsschreibung geben. So angenehm es für die Franzosen gewesen wäre, wenn Napoleon Waterloo gewonnen hätte. Er hat es nun mal nicht. Das muß man akzeptieren, und es läßt immer noch ungeheuer viel Deutungsspielraum.

*Zum Beispiel bei umstrittenen Fragen wie der, wer 1933 den Reichstag angezündet hat? Oder ob es einen »Führerbefehl« Adolf Hitlers zur Judenvernichtung gab. Die unklare Beweislage spielt oft auch Revisionisten in die Hände – zur vermeintlichen Unterstützung ihrer Thesen oder gar zur Verteidigung Hitlers – etwa, wenn es um den »Führerbefehl« geht.*

Das ist ein gutes Beispiel. So weit ich das beurteilen kann, gab es keinen solchen »Führerbefehl«. Aber andererseits glaube ich kaum, daß es seriöse Historiker gibt, die bezweifeln, daß die Vernichtung der Juden dem Wunsch Hitlers entsprach. Aber das ist kein Problem mit Revisionisten, sondern auch ein riesiges Problem innerhalb der jüdischen Geschichtsschreibung gewesen. Die Idee, daß die Vernichtung der Juden bewußt von Anfang an organisiert wurde. Diese Idee wurde ja anfangs in zionistisch gefärbten Büchern verbreitet und muß einfach aufgegeben werden, denn sie stimmt nicht. In diesem Sinne muß man auch zugeben, daß es keinen »Führerbefehl« gab. Das ändert nichts an der Sachlage, daß die Menschen umgebracht wurden, massakriert wurden, daß die Gasöfen da waren. Es ändert auch nichts an der höchsten Wahrscheinlichkeit, von der alle seriösen Historiker ausgehen, daß das dem Plan der Nationalsozialisten entsprach. Worüber man seinerzeit diskutierte, war die Frage, wie, wann und wo die tatsächliche Entscheidung getroffen wurde. Auch das Warum läßt sich nicht so leicht durch Quellenforschung lösen.

## »Ohne eine Idee im Hintergrund wird Geschichte trivial«

*Wie man an den immer wieder neu aufflammenden Debatten sieht, etwa um Götz Alys Thesen über den Hitler-Staat als »Gefälligkeitsdiktatur« oder vor zehn Jahren das Buch Daniel Goldhagens.*

Goldhagen zählt nicht. Ich kenne keinen seriösen Historiker, der Goldhagen ernst nimmt.

*Aber sein Buch »Hitlers willige Vollstrecker« war ein Riesenerfolg.*

Das deutsche Publikum wollte wohl irgendwie das historische Ereignis des Holocaust verarbeiten. Goldhagen war eine der Episoden dieser Verarbeitung.

*Kommen wir noch einmal zurück auf die Regeln der Geschichtsschreibung.*

Neben der Souveränität der Quellen, von der wir gerade sprachen, gibt es noch eine weitere Anforderung: Der Historiker muß eine Vorstellung von der Wahrscheinlichkeit haben, davon, was mehr und was weniger wahrscheinlich ist. Das ist natürlich ein schweres Problem, besonders für Leute wie uns alle, die wir in der Vergangenheit gewisse Fakten übersehen haben beziehungsweise angenommen haben, die eigentlich nicht angenommen hätten werden sollen.

*Zum Beispiel, was die historische Rolle der Sowjetunion angeht?*

Ja. Besonders, was den stalinistischen Terror angeht. Aber ansonsten hat der Historiker das Problem eines jeden Wissenschaftlers: Aus der Masse der Fragen diejenigen auszuwählen, die interessant und wichtig sind. Und deshalb glaube ich, es ist unumgänglich, hinter all diesen Dingen eine Idee zu haben wie etwa die Idee der Evolution, der Entwicklung der menschlichen Gesellschaft. Wenn keine solche Idee im Hintergrund da ist, dann wird die Geschichte trivial.

Das Gespräch führte SPIEGEL-Redakteur Malte Herwig. Quelle: Spiegel-Online vom 27. November 2007, Redaktion eines Tages.spiegel.de.

# Europa auf absteigendem Ast

*In Österreich begeht man 2008 als Gedenkjahr zu so unterschiedlichen Daten wie 1948, 1918, 1938 und 1968. Was sagt ein Historiker zu dieser offenkundigen Notwendigkeit von Jubiläen – und profitiert die Geschichtswissenschaft davon?*

Diese regelmäßigen Jubiläen sind eine verhältnismäßig moderne Erscheinung. Sie kamen erst gegen Ende des 19. Jahrhunderts auf und spielen heute im Medienzeitalter eine besonders große Rolle. Es gibt den Regierungen große Gelegenheit, sich darzustellen. Für die Geschichtswissenschaft sind sie weniger wichtig. Leider war es aber immer eine der unangenehmsten Funktionen des Historikers, die Ansprüche der Regierungen und Diplomaten sozusagen zu legitimieren. Im 19. Jahrhundert haben die Historiker häufig dazu gedient, neue und alte Staaten in ihrem Nationalgefühl zu untermauern, und wenn man irgendeinen Pakt unterzeichnete, mußte sofort ein Historiker die »historische Freundschaft« belegen. Die Feier solcher Jubiläen gehört zu diesem Kapitel der Geschichtswissenschaften. Ich glaube, heute sind Historiker glücklicherweise weit skeptischer gegenüber diesen Dingen als früher.

*Sie haben sich früh zum Marxismus bekannt, aber nie eine Funktion in der britischen Kommunistischen Partei bekleidet oder sonst als offizieller Berater gearbeitet. Wie weit sind Historiker Versuchungen seitens der Politik ausgesetzt und wie schwer ist es, Distanz zu halten?*

Auch auf die Geschichtswissenschaft trifft zu, was Maria Theresia einst über die Schule sagte: Sie ist allzeit ein Politikum. Historiker sind Leute, die im Zeitgeschehen stehen, die engagiert sind – dafür oder dagegen. Der Unterschied besteht bei uns darin, daß es sozusagen Spiel- oder Zunftregeln gibt, die Politiker und Journalisten nicht immer einsehen wollen.

Der Historiker muß genau unterscheiden zwischen seiner Funktion als Wissenschaftler und als politisch Aktiver, das bedeutet aber nicht, daß er gänzlich parteilos, sozusagen frei schwebende Intelligenz ist. Das kann er nicht sein.

*Welchen zeitlichen Abstand braucht ein Historiker zum Gegenstand seiner Untersuchung?*

Das ist schwer zu sagen. Heute ist vielleicht klarer als früher, wie tief einschneidend der Zusammenbruch des alten Europa im Ersten Weltkrieg war. Wir entdecken immer wieder neu, daß die Probleme, die dadurch entstanden, noch nicht gelöst sind – denken Sie nur an den Balkan. Es gibt nie einen Zeitpunkt, zu dem man sagen kann: Jetzt ist sich die Geschichte im Klaren, was das bedeutet hat.

Ich gebe Ihnen ein Beispiel: Anno 1920 hätte man vermutlich gesagt – »Jetzt hört's auf mit den Monarchien, das gehört ins graue Mittelalter.« Jetzt stellt sich aber heraus, daß viele liberaldemokratische Staaten noch immer Verfassungsmonarchien sind. Für die Zeit nach dem Tod Francos hat man in Spanien einen König gewählt und keinen Präsidenten.

Noch absurder: Auch in ehemaligen Entwicklungsstaaten betritt die Erbherrschaft wieder die politische Bühne.

*Sie haben Standardwerke über das 20. Jahrhundert geschrieben und meinen, es gehört zur Arbeit des Historikers, sich aufgrund seiner Kenntnisse der Vergangenheit zu fragen, was die Zukunft bringen wird. Nach Ihrer Einschätzung: Was werden spätere Historiker als die wesentlichen Entwicklungen des 21. Jahrhunderts untersuchen?*

Das Hauptproblem für die Welt wird das Umweltproblem sein. Im Lauf des 21. Jahrhunderts muß das akut werden, es beginnt ja bereits heute. Sowohl wirtschaftlich wie politisch wird sich die Verteilung von Macht und Einfluß in der Welt ungeheuer ändern, demografisch ebenso.

Was das für konkrete Auswirkung haben wird, kann man nicht voraussagen. Sicher ist aber: Die Amerikaner und die Europäer werden verhältnismäßig zu den Absteigern zählen, die Asiaten werden aufsteigen. Das sind keine Prophezeiungen, das sind Entwicklungen, die sich schon heute erkennen lassen.

*Werden Religionen im 21. Jahrhundert wieder eine größere Rolle in den politischen Auseinandersetzungen spielen, so wie das heute vielfach den Anschein hat?*

Das weiß ich nicht. Ich habe den Eindruck, daß Ende des 21. Jahrhunderts Religion weltweit weniger wichtig sein wird als Ende des 20. Jahrhunderts – schon weil das größte Land der Welt, China, praktisch keine Religion hat und ich auch in Europa keinen besonderen Aufstieg für die Religionen sehe. Im Gegenteil: Die Säkularisierung in Europa schreitet fort.

*Wird der fundamentalistische Islam nicht zu einer Radikalisierung auch anderer Religionen führen?*

Fundamentalistische Tendenzen gibt es in jeder Religion. Die große Frage ist, ob sie Massenphänomene oder die Vorhut für größere Entwicklungen darstellen. Politisch sind die Fundamentalisten natürlich überall ungeheuer aktiv und gut organisiert und daher auch viel prominenter in den Medien, das gilt aber für überall, für die USA ebenso wie für Israel.

Wie weit sich Fundamentalismus auch wirklich mit politischen Ereignissen verbindet, läßt sich nicht generell sagen. Im Augenblick verfälscht das islamische Problem vielleicht etwas die Perspektive.

*Sie schreiben in Ihren Erinnerungen, fast jedes Interview mit Ihnen kommt früher oder später zu zwei Fragen: Jazz und Marxismus. Lassen wir aus Zeitgründen den Jazz beiseite und versuchen uns dem anderen Thema aktuell zu nähern: Sind Sie zufrieden mit der Entscheidung des US-Nachrichtenmagazins »Time«, den russischen Präsidenten Wladimir Putin zur »Person des Jahres 2007« zu küren?*

Der Zusammenbruch der Sowjetunion war für die Russen eine Katastrophe. Putin hat sie aus diesen katastrophalen 90er Jahren herausgeholt. Er hat Glück gehabt, aber trotzdem: Er hat den Staat praktisch wieder neu geschaffen. An den Kommunismus ist nicht mehr zu denken. Größere antikapitalistische und emanzipatorische Bewegungen werden sich nicht mehr mit dieser Macht entwickeln können.

Putin möchte sicher eine Art Mischwirtschaft und Mischpolitik in Rußland haben. Er will verfassungsmäßig regieren, aber die einzige Art des Regierens, die die russische Tradition kennt, ist das Kommando. Daher bringt der Aufstieg Putins zwar eine große Verbesserung der allgemeinen Lage der Russen, aber auch die Gefahr, daß – wie schon zur Zeit des Zaren und der Sowjets – die Entscheidungen oben getroffen werden.

Das ist mit Demokratie, mit Bürgerrechten, mit der Unabhängigkeit der Justiz nicht so leicht vereinbar. Das ist im Augenblick das Problem in Rußland. Wenn ich ein Russe wäre, wäre ich für Putin. Da ich kein Russe bin, kann ich auch auf die negative Seite an ihm aufmerksam machen.

*Diese negative Seite wird im Westen aber nur wenig hervorgehoben, wie auch in China, weil man beide große Länder dringend als Wirtschaftspartner benötigt. Sollte sich Europa in Fragen von Bürger- und Menschenrechten stärker engagieren?*

Menschenrechte werden nicht durch äußere Interventionen etabliert. Die beste Institution, die den Menschen in Rußland geholfen hat, waren die Wahlbeobachter. Die hatten keinerlei politische Macht. Die beste Wirkung ist die des Vorbildes.

*Sie haben etliche Jahre ihrer Kindheit in Wien verbracht. Hat sich das in Ihrem späteren Leben in irgendeiner Weise niedergeschlagen?*

Doch, vor allem kulturell. Ich bin als Kind zu »Wilhelm Tell« ins Theater gegangen, aber auch zu »Einen Jux will er sich machen« oder zu Ferdinand Raimund. Meine Mutter hat sich »Die letzten Tage der Menschheit« gekauft, sobald sie erschienen waren, die hab ich sofort gelesen. Da muß schon etwas davon hängen geblieben sein.

Das Gespräch führte Wolfgang Huber-Lang/APA am 21. Januar 2008.

# 1918, 1938, 1968, die Machtübernahme Hitlers und der Islam

*2008 jähren sich einige wichtige Ereignisse des 20. Jahrhunderts einigermaßen rund. Zumindest bei einem – der Machtübernahme Hitlers am 30. Jänner 1933 – waren Sie selbst Zeitzeuge. Wie haben Sie das damals in Berlin erlebt?*

An diesen Tag erinnere ich mich besonders genau. Ich kam nach der Schule nach Hause und hörte, daß Hitler an die Macht gekommen sei. Es gibt wenige Momente, wo man sich klar ist, daß man an einem historischen Wendepunkt steht. Und das war so ein Moment.

*Das war Ihnen als Fünfzehnjähriger bewußt?*

Ja. Es war mir klar, daß sich von nun an alles ändern würde. Man hatte schon so lange Angst davor gehabt. Einige Wochen später beim Reichstagsbrand wurde dann absolut klar, welche dramatischen Folgen diese Niederlage der Linken haben würde.

*Hätte sich diese Niederlage verhindern lassen?*

Ich bin mir da heute überhaupt nicht mehr sicher. Natürlich wäre die Linke damals zusammen stärker gewesen. Nur war das völlig undenkbar, daß damals die Sozialdemokratie und die Kommunisten zusammengearbeitet hätten. Aber selbst das hätte nicht genügt, da die anderen regimetreuen Parteien auch abgebröckelt sind.

*Bleibt die Frage, wie es zur Machtübernahme Hitlers kommen konnte.*

Ich habe den Eindruck, daß damals alle Leute Hitler unterschätzt haben. Man hat sich nicht vorstellen können, daß so etwas an die Macht kommt. Ich erinnere mich an den Sommer 1932, als die große Wahl war und die Nationalsozialisten gewannen, aber nicht genug Stimmen hatten. Eine Zeitschrift, die wir abonniert hatten, titelte sinngemäß: »Laßt ihn heran und Politik machen«. Die Leute glaubten, daß das bloß irgendein rechter Agitator wäre, mit dem sie schon fertig würden. Das wurden sie aber nicht.

*Wie haben Sie dann fünf Jahre später den »Anschluß« Österreichs im englischen Exil miterlebt?*

Ich war da an der Universität und hatte weniger damit zu tun. Mein Schwiegervater war bereits 1937 nach England ausgewandert und hatte das alles schon vorhergesagt. Ich habe mir, wenn ich ehrlich bin, damals nicht viele Gedanken dazu gemacht. Man hatte zwar noch Verwandte hier in Österreich. Die Begeisterung der Österreicher hat mich insofern auch nicht erstaunt, weil man wußte, daß viele auf der rechten Seite standen. Der Bürgerkrieg 1934 hat mir mehr bedeutet. Ich wußte einfach, wo sich das alles abgespielt hat.

*Ein anderes Jahr, von dem heuer noch viel zu hören sein wird, ist 1968, dessen »sexuelle Revolution« Sie für überschätzt halten.*

Richtig. Für die US-Amerikaner, für die Engländer und Franzosen mag das 1968 schon ein wichtiges Thema gewesen sein. Auf dem europäischen Kontinent stellte 1968 sicher keinen so großen Bruch in den sexuellen Konventionen dar. Wien zum Beispiel war in dieser Hinsicht immer schon ziemlich liberal und flexibel, nicht wahr? Meine Tochter fragte einmal meine Schwiegermutter, ob sie bei der Heirat – das war in den 1920er-Jahren – Jungfrau gewesen wäre. Meine Schwiegermutter sagte: »Ich ziehe es vor, auf diese Frage nicht zu antworten.« Daß die Studenten 1968 miteinander vögelten, war an sich ja nichts besonders Neues.

*Was war dann das Besondere?*

Das Besondere war das globale Ausmaß der Bewegung, die ja schon 1964 begonnen hatte und sich bis in die damalige Tschechoslowakei und Jugoslawien ausdehnte. Und eigenartig daran war, daß die Jugendlichen, die damals politisiert wurden, wirklich glaubten, es wäre die Revolution am Ausbrechen. Wir Älteren waren eher skeptisch.

*Was haben Sie als Historiker damals erwartet?*

Ich sagte immer: Die Leute waren revolutionär, aber nicht politisch genug. Die dachten nicht in einem politischen Sinne – also Machtergreifung und solche Sachen. Insofern war unsere Erwartung nicht besonders groß.

*Insbesondere in Deutschland gilt 1968 als eine Abrechnung mit der Vätergeneration. War das in den anderen Ländern auch so?*

Das war in erster Linie ein deutsches Phänomen. Man fing zwar auch in Frankreich an, über Vichy zu sprechen. Für die Deutschen hingegen war das ganz zentral. In Österreich …

*… wo 1968 eher nur ein Mailüfterl war…*

… waren eh alle die reinen Lamperln.

*1918 jährt sich heuer zum neunzigsten Mal. Für Sie ist dieses Jahr der Beginn dieses »Zeitalters der Extreme«. Und dieser Beginn, so hat es zumindest den Anschein, wirkt bis heute weiter.*

Man dachte ja, daß die Zertrümmerung der alten Reiche – des Habsburgerreichs, des Deutschen Kaiserreichs, des Türkischen und des Russischen Reiches – verjährt sei. Ist es aber nicht. Man schaue nur auf den Balkan und was da passierte. In diesem Sinn ist der Zusammenbruch von 1918 etwas, das viel wichtiger war als das meiste, was danach kam.

*In dem Zusammenhang scheint der Vielvölkerstaat, der das Habsburgerreich damals war, auch wieder eine gewisse Aktualität zu bekommen.*

Im Sinne des Umgangs mit ethnischen Spannungen ist das schon recht aktuell. Die Österreicher haben Bosnien viele Jahre lang regiert, ohne dort viele Probleme zu kriegen. Und heute schreitet die Balkanisierung Europas schneller und weiter fort als damals.

*Ein anderes dringendes Problem in Europa ist der Umgang mit dem Islam. Kann man dafür was vom damaligen Bosnien lernen?*

Nein, nicht wirklich. Das spielte damals noch keine Rolle. Heute entsteht dieses Problem vor allem durch die verschiedenen Massenein- und -auswanderungen. Und es ist natürlich auch etwas, was die US-Amerikaner erfunden haben, weil sie einen Feind haben wollen. Als Macht ist beim Islam aber nichts dahinter. Was wirklich ein Problem ist, daß in den meisten Ländern Europas eine große Anzahl von Muslimen leben, von denen sich ein Teil radikalisiert. Das ist eine neue politische Erscheinung, und das ist ein Problem. Aber sonst glaube ich kaum, daß es zu einem Kulturkampf kommt.

*Aber gibt es nicht in den vielen Religionen zurzeit eine gewisse Tendenz zum Fundamentalismus?*

Richtig, in den meisten christlichen Religionen – bei den Evangelischen in den USA, in der katholischen Kirche – ist man sehr konservativ. Aber auch in der jüdischen Religion, sogar im Buddhismus und Hinduismus ist das der Fall. Das ist also keine muslimische Besonderheit.

*Wie und wann wird sich das wieder entspannen?*

Das wird nicht so schnell gehen. Eine Generation braucht das sicher noch. Und wie das passieren soll, ist mir leider unklar.

In: Der Standard KULT Dienstag, 22. Januar 2008. Das Gespräch führte Klaus Taschwer.

# Kunst und Kultur am Ausgang des 20. Jahrhunderts

Die Einladung, einen Vortrag im Wiener Rathaus zu halten, ist für jeden eine Ehre und eine Freude, und ganz besonders für jemanden, der mütterlicherseits Wiener ist und seine Kindheit bis ins fünfzehnte Jahr in dieser Stadt verbracht hat. Ich danke also der Stadt Wien und Hubert Christian Ehalt, der diese Einladung geplant und in die Tat umgesetzt hat.

Als ich die Einladung erhielt, fragte ich mich, worüber ich denn sprechen sollte. Es gibt bekanntlich in Wien drei große Themen: den Skandal, die Politik und die Kultur. Ich bin aber mit dem gegenwärtigen Österreich zu wenig vertraut, um über Skandal zu reden. Die Politik ist heutzutage, sowohl in Österreich als auch in meinem eigenen Land, ein eher deprimierendes Thema. Ich will Sie also nicht weiter deprimieren. Ich wollte, es wäre anders. Da bleiben also nur Kunst und Kultur übrig. Ich spreche als Historiker, wenn auch des 19. und 20. Jahrhunderts, aber auch als jemand, der sich Gedanken über den Zustand der Kultur in der Gegenwart macht.

Die Kunst am Ende des 20. Jahrhunderts steht im Zeichen der heutigen, immer mehr beschleunigten Technologie. Das ist allerdings nicht neu. Es trifft auf die gesamte Kunst des 20. Jahrhunderts zu. Denn was an ihr neuartig ist und sowohl deren Angebot und Nachfrage, das heißt die Produktion und die Rezeption der Kunst bestimmt, fußt auch heute noch zum großen Teil – auf drei technischen Durchbrüchen, die in den letzten Jahrzehnten vor dem Ersten Weltkrieg erzielt und dann zwischen den beiden Kriegen weiterentwickelt wurden. Es handelt sich erstens um die fotografische Wiedergabe der Bewegung – also Film und Video –, zweitens um die mechanische Schallaufzeichnung und -wiedergabe

– also Grammophon, Platte und Tonband – und drittens um die unmittelbare Übertragung von Schall und Bild über weite Entfernungen, das heißt Radio und Fernsehen. Die Kunst im letzten Jahrzehnt des 20. Jahrhunderts ist allerdings weit mehr als eine Verlängerung und technische Verbesserung dessen, was schon vor 1914 – aber nicht vor 1890 – möglich war. Eben dieser Unterschied ist mein eigentliches Thema. Es ist aber doch notwendig, daß wir uns vor Augen halten, wie grundlegend sich die gesamte Kulturszene unseres Jahrhunderts von der aller früheren Jahrhunderte und Jahrtausende unterscheidet.

Das läßt sich am Beispiel einer noch heute florierenden vorindustriellen Kulturszene erläutern. Das Programm der Salzburger Festspiele zum Beispiel ist in vier Bereiche geteilt: »Schauspiel«, »Oper«, »Konzert« und »Ausstellung«. Alle vier erfordern den persönlichen Kontakt, die unmittelbare sinnliche Wahrnehmung durch das Publikum der aufgeführten oder ausgestellten Werke beziehungsweise den unmittelbaren okularen oder auralen Kontakt mit den sie aufführenden und körperlich präsenten Künstlern. Daher erfordern sie alle unsere körperliche Gegenwart. Das allein macht sie ja so exklusiv und daher für zahlungsfähige Kulturbewußte so geeignet, auch wenn sie nicht im Smoking erscheinen müssen. Es kann ja nicht jeder hin. Daher bezeugt der Besuch der kleinen, aber ungeheuer noblen Oper in Glyndebourne nicht nur die leidenschaftliche Teilnahme an der Hochkultur, sondern auch, daß man in der Lage ist, viel mehr Geld als andere für sie auszugeben. Die Tatsache, daß man sich Zeit nimmt und Geld ausgibt, um persönlich nach Glyndebourne zu fahren, beweist, daß man, gleichviel aus welchen Gründen, dem persönlichen Kunsterlebnis einen besonderen Wert beimißt, obwohl heute manche dieser Darbietungen auch den Abwesenden indirekt, und übrigens viel billiger, zugänglich sind, nämlich durch Radio- und Fernsehübertragung, Tonträger und so weiter.

Aber vor dem Ersten Weltkrieg hätten wir nicht einmal diese Wahl gehabt. Mit der einzigen Ausnahme der Literatur, die schon seit dem 15. Jahrhundert durch den Buchdruck ein unbegrenztes und anonymes Fernpublikum erreichen konnte, waren die Künste an den unmittelbaren körperlichen Kontakt zwischen Publikum und Kunstwerk oder Künstler gekettet. Und zwar nicht nur aus den schon besprochenen technischen Gründen, sondern auch durch die technologisch primitive handwerkliche Herstellung oder Ausführung der Kunstprodukte. In mancher Hinsicht hatte sich diese Einengung der Beziehungen zwischen Kunstproduktion und Publikum im großen Zeitalter der bürgerlichen Kultur, das heißt im 19. Jahrhundert, noch verstärkt: wie immer mit Ausnahme der Literatur. Es ist eigenartig, daß jenes Zeitalter der industriellen Revolutionen und des rasenden wissenschaftlichen und technologischen Fortschritts so wenig Auswirkung auf die Hochkulturproduktion hatte. Um nur ein Beispiel zu nennen: Wohl gab es technische Verbesserungen der Musikinstrumente, aber die Besetzung des klassischen Orchesters, und noch mehr der Kammermusik, veränderte sich kaum. Das Forellenquintett hört sich zweihundert Jahre nach Schuberts Geburt noch so an wie zu Schuberts Lebzeiten, und der moderne Bösendorfer, auf dem András Schiff besteht, Schubert zu spielen, wäre dem Komponisten auch nicht fremd. Die neuen Instrumente, die im 19. Jahrhundert erfunden wurden – Sarrusophon, Tuba, Saxophon, Harmonium, Harmonika und so weiter –, hatten nur am äußersten Rande Einfluß auf die musikalische Hochkultur. Sie beschränkten sich auf die weniger anspruchsvollen Felder der Musik – auf Militärkapellen, Gasthausmusik, die bescheideneren Stätten des Gottesdienstes und dergleichen. Erst der Siegeszug der demotischen Unterhaltungsmusik hat das Instrumentarium der heutigen Musik, vom Saxophon bis zur Elektronik, revolutioniert. Und ohne diesen Siegeszug wäre das auch nicht geschehen.

Neu in jenem Jahrhundert war also nicht die Kunstproduktion, sondern etwas anderes: der Kunstbetrieb und die Rolle des Künstlers, das heißt dessen Beziehung zum Publikum. Neu waren die gesellschaftlichen, die begrifflichen und nicht die technischen Änderungen. Ich denke hier besonders an die Angleichung der Kunst an das Fortschrittsmodell und des Künstlers an den Individualismus des Privateigentümers. Die hohe, die »eigentliche« Kunst – im Unterschied zur Produktion und der durch die Industriegesellschaft revolutionierten Reproduktion der Ware – erforderte das Individuum als einzigen Schöpfer. Das Urteil des Künstlers als Individuum wurde also zur einzigen und letzten Instanz für alle, inklusive Mäzen und Publikum. Richard Wagner hat das sofort erkannt und mit großem Erfolg ausgebeutet. Was »den Künstler« kennzeichnete, war und ist eben die Verbindung von »Genie«, Originalität – also Unverwechselbarkeit – und »Modernität«. Wagner nahm auch eine Entdeckung vorweg, die seit den achtziger Jahren des 19. Jahrhunderts den Weg der Kunst bestimmt hat: »die Moderne«. Die neue Kunst war nun als solche besser als die alte, heute war ein Fortschritt gegen gestern, morgen mußte einer gegen heute sein.

Einzig die garantiert individuelle Signatur bestimmte nun den Wert des Kunstwerks, jedenfalls in den bildenden Künsten. Sie bestimmt ihn noch immer auf dem Kunstmarkt. Aber auch anderswo ist das Plagiat die Todsünde. Wert hat nur das Original, nicht aber die Kopie, beziehungsweise der Name des Künstlers, nicht aber der des Nachahmers oder Fälschers. Das hatte aber schwerwiegende Folgen. Da, wie schon Walter Benjamin erkannte, das Wesentliche an der Kunst des 20. Jahrhunderts eben ihre »Reproduzierbarkeit« war, begaben sich die Künste, die alles auf das einmalige Original setzten, auf den Holzweg.

Das bedeutet folgerichtig, daß im bürgerlichen Zeitalter des 19. Jahrhunderts die hohe Kunst (wie immer mit Ausnahme der Literatur) eben nicht »wirklich« oder nur lokal reproduzierbar war. Der Öffentlichkeit war sie nur an bestimmten Stellen zugänglich wie zum Beispiel in den Museen, Galerien und Theatern, die im 19. Jahrhundert die Brennpunkte der öffentlichen Kultur des bürgerlichen Zeitalters wurden. Die Weltkarte dieser Kultur läßt sich von der geographischen Verteilung dieser Gebäude ablesen.

Der technische Durchbruch am Anfang dieses Jahrhunderts brachte das Massenpublikum – und zwar fast sofort. Für wie viele Zuschauer und Zuhörer war in den gesamten fünfhundert Schauspielhäusern Deutschlands und der Donaumonarchie am Ende des 19. Jahrhunderts überhaupt Platz? Bestenfalls für eine Million der, sagen wir, hundertzehn Millionen ihrer Einwohner. Die Bevölkerungszahl der Vereinigten Staaten war damals mit jener der beiden europäischen Monarchien vergleichbar. Doch kaum ein Dutzend Jahre nach den ersten Aufführungen eines Films – also um die Zeit, als Gustav Mahler die New Yorker Philharmoniker dirigierte – gingen schon sechsundzwanzig Millionen Amerikaner wöchentlich ins Kino. Heute, wo der Bildschirm in jeder Wohnung gegenwärtig ist, kann eine einzige

Übertragung – zum Beispiel eines Fußballspiels – gleichzeitig dreihundert Millionen Menschen oder noch mehr erreichen.

Es ist klar, daß diese Technisierung der Kunstproduktion für ein Millionenpublikum den Adressatenkreis für die Werke der Hochkultur ungeheuer erweiterte; und übrigens auch die Gagen der Künstler und die Einkünfte ihrer Agenten, die seit den fünfziger Jahren fast senkrecht ansteigen. In der Musik verdienen heute Unternehmer ein Vielfaches der Einkünfte an den Kassen der Opern und Konzertsäle aus dem Tonträgerverkauf. Ja, die Karriere der Künstler hängt jetzt im Grunde von der Marktstrategie der Musiklabels ab. Heute ist es möglich, daß eine äußerst begabte, aber junge und verhältnismäßig unbewährte Sängerin wie Cecilia Bartoli im Lauf von drei bis vier Jahren, und ohne viel direkten Kontakt mit dem Publikum, zur weltbekannten Diva und Spitzenverdienerin wird. Der Massenmarkt braucht neue Tenöre, da Pavarotti verstorben ist und Carreras und Domingo auch nicht mehr die Jüngsten sind.

Kann man warten, bis ein neuer Pavarotti auftaucht, der bewiesen hat, daß er sich wirklich auf der Bühne durchsetzen kann? Heute kann man es nicht, und Herr Roberto Alagna erscheint vor uns.

Selbstverständlich hat sich auch das alte Publikum für den direkten, technisch unvermittelten Genuß der Hochkultur vergrößert, zum Teil wegen des steilen Anstiegs des für Kulturausgaben vorhandenen Einkommens in den entwickelten Ländern seit Mitte des Jahrhunderts, zum Teil durch die Revolution des Freizeitreisens in den letzten Jahrzehnten. Nicht nur Künstler und Kunstwerke, sondern auch die Kulturhungrigen reisen heute um die Welt, wie jeder feststellen kann, der sich in den großen Tempeln der Malerei einen Weg durch die Massen der anderen ehrfurchtsvollen Europäer, Japaner, Nord- und Südamerikaner zu bahnen sucht. Ja, am Ende des Jahrhunderts versuchen die Museen, diese Tempel der bildenden Künste der alten Hochkultur, eben durch die neue Mobilität den Anschluß an ein Massenpublikum zu finden, nämlich durch die verhältnismäßig neuen wandernden Riesenausstellungen, die in den letzten Jahrzehnten Usus geworden sind; trotz ihrer gigantischen und steil steigenden Transport- und Versicherungskosten. Diese und nicht die ständigen Sammlungen bringen die Massen, besonders die der Einheimischen, in die Museen.

Man könnte – im Hinblick auf Florenz und Venedig in der Hochsaison – sogar behaupten, daß wir heute die Grenzen dieser Demokratisierung und Globalisierung des Gebiets der persönlichen Pilgerreisen in die Kulturstätten erreicht oder sogar überschritten haben. Jetzt – ja man kann sagen erst jetzt – erkennt man den kulturell ausschlaggebenden Unterschied zwischen unbegrenzt reproduzierbaren und räumlich begrenzten Erlebnissen. Alle Menschen können theoretisch zur gleichen Zeit das Finale der Olympischen Spiele im Fernsehen beobachten, aber nur wenige können das im Stadion selbst. Ein beschränkter Raum gestattet einfach kein unbeschränktes Wachstum des Publikums. Das lernte man in Frankreich schon vor vierzig Jahren, als sich herausstellte, daß die Besucher der Höhlen von Lascaux einfach durch ihre Anwesenheit – durch ihren Atem – die wundervollen Höhlenmalereien zu zerstören drohten. Früher oder später muß es daher entweder zum systematischen Ausschluß des Publikums kommen oder zur Rationierung der Besucherzahl – wie es ja seit 1990 bei den großen internationalen Kunstausstellungen Usus geworden ist. Das trifft bekanntlich nicht nur auf die Kunst zu, sondern auch auf die Natur. Ein Caspar David Friedrich konnte sie allein bewundern; die Begeisterung von Millionen kann sie zerstören. Das stellen heute die Amerikaner sogar bei gigantischen Touristenzielen wie dem Grand Canyon fest. Wenn wir als Millionen die Landschaft umschlingen, wird sie erdrosselt.

Das sprunghafte Anwachsen des Publikums für die alte Hochkultur hat diese aber, leider, nicht verjüngt. Im Gegenteil. Die alten Künste florieren nicht, obwohl sie sich immer noch gut verkaufen und die öffentlichen und privaten Subventionen beträchtlich sind. Bleiben wir bei der Oper. Seit Puccini, Richard Strauss und Janácek (alle spätestens um 1860 geboren) gibt es kaum zeitgenössische Komponisten, die immer wieder neue Werke schaffen, die ins internationale Repertoire aufgenommen werden. Seit der Zwischenkriegszeit lassen sich die zeitgenössischen Opern im internationalen Spielplan an den Fingern abzählen. Achtundfünfzig der sechzig Opern im Programm der Wiener Staatsoper in der Saison 1996-1997 stammen von Komponisten, die vor mehr als hundert Jahren geboren wurden. Nur eine kommt von einem lebenden Komponisten. Das Opernrepertoire ist praktisch ein

Friedhof geworden, auf dem wir die Gräber der großen Toten mit den Blumen neuer Inszenierungen bekränzen.

Diese Verwandlung der Kunst in eine Ehrenhalle für zumeist tote Klassiker ist wohl bei der Musik am auffälligsten, weil das zahlende Publikum seit, sagen wir, 1910 die von der Kritik ernst genommenen Komponisten praktisch ablehnt. Und die Musik hängt nun, zum Unterschied von den bildenden Künsten, von der Reproduzierbarkeit ihrer Schöpfungen und daher von einem, wenn auch quantitativ bescheidenen, Massenpublikum ab. Die Nekropolisierung gilt aber auch für die anderen Künste alten Stils, mit Ausnahme der zeitgenössischen Literatur; denn eben diese hatte sich schon seit Gutenberg an das Zeitalter der Reproduzierbarkeit angepaßt, und zwar nicht nur dank der glorreichen Erfindung des gedruckten Buches, sondern auch durch die Unmöglichkeit, mit dem Wort so viel Blödsinn zu stiften wie mit Pinsel und Noten.

Der steile Aufstieg des Denkmalschutzes ist sehr typisch für diese Auflehnung gegen die Gegenwart. Heute wird praktisch jedes Gebäude, das mehr als hundert Jahre alt ist, unzerstörbar, jedenfalls die Fassade. Alt ist gut – dem Neuen mißtrauen wir. Und das nicht nur im alten konservativen Europa, sondern auch unter den Wolkenkratzern Amerikas. Es geht so weit, daß man in New York heute daran denkt, den alten stolzen Pennsylvania-Bahnhof im Originalstil des frühen 20. Jahrhunderts wieder aufzubauen, der erst vor dreißig Jahren abgerissen und durch eine moderne Kombination von Büro, Geschäft und Sporthalle ersetzt worden war. Und das in einer Stadt, deren eigentliche Tradition bis vor Kurzem eben die ständige Erneuerung war; in der von den Schauspielhäusern der Metropolitan Opera, die vor dem Bau des Lincoln Center existierten, kein Stein mehr übrig ist. Das bedeutet für die alte Hochkultur die Krise, vielleicht sogar das Ende des Kunstbegriffs der Moderne und ganz sicher des Begriffs der Avantgarde als Vorreiter der Kunst von morgen, die ja als solche besser ist und sein muß als die von heute.

Die Avantgarde, als eigentliche Vertreterin der künstlerisch ernst zu nehmenden zeitgenössischen Kulturschöpfung, hat sich, besonders seit den sechziger Jahren, marginalisiert, insofern sie nicht ihre Eigenständigkeit als Kultur aufgegeben hat und sich der

Industrie und der Werbung unterordnet. Aber nicht nur sie, sondern auch der gesamte Kunst- und Kulturbegriff des 19. Jahrhunderts steht zur Diskussion, obwohl das vom wachsenden Reichtum der Kunstkonsumenten und, vor allem, vom steilen Anstieg der höheren Schul- und Universitätsbildung verdeckt wird. Man darf nie vergessen, daß die klassische Musik heute bestenfalls fünf bis sieben Prozent des Tonträgerangebots ausmacht.

Das ist hauptsächlich der wahren Kulturrevolution des 20. Jahrhunderts zuzuschreiben, nämlich der technisierten Kunstproduktion, die ja die grundlegende Kunst des 20. Jahrhunderts überhaupt erst ermöglicht hat, nämlich den Film. Diese Technisierung der Kunst hat drei hauptsächliche Folgen.

Erstens ersetzt sie sowohl alte Kunst wie alte Künstler. So hat die Fotografie Portraitmaler als Beruf größtenteils ersetzt. Das läßt sich zum Beispiel in den zeitgenössischen Sälen der Londoner National Portrait Gallery leicht feststellen. Die alte Tradition des Romans, der in regelmäßigen Fortsetzungen erscheint, ist praktisch tot: was ihr heute entspricht ist die Fernsehserie.

Zweitens – und das ist wohl wichtiger – werden Künstler und Produkt nun von der Technik seiner Herstellung dominiert. Darüber braucht man nicht viel Worte zu verlieren. Die heutige Popmusik, die gegen fünfundsiebzig Prozent der gesamten Phonoproduktion ausmacht, ist zum Beispiel – jedenfalls seit den sechziger Jahren – ein fast zur Gänze von der Studiotechnik beherrschtes Produkt. Hier wird der Künstler, ob als Schöpfer oder Interpret, zum Endprodukt des kollektiven Prozesses der Technik und der Techniker. Im Grenzfall spielt und singt die Rockgruppe sogar beim öffentlichen Auftritt ihre Nummer nicht einmal selbst, sondern ahmt das im Studio aufgenommene und elektronisch ausgearbeitete Band pantomimisch nach. Ohne die Technik und die Techniker bestünde diese Musik einfach nicht. Es geht aber noch weiter. Heute beginnt die Technologie, sich von der menschlichen Schöpfung ganz unabhängig zu machen und, durch den Computer oder einfach durch die Registrierung der Naturformen – wie sie zum Beispiel aus der Chaos-Theorie entwickelt werden –, selbständig Bilder zu schaffen oder Töne zu komponieren und zu verbinden.

Drittens aber – und das ist vielleicht das Wichtigste – bedeutet die Technik eine Umwälzung unseres Verhältnisses zur Kunst, ja des menschlichen Erfahrungsvermögens schlechthin. Man denke allein nur an die unendliche, unausweichliche Flut von Tönen, Bildern, Worten, die das Leben des modernen Menschen durchtränkt. Nie vorher in der Geschichte waren durch die Technik produzierte Wahrnehmungsinhalte so wichtig. Das ist wohl die eigentliche Kulturrevolution des späten 20. Jahrhunderts: die Allgegenwart, die Unausweichbarkeit des Kulturprodukts. Wenn sie auch ab den dreißiger und den Kriegsjahren vom Radio vorweggenommen wurde, gehört sie eigentlich doch in die Epoche des Fernsehapparats, der seit den sechziger Jahren in jedem Wohnzimmer steht: in die Zeit der Radios in allen Zimmern (seit den Siebzigern) und noch mehr in die Epoche, in der die Musik durch die verkleinerte Tonbandkassette und den Walkman in jedes Auto, ja potenziell in die Tasche jedes Kindes kam – das heißt etwa ab 1980. Zum ersten Mal in der Geschichte wachen wir in dieser Flut medialer Reize auf; wir schlafen in ihr ein. Der Schwall der Töne, Bilder und Worte begleitet uns durch Tag und Nacht. Technologie durchtränkt das private wie das öffentliche Leben mit Kunst, ob mit guter oder schlechter tut nichts zur Sache. Denn alles, auch das Erlebnis der guten Kunst, verändert sich durch endlose Wiederholung. Das hat uns Andy Warhol, dieser Mephisto unserer Zeit, mit seinen Ikonen von Mao bis Marilyn Monroe zu beweisen versucht. Noch nie waren ästhetische Erfahrungen schwerer zu umgehen.

Aber nicht nur das. Durch die heutigen technisierten Massenkünste ändert sich der Begriff des Kunsterlebnisses selbst, ja ist vielleicht in Auflösung begriffen. Schon das Kino hatte das Erfassen der Natur durch das menschliche Auge grundlegend verändert – es war in dieser Hinsicht unvergleichlich viel revolutionärer, oder jedenfalls erfolgreicher als etwa der Kubismus, der Futurismus und ähnliche Salonmoden. Seitdem ist durch das kontrollierbare Tonband und Videogerät die notwendige Zeitfolge des Films und der Musik aufgehoben worden. Das war bis gestern nur beim Lesen möglich, und auch hier bringt die Technologie des Computers und der CD-ROM bedeutende Änderungen. Ich glaube, wir sind uns noch nicht ganz bewußt, wie tiefgreifend die Wandlung unserer Wahrnehmung von Kultur durch die kleinen Tasten »fast forward«, »rewind« und »pause« oder »freeze« ist, besonders für die Generation, die sich ohnehin daran gewöhnt hat, die Fernsehkanäle im Eiltempo zu durchstreifen. Durch diese Technologie wird das Erfassen der Kulturproduktion zu einem Mosaik von fast gleichzeitigen oder einander überschneidenden kurzfristigen Eindrücken. Der Ablauf der Erzählung oder des Arguments, die Verbindung schaffende Reihenfolge, das nur in der Zeitdimension mögliche Crescendo und Decrescendo, das heißt der Aufbau der musikalischen oder dramatischen Architektur, versinkt. Die Synchronik siegt über die Diachronik. Wie gewöhnlich hat das die Industrie – genauer gesagt die Werbung – viel früher erkannt als die Hochkultur. Das läßt sich von den Werbespots im Fernsehen ablesen, besonders von denen, die sich an die jugendlichen Konsumenten wenden, und ganz besonders von den ans Popmusikpublikum adressierten Kanälen wie MTV.

Es liegt mir nicht daran, den Wert dieser oft originellen und technisch sehr anspruchsvollen Produktionen kritisch einzuschätzen. Ich wüßte eigentlich nicht, wie das zu machen wäre und ob überhaupt die Maßstäbe, die Leute meiner Generation an Kulturproduktionen anlegen, passend sind. Wichtig ist bloß festzustellen, daß es sich um eine neue Art des Kulturerlebnisses handelt, die mit der althergebrachten äußerst wenig gemein hat. Und daß die Technisierung der geistigen Tätigkeit, die im Zeitalter des Personal Computers eingesetzt hat, unsere Einstellung zu Kunst und Kultur im 21. Jahrhundert noch mehr bestimmen wird als im zwanzigsten.

Heißt dies, daß es mit der alten Kultur zu Ende ist? Natürlich nicht. Die Literatur beweist, daß sogar die alte Hochkultur nicht nur lebensfähig, sondern lebendig ist, wenn sie nicht, wie die Malerei und die Musik der Avantgarde, einen bewußten Kurs in die Wüste einschlägt. Große Komponisten und Maler – nämlich solche, die sich mit Brahms und Bruckner, mit Degas und Picasso messen können – sind wohl heute Mangelware, nicht aber große Dichter und Werke in Worten. Diese sind Ende unseres Jahrhunderts ebenso zu finden wie zu seinem Anfang und auf gleiche Weise zugänglich wie früher. Es stimmt allerdings, daß es heute ohne das Massenpublikum der mittleren und höheren Schulen mit der Kultur – jedenfalls der Literatur – schlecht bestellt wäre. Ich bin ziemlich überzeugt, daß nur die englischen Mittelschulprüfungen garantieren, daß Shakespeare regelmäßig auf dem Spielplan steht: in den USA ist er jedenfalls von dort verschwunden. Und doch ist es falsch anzunehmen, daß sich die alte Hochkultur gänzlich in ein von Schulmeistern, reichen Eliten und der Fremdenverkehrswerbung gehütetes Getto zurückzieht. Denn wir intellektuelle Kulturhasen sind ja auch in der neuen Kulturlandschaft des Films und der Rockmusik aufgewachsen und existieren gleichzeitig in der Welt der »Traviata« und des Quentin Tarantino. Und umgekehrt macht auch unsere Kultur mit den Herren Pavarotti, Domingo, Carreras und Villazón kleine Abstecher in die Welt der Massen, beziehungsweise schalten sich die alten Klassiker der Musik durch ein paar geborgte Takte in die Welt der Fernsehwerbespots ein. Wir leben einfach heute in einer komplizierteren Kulturszene als unsere Vorfahren.

Aber das führt mich doch zu meiner letzten Frage, die ich – vielleicht hat das bis jetzt noch niemand getan – beantworten kann. Die Kultur, die ich hier besprochen habe, ob Hochkultur oder moderne Massenkultur, ist rein westlichen Ursprungs: europäisch einerseits, nordamerikanisch andererseits. Sie hat die Welt insofern erobert, obwohl das auf die Kultur der Eliten mehr zutrifft als auf die der Massen. Das Konzertrepertoire philharmonischer Orchester, das Jazzkonzert in Minneapolis unterscheidet sich wenig von denen in Osaka, Baku oder Düsseldorf – es handelt sich in beiden Fällen um Künste, die ein ausgewähltes Minderheitspublikum ansprechen. Ich bin überzeugt, daß dies, trotz der riesigen Durchschlagskraft der amerikanischen Medien beim Massenpublikum in Bombay, Hongkong, Seoul und São Paulo, nicht der Fall ist. Was wir dort vorfinden, ist bestenfalls etwas anderes: eitlen Synkretismus der Lokaltradition mit der internationalen, das heißt amerikazentrischen, Popkultur. Das läßt sich zum Beispiel ziemlich klar in der kommerzialisierten Filmkultur Hongkongs erkennen. Andrerseits hat die Globalisierung der westlichen Kultur auch die Produktion der Kulturwerke, die in diesen Idiomen Ausdruck finden, globalisiert. Ich denke zum Beispiel an die englischsprachige Literatur, in der wir in den letzten Jahrzehnten weit mehr Namen aus der nicht-angloamerikanischen Welt vorfinden als früher: Salman Rushdie, V. S. Naipaul aus Trinidad, Kazuo Ishiguro, Vikram Seth, Michael Ondaatje aus Sri Lanka, Derek Walcott aus St. Lucia, Wole Soyinka aus Nigeria.

Wird sich diese globalisierte westliche Hochkultur halten? In den reichen und kultivierten Minderheiten voraussichtlich ja, trotz der Verschiebung des wirtschaftlichen Zentrums der Welt vom Atlantik zum Pazifik und zum Indischen Ozean. Der globale Status der Reichen wird am besten durch anerkannte internationale Statussymbole bewiesen, also besser durch Rolls-Royce, Ferrari und Porsche (und deren kulturelle Äquivalente) als durch lokale Produkte. Auch wenn man ein paar Zimmer im Schloß für nationale beziehungsweise regionale Kultur reserviert. Schließlich – um ein regionales Beispiel zu nennen – zählt ein Matisse mit Salon der Arrivierten auch in Europa mehr als ein Lovis Corinth oder eine andere Lokalgröße. Nationalistische oder kulturell-religiöse Reaktionen gegen die westliche Kultur wird es sicher geben, auch – vielleicht ganz besonders – unter Intellektuellen, aber ich glaube, in den Eliten werden sie noch lange nicht den Ausschlag geben: Auch unter dem islamischen Fundamentalismus orientiert sich das Privatleben der oberen Klassen – so weit dies möglich ist – mehr an New York, Paris und London als an Ayatollah Khomeini; und (zumindest bis jetzt) mehr als an Tokio.

Stellen wir die Frage umgekehrt. Wenn einmal der Schwerpunkt der Welt im Fernen Osten und in Indien liegt, werden Tokio oder Bombay die Maler der Welt so anziehen wie einst Paris? Wird die Freizeit der Menschen des dritten Jahrtausends so japanisch oder chinesisch aussehen, wie die des 20. Jahrhunderts durch den Sport englisch aussieht? Denn der Sport – vom Fußball über Golf zum Tennis – ist eine rein britische Erfindung, die in der britischen Wirtschaftshegemonie des 19. Jahrhunderts wurzelt und von der Welt seitdem übernommen wurde. Wird Bombay das Weltzentrum der Medienkultur werden – es ist schon heute deren Zentrum für eine Milliarde Inder –, wenn Bangalore das Weltzentrum der Software wird? Werden Weltkunst und Kultur im nächsten Jahrhundert im Kimono oder Sari antreten? Wird die Kunstkultur so synkretistisch werden wie schon heute ein Teil der kommerziellen Massenkultur – der Popmusik oder der Filmindustrie von Hongkong mit ihrer eigenartigen Verbindung der Themen aus weit entfernten Kulturkreisen? Und wie viel von der unseren wird noch in dieser neuen, andersgefärbten Weltkultur stecken?

Ich glaube es nicht. Es ist unwahrscheinlich, daß sich im dritten Jahrtausend eine der aufstrebenden östlichen Kulturen global so durchsetzt wie seinerzeit die westliche. Schon weil mehrere dieser Kulturen heute miteinander wie auch mit der westlichen Hochkultur rivalisieren. Ich glaube also nicht, daß es eine solche neue globale Kultur überhaupt geben wird, die mit jener in der Zeit der westlichen Hegemonie vergleichbar ist. Eine solche Kunst- und Kulturhegemonie ist bei Weitem keine automatische Folge der Existenz einer einzigen Weltwirtschaft, einer globalen Wissenschaft und Technologie. Diese gibt es unbestreitbar, aber sie erfordert nur die Möglichkeit der Kommunikation, wie das mittelalterliche Latein, nicht aber die gemeinsame Kultur. Wir beurteilen die Kultur des westlichen Mittelalters nicht nach den Nebenprodukten dieser Kommunikation, zum Beispiel den Gedichten des Archipoeta, sondern nach Dante und Petrarca, nach Walther von der Vogelweide, Chaucer und Villon.

Anders steht es, meiner Ansicht nach, um die Massenkultur; ja, wenn Sie wollen, um die gesamte, nicht mehr in die Sprache des bürgerlichen 19. Jahrhunderts rückübersetzbare technisierte Kulturproduktion und Reproduktion unseres fast schon beendeten Jahrhunderts. Es ist mir überhaupt nicht klar, ob man diesen grenzenlosen Wind der durch Technologie (und immer mehr auch pharmazeutisch) vermittelten Sinnesempfindungen, in dem wir leben, noch als Kunst und Kultur im alten bürgerlichen Sinn beschreiben kann. Ich glaube in den Paradoxien der Postmoderne, die den Unterschied zwischen Autor und Leser abschaffen will, steckt irgendeine Ahnung dieser neuen Beziehung zwischen Leben und Kunst.

Wohin verweht uns dieser Wind? Ich weiß es nicht. Wenn zufällig ein neuer Walter Benjamin auftaucht, darf ich ihn oder sie bitten, uns für das 21. Jahrhundert das zu schreiben, was der alte mit »Das Kunstwerk im Zeitalter seiner technischen Reproduzierbarkeit« fürs 20. Jahrhundert geleistet hat.

In: Eric J. Hobsbawm/Hubert Christian Ehalt: Kunst und Kultur am Ausgang des 20. und am Beginn des 21. Jahrhunderts, Wiener Vorlesungen, Picus-Verlag Wien 2008, S. 31-50. Der Beitrag von Eric J. Hobsbawm ist die überarbeitete Fassung seines Vortrages am 16. April 1997 im Wiener Rathaus.

# Geschichtswissenschaft: Impulse für Menschen, nicht nur Fußnoten

Ich möchte Ihnen Dank aussprechen, daß so viele von Ihnen hierher gekommen sind. Ich möchte besonders Christian Ehalt und der Stadt Wien Dank dafür aussprechen, daß sie diese Wiener Vorlesung organisiert haben. Und ich möchte ganz besonders meinen Freunden und Kollegen Dank dafür aussprechen, daß sie sich die Mühe gemacht haben, hierher zu kommen, im Falle von Jürgen Kocka aus Berlin auf kurze Zeit, im Falle von Ernst Wangermann aus Salzburg. Das ist alles eine ernste Sache für mich, das ehrt mich, und auch wenn Sie nichts gesagt hätten, wäre das schon eine Ehre gewesen. Was bleibt mir noch übrig als Schlußwort? Ja, bloß zwei kurze Kommentare: Erstens: Glauben Sie nicht alles, was bei Ehrenabenden gesagt wird. Manches ist sicher richtig, anderes ist doch wohl etwas übertrieben. Zweitens: Als Historiker war ich nicht nur jemand, der Bücher geschrieben hat, sondern auch fünfzig Jahre lang Lehrer, und eine ganze Anzahl meiner Bücher ging aus meinen Vorlesungen an die Studenten und aus meiner Lehrtätigkeit hervor. Und die Tatsache, daß Historiker nicht nur Bücherschreiber sind, sondern auch eine jugendliche Generation herausbilden wollen, ist wichtig und ganz besonders wichtig für Leute wie mich, die glauben, daß die Geschichte zu wichtig ist, als daß man sie nur den Seminaren und den Fußnoten überlassen dürfte.

Wenn ich auch als Neunzigjähriger nicht mit der Arbeit aufgehört habe, so muß ich doch annehmen, daß mein Werk mehr oder weniger komplett ist. Ich frage mich also: Was wollte ich in meinem Lebenslauf als Historiker erreichen? Was habe ich tatsächlich geleistet? Ich will kurz versuchen, diese Fragen so ehrlich wie möglich zu beantworten.

Das ist aber nicht leicht. Ich wurde zum Historiker, als mir mein Lehrer in einem Berliner Gymnasium erklärte, bis ich das Kommunistische Manifest gelesen hätte, könnte ich mir bei aller Begeisterung nicht leisten, über Kommunismus zu reden. Die emanzipatorische Seite dieses schönen großen Buches habe ich nie vergessen, aber auch die geschichtliche Seite nicht. Im Grunde beschäftigen mich seit damals die riesigen Probleme, welche die materialistische Geschichtsauffassung aufwirft, genauer die Entwicklung des Kapitalismus, wo er herkommt, wo er hinführt, aber ganz besonders seit meiner Schulzeit die Beziehungen zwischen Wissenschaft, Technologie, politischer Macht und Kultur im Leben der Menschen in der Gesellschaft. Aber angehende Berufshistoriker können mit diesen Riesenfragen wenig anfangen. Sie müssen sich begrenzte Ziele stekken. Dazu kommt, daß ich psychologisch ein unsystematischer, ein intuitiver, ein spontaner, ja der Planung abgeneigter Historiker bin. Sogar meine groß angelegten Synthesen des 19. und 20. Jahrhunderts sind im Grunde ungeplant entstanden und haben sich irgendwie entwickelt. Ich habe bestenfalls die Gelegenheiten wahrgenommen, sowohl in der Forschung wie auch in der Publikation habe ich mich seit Anfang meiner Karriere vom Strom eines durch Zufall und durch äußere Anstöße gestalteten Lebens tragen lassen und gelegentlich die Gelegenheit wahrgenommen, die sich bot.

Tatsächlich war meine Ausbildung als Historiker eine Kette von Zufällen. Der Kriegsdienst und meine erste Ehe machten mein ursprüngliches Doktorprojekt unmöglich, nämlich eine Dissertation über die Agrarprobleme in Nordafrika. Auf der Suche nach einem Nachkriegsthema, das ich während des Krieges in England vorbereiten konnte, stieß ich auf die Fabian Society vor 1914, ein kleiner Kreis von manchmal sehr begabten linken Intellektuellen – man denke an Bernard Shaw und H. G. Wells –, die vorgaben, bei der Gründung der britischen Labour Party eine Hauptrolle gespielt zu haben. Es wurde mir bald klar, daß nicht viel aus diesem Thema herauszuholen war, obwohl es mir doch am Ende ein Doktorat lieferte und mich in das wunderbare Zeitalter von 1870 bis 1914 einführte, das ich später auch bearbeitet habe. Doch im Lauf meiner enttäuschenden Arbeit an den Fabiern entdeckte ich eine historische Schatzkammer in der Bibliothek der London School of Economics and Political Science, nämlich die sogenannte Webb Collection, das Material, welches Sidney und Beatrice Webb gegen Ende des 19. Jahrhunderts für ihre Arbeiten über die Gewerkschaften gesammelt hatten. Als Kommunist war ich natürlich an der Arbeitergeschichte interessiert, aber deren traditionelle Form als Geschichte der Parteien und Organisationen und Erzählung der großen Arbeiterkämpfe lockte mich nicht besonders. Aber die Arbeit der Webbs und ganz besonders ihr »Industrial Democracy« (1897) öffneten die Tür zu einer strukturellen, problemorientierten Geschichte der Arbeiter. Und ich versuchte mich an einer solchen Geschichte mit Hilfe des reichen Materials über die tatsächliche Praxis der englischen Gewerkschaften im 19. Jahrhundert. Und das führte mich auch logisch auf das Gebiet der sogenannten *history from below,* der Geschichte in der Perspektive der Armen und Machtlosen, die mich schon immer fesselte. Ich wurde also zum Arbeiterhistoriker und veröffentlichte auf diesem Gebiet meine Studien »Labouring Men« (1964) und zwanzig Jahre später die mehr kulturgeschichtlich orientierten »Worlds of Labour«, und natürlich auch, mit meinem alten Freund und Genossen George Rudé, die Monographie über die Rebellion der Landarbeiter im Jahr 1830, »Captain Swing«. Ich schrieb auch ein kleines Buch über die Entwicklung der Arbeiterklasse, aber in den frühen fünfziger Jahren war das Thema politisch zu brenzlig und der Verleger lehnte das Manuskript trotz Vertrag als »nicht unparteiisch« ab. Es wurde nichts daraus.

Mein erstes Buch »Sozialrebellen« kam durch Zufall zustande. Im Lauf der fünfziger Jahre war ich auf meinen Reisen in Italien und Spanien auf eigenartige Fälle gestoßen; ich entdeckte dort Phänomene, die mich eigenartig anmuteten, in denen die moderne Politik, die modernen Revolten irgendwie ins Mittelalterliche eingebettet schienen, besonders bei Bauernbewegungen. Ich entdeckte auch die Schriften Gramscis zur Frage der sogenannten »subalternen Klassen«. Zu dieser Zeit versuchten die englischen Sozialanthropologen, sich mit analogen Problemen in kolonialen Befreiungsbewegungen auseinanderzusetzen, und man fragte mich als Historiker, ob es in der europäischen Geschichte ähnliche Bewegungen gegeben hätte wie etwa den Mau-Mau-Aufstand der Kikuyu in Afrika. Aus einer solchen Diskussion entstand eine Einladung zu einer Reihe von Kolloquien an der anthropologischen Fakultät der Universität Manchester und danach der Vorschlag, »da ließe sich doch ein Buch daraus machen«, zusammen mit einem Vertrag der Manchester University Press.

Ich schrieb also die »Sozialrebellen«, die auch außerhalb Großbritanniens bekannt wurden, besonders in den USA und in der Dritten Welt, und zwar nicht nur unter den Akademikern – Historikern, Soziologen –, sondern auch unter den Studenten und den Jugendlichen.

Noch ein Zufall führte mich auf den Weg zur historischen Synthese, nämlich meine vierbändige Geschichte des 19. und 20. Jahrhunderts. Der Historiker, der über Europa von 1789 bis 1848 in einer neuen vierbändigen transnationalen Weltgeschichte schreiben sollte, war plötzlich ausgefallen, und die etwas entspanntere Lage nach dem Koreakrieg ermutigte den Verleger George Weidenfeld, mich zu bitten, diese Lücke zu stopfen. Ich verwandelte also ziemlich schnell meine Kurse über europäische Geschichte in ein Buch, »Die Europäischen Revolutionen«. Das Buch kam ganz gut an. Das Gleiche passierte zehn Jahre und vier Bücher später, als der Verfasser des folgenden Bandes auch nicht weitermachen wollte. Während ich also »Die Blütezeit des Kapitals« schrieb, wurde mir plötzlich klar, daß ich mich auf eine große analytische Synthese der Geschichte des 19. Jahrhunderts eingelassen hatte. Das führte logisch ein paar Jahre später zum ersten eigentlich bewußt geplanten Band (»Das imperiale Zeitalter«). Es schien sowohl mir wie meinem Agenten logisch, die Geschichte nicht anno 1914 stehen zu lassen, und so kam es zum Zeitalter der Extreme, dem sogenannten »kurzen 20. Jahrhundert«.

Wie kann man mein Werk als Historiker beurteilen? Meines Erachtens ist hier die kollektive Dimension wichtiger als die persönliche. Ich habe das Glück, zu einer weltweiten Generation von Historikern zu gehören, die zwischen den dreißiger Jahren und der historiographischen Wende der siebziger Jahre des vergangenen Jahrhunderts die Geschichtsschreibung gänzlich revolutionierten, und zwar hauptsächlich durch neue Verbindungen zwischen der Geschichte und den Gesellschaftswissenschaften. Es handelte sich nicht einfach um eine einzige ideologische Schule. Es handelte sich um den Kampf der historischen Moderne gegen die alte konventionelle Rankesche Historiographie, ob unter der Flagge der Wirtschaftsgeschichte, der französischen Soziologie und der Geographie wie bei den Annales, des Marxismus oder Max Webers. Warum in England die Marxisten eine so bedeutende Rolle spielten, ist noch nicht ganz geklärt, aber der Beitrag und der Einfluß der von Marxisten gegründeten Zeitschrift *Past & Present* lief parallel mit dem der französischen *Annales* und der Bielefelder *Deutschen Gesellschaftsgeschichte*. Alle betrachteten einander als Verbündete. Und mein historischer Werdegang geht eben durch diese Kollektive: durch die Economic History Society meines alten Lehrers Mounia Postan, durch die kommunistische Historikergruppe auch als Mitgründer von *Past & Present* und auch schon ab 1950 als Mitglied der Sektion Sozialgeschichte des internationalen Komitees für historische Wissenschaften, damals auf französische Annales-Initiative gegründet. Mein Werk als Historiker wurzelt in diesen Kollektiven der Genossen, Kollegen und Freunde. Und mein Beitrag zum Beispiel zum Aufstieg und der Popularisierung der sogenannten Sozial- oder Gesellschaftsgeschichte ist aus diesen Kollektiven nicht herauszulösen.

Wie steht es aber um meinen persönlichen Beitrag zur Historiographie des 20. Jahrhunderts? Ich habe das Glück, viele Leser im gebildeten Publikum der Nicht-Historiker in vielen Ländern gefunden zu haben, ohne die Anerkennung der Fachkollegen in der Historikerzunft ganz einzubüßen. Ich glaube, ich bin wohl der international bekannteste britische Historiker geworden – jedenfalls in den letzten Jahrzehnten. Und das ist eigenartig, denn schließlich wird mein Marxismus, mit dem ich schon seit Langem identifiziert werde, sowohl im Fach wie größtenteils im Publikum heutzutage weitgehend abgelehnt. Daß man mich weiter liest, freut mich aber, denn wenn Historiker etwas zu sagen haben, werden sie nicht nur für sich selbst oder für esoterische Kollegen Seminare halten und Bücher schreiben, besonders nicht, wenn sie glauben, daß die Geschichte nicht nur zum Verstehen der Welt da ist, sondern auch zum Verändern und Verbessern der Welt.

Wie verhält es sich mit meinem persönlichen Beitrag zur Historiographie der letzten fünfzig Jahre? Ich habe keine Riesenwälzer der gelehrten Quellenforschung geschrieben oder, mit Ausnahme meiner Zusammenarbeit mit George Rudé, Standardwerke, die in Bibliographien zitiert werden, bevor sie, wie alle historischen Publikationen, von der späteren Forschung überholt werden. Ich habe keine historische Schule gegründet oder gründen wollen. Die Leute haben mich gelesen, und ich weiß nicht, was sie aus mir herausgelesen haben, aber ich möchte mich am liebsten als eine Art Guerillahistoriker beschreiben, der nicht so sehr hinter dem Artilleriefeuer der Archive auf sein Ziel zumarschiert, als es mit der Kalaschnikow der Ideen seitwärts aus den Büschen zu beschießen. Ich bin im Grunde ein neugieriger, aber problemorientierter Historiker, der versucht hat, durch neue Fragestellungen neue Perspektiven in alte Diskussionen zu bringen und vielleicht neue Gebiete zu eröffnen. Das ist mir auch manchmal gelungen, auch wenn sich die meisten der tatsächlichen Thesen, die ich zu vertreten versucht habe, nicht gehalten haben, aber das ist nicht das Wichtige. Das Wichtige ist, daß sich in den meisten Fällen groß angelegte Diskussionen darüber entwickelt haben und manche noch weitergehen. Die Tatsache, daß es zum Beispiel heutzutage eine große Bibliographie der Geschichte des sozialen Räubertums gibt, geht auf ein Kapitel zurück, das ich 1959 geschrieben habe. Es ist schade, daß die meisten dieser Leute, die darüber schreiben, mit mir nicht einverstanden sind, aber ohne mich gäbe es eben diese Sache nicht, und das ist etwas Positives.

Daß ich intuitiv und ohne viel Planung an die Geschichte herangehe, ist mir auch in dieser Hinsicht behilflich gewesen. Denn es hat mir manchmal ermöglicht, den Augenblick, in dem gewisse Probleme sozusagen auf die Tagesordnung der Wissenschaft und der Politik kommen, wie Ernst Wangermann mit Recht gesagt hat, instinktiv zu erkennen und manchmal in einer Phrase festzuhalten. Eben deshalb machten sich zum Beispiel die »Sozialrebellen« seinerzeit fast sofort einen internationalen Namen bei jüngeren Historikern, Soziologen und Anthropologen. Das ist wohl auch der Grund, warum meine kleine Phrase, »Die Erfindung der Tradition« und das Buch, das aus ihr hervorging, noch heute viel von sich reden macht und hervorgehoben wird, daß ich irgendwie zu einer früheren Generation gehöre, die in vieler Hinsicht nicht sehr mit der neuen Wende sympathisiert, daß ich aber trotzdem nicht ganz außerhalb dieser neuen Tendenzen stehe. Darum zum Beispiel zirkuliert mein kleines Buch über Nation und Nationalismus trotz seiner offensichtlichen Schwächen noch heute in vierundzwanzig Sprachen.

Wie lange ich unter den Fachhistorikern und beim Leserpublikum präsent bleiben werde, kann ich nicht beurteilen. Ich kann nur mit Genugtuung feststellen, daß fast alle meine Werke seit den fünfziger Jahren noch irgendwo in Druck sind – und das ist schön, ganz verjährt bin ich noch nicht. Da ich bestenfalls nur wenige Jahre vor mir habe, stört es mich nicht besonders, daß sie ja früher oder später verjährt sein werden. Die Obsoleszenz ist das unvermeidliche Geschick der Historiker; die Einzigen, welche sie überleben – was äußerst selten vorkommt – sind die Historiker, die zugleich bedeutende Schriftsteller waren: ein Gibbon, ein Macaulay, ein Michelet; aber wer zu dieser winzigen Gruppe gehört, darüber haben wir heute keine Kontrolle. Das kann nur die Zukunft entscheiden.

In: Gerhard Botz, Hubert Christian Ehalt, Eric J. Hobsbawm, Jürgen Kocka, Ernst Wangermann: Geschichte: Möglichkeit für Erkenntnis und Gestaltung der Welt. Vorträge im Wiener Rathaus anläßlich der Verleihung der Ehrenbürgerschaft der Stadt Wien an Eric J. Hobsbawm am 22. Januar 2008, Picus Verlag Wien, 2008, S. 69-78.

*Eric Hobsbawm, 2009*

# In der dritten Krise

*Die gegenwärtige Wirtschaftskrise scheint die dritte große Krise zu werden, mit der Sie sich in Ihrem Leben befaßt haben. Die Krise von 1873 haben Sie nicht selbst erlebt, aber sie lag in jenem »langen« 19. Jahrhundert, über das Sie geschrieben haben. Die Krise von 1929 haben Sie als Kind erlebt und sie gehört zu den großen Tatsachen Ihres Buchs »Das Zeitalter der Extreme«. Und nun 2008/2009. Wenn Sie diese drei Krisen vergleichen, zu welchem Ergebnis kommen Sie?*

Wir sind heute wieder, und das wird zum ersten Mal von allen zugegeben, in einer der grundlegenden Krisen des Kapitalismus. Es ist sehr interessant, wie es bis jetzt vermieden wurde, überhaupt davon zu sprechen, und erst in den letzten paar Wochen hört man wieder den Vergleich zu 1930 usw. Das kommt eigentlich von einer außerordentlichen – wie soll man sagen? – theologischen Offensive, die theoretisch von Ökonomen geleitet, aber seit der Mitte der siebziger Jahre immer mehr von Regierungen angenommen wurde. Diese Idee, die man economic market fundamentalism genannt hat, war eine Art Abart des Laissez-faire. Natürlich war das Laissez-faire schon immer das Prinzip des Kapitalismus, also der freie Markt, der ungehinderte Markt, die freie Bewegung aller Faktoren der Wirtschaft. Und von allem Anfang an war das auch, wie gesagt, schon global, jedenfalls seit der frühen Mitte des 19. Jahrhunderts. Auch damals war das eine Art reductio ad absurdum. Ich schrieb einmal, wenn Sie mir das erlauben zu zitieren,

> »daß eine solche Wirtschaft keine Grenzen anerkannte, denn sie funktionierte am besten, wenn das freie Spiel der Produktionsfaktoren durch nichts beeinträchtigt wurde. Der Kapitalismus war damit nicht nur praktisch, sondern auch theoretisch internationalistisch. Das Ideal seiner Theoretiker bestand in einer internationalen Arbeitsteilung, durch die ein optimales

> Wachstum der Weltwirtschaft gewährleistet wurde. Seine Maßstäbe waren global: es war unsinnig, in Norwegen Bananen züchten zu wollen, wenn ihr Anbau in Honduras weit billiger war. Auf lokale oder regionale Verhältnisse bezogene Gegenargumente wurden nicht akzeptiert. Die reine Theorie des Wirtschaftsliberalismus billigte auch die extremsten und absurdesten Konsequenzen ihrer Grundannahmen, sofern sich nachweisen ließe, daß die gesamte Industrieproduktion der Welt sich am besten in Madagaskar konzentrieren würde (so wie damals 80 Prozent der weltweiten Uhrenproduktion auf die Schweiz entfielen [...]) oder daß die gesamte Bevölkerung Frankreichs tunlicherweise ihren Wohnsitz in Sibirien nähme (so wie große Teile der norwegischen Bevölkerung ihr Land verließen und in die USA auswanderten), dann konnte es einfach keine ökonomisch vernünftigen Argumente gegen derartige Entwicklungen geben.«[1]

Im 19. und auch im 20. Jahrhundert wurde die Absurdität dieser Annahmen ein wenig kontrolliert von der historischen Wirklichkeit des Kapitalismus, der eben erstens nur in begrenzter Hinsicht im Weltmaßstab funktionierte und der zweitens sich zum großen Teil in größeren Blöcken entwickelte, den verschiedenen Staaten, Nationen, Nationalstaaten usw., deren Politik und deren Interessen nicht immer mit dem absolut totalen, optimalen Wirtschaftswachstum zusammenfielen. Das Neue seit den 70er Jahren ist meiner Ansicht nach, daß die Weltwirtschaft wirklich globalisiert wurde, in dem Sinne, daß nicht nur Devisen und andere Finanzmittel international gehandelt wurden – was schon lange der Fall war – und Warenimporte und -exporte, sondern daß auch die Produktion international und multinational wurde. Trotzdem war das wirklich Neue nicht, daß das Laissez-faire, der freie Markt, wiederkam, sondern daß er einen gewissen religiösen Anstrich hatte.

Der größte Teil der Volkswirtschaftler glaubte erstens nicht an die Tatsache, daß sich der Kapitalismus nur durch Krisen entwickelt. Man sagte: »Ach, wir wissen ja viel zu viel davon, das ist alles abgeschafft.«

Zweitens glaubten sie, daß der freie Markt immer die Probleme, die er stellte, auch selbst rationell regeln werde.

Und drittens nahm man an, daß hierdurch irgendwie nicht nur maximales Wirtschaftswachstum, sondern auch maximale Wohlfahrt der Menschen entstehe. Denn die Menschen seien Individuen und ra-

---

1 Eric J. Hobsbawm: Das imperiale Zeitalter 1875-1914. Frankfurt/New York 1989. S. 59f.

tionelle Agenten auf einem Markt, der seine eigene Rationalität hatte. Deshalb könne es auf die Dauer nicht zu Schwierigkeiten kommen, außer durch äußerliche Einwirkung der Staaten, Politiker und anderer Akteure von außerhalb des Marktes.

Daß man so etwas ernsthaft glaubte, scheint heute schon unfaßbar, aber es ist eine Tatsache, daß die meisten Volkswirtschaftler 30 Jahre lang fest daran glaubten und die Befolgung dieser Vorstellungen für die einzige und allein selig machende Politik hielten.

Ich glaube, eben deshalb kam die heutige Krise überraschend; sie war für uns alle unerwartet, nicht die Krise selbst, aber der Zeitpunkt. Was sich nie voraussehen läßt, ist der Moment, in dem etwas geschieht. Der Zeitpunkt läßt sich nie voraussehen, auch wenn man die Tendenzen voraussieht. Es war ziemlich klar, daß das bisherige Treiben nicht ewig dauern könnte, aber wie lange es dauern würde, das war nicht vorherzusehen. Ich habe selbst oft genug gesagt: »Jetzt muß es aus sein mit dieser Art Theologie, jetzt scheint es doch unmöglich, weiter daran zu glauben.« Es ging aber doch noch weiter. Das Verschwinden der Sowjetunion wirkte wohl verlängernd, hat diesen Kurs zwischenzeitlich noch gestärkt, da die meisten anderen Länder auch in dieses Programm verfielen. Es ist eine Tatsache, daß diese theologische Volkswirtschaftslehre – das Werk von Theologen mit mathematischen Algorithmen – sich nun doch selbst widerlegte. Das war schon Ende der 90er Jahre so, als ein großer Investitionskonzern in Amerika flöten ging, der von weltbekannten Nobelpreisträgern und Volkswirtschaftlern geleitet wurde, die sagten: »Ja, das muß gehen. Da ist kein Risiko. Denn das einzige Risiko, das wir sehen können, tritt einmal in 23 Millionen Jahren ein«. Das ist an sich schon ein Blödsinn. Die Dinge auf der Welt sind nicht so, wie diese Theologen sagten. Aber so war es, sie schienen Recht zu behalten. Und so kommt es, daß diese Leute heute gänzlich ohne eine wirkliche Lösung dastehen. Sie wissen, daß es aus ist; sie wissen, daß irgendwie der reine, freie Markt nicht mehr so funktionieren kann – ich sehe ganz ab von der Umweltfrage usw., zumal das auch schon immer ziemlich klar war. Jetzt ist es zwar eine Tatsache, daß Regierungen, das Kollektiv, die Öffentlichkeit eingreifen müssen, sie wissen aber nicht: wie, denn das Einzige, was sie haben, ist ein Rückgriff auf das, was in den 30ern versucht wurde und damals nicht sofort half. Die ökonomische Weltkrise, die 1929 ausgebrochen war, dauerte ja mehrere Jahre. Letztlich war es der Krieg, der sie beendete, und nicht die Möglichkeit, den Krieg zu vermeiden. Ich sage natürlich überhaupt nichts gegen Keynes, der ein sehr intelligenter, ungeheuer kluger Mann war, auch ein praktisch kluger Mann, aber er selbst glaubte nicht, daß das, was er machte, sofort die utopische Lösung der wirtschaftlichen Probleme war. Das gilt auch für die Vereinigten Staaten – man vergißt heute, sollte es aber nicht vergessen, daß sogar der Börsenkurs von 1929 erst Mitte der 50er Jahre wieder erreicht wurde. Wenn wir heute in einer solchen Krise sind, wie ich wohl glaube und ich stehe damit heute nun wirklich nicht allein, dann wird sie nicht nächstes Jahr oder übernächstes Jahr beendet sein – es wird sich irgendwann bessern, es hat sich auch ab 1932 sogar in der Welt gebessert. Aber eine dauernde – nennen wir sie mal so: – Umsteuerung auf eine neue Form der Weltwirtschaft wird natürlich viel Zeit brauchen und zusätzlich kompliziert werden durch die internationale Lage. Makabrerweise war das in den dreißiger Jahren anders, denn es gab international sozusagen ein Programm zur Lösung, nämlich die Vorbereitung des Krieges. Weil die Deutschen damit anfingen, machten sie bessere Fortschritte in der Bewältigung der Krise als die anderen.

Heute ist das nicht mehr der Fall. Wie nach dieser Krise die Welt aussehen wird, das ist noch ganz unsicher.

Historiker sind keine Propheten, das überläßt man den Konjunkturforschern und den Business-Vordenkern. Aber die wissen es auch nicht. Diese Ungewißheit ist natürlich nicht nur für die Kapitalisten ein großes Problem, sondern auch für uns, aber das ist eine andere Frage.

Diese großen Krisen, die Sie ansprechen, sind einander nicht ähnlich. Die erste dieser großen Krisen, die des späten 19. Jahrhunderts, war vom modernen Standpunkt aus gesehen überhaupt keine Krise, ausgenommen für die Landwirtschaft und für die Leute, deren Preise absolut steil fielen. Die Preise fielen um ein Drittel, und die Landwirtschaft war damals natürlich ein sehr bedeutender Teil aller Wirtschaften. Andererseits: erstens einmal ging es ja weiter aufwärts mit dem Welthandel und den Weltinvestitionen, die Produktion stieg ungeheuer. Mehr noch: Das war die Zeit, in der sich die Industrie von England ausgehend auf weitere Zentren ausbreitete: Deutschland, die Vereinigten Staaten besonders, auch Schweden, Rußland usw. Was damals die Ökonomen, wie zum Beispiel Marshall, pessimistisch stimmte, waren der Fall der Preise, der Profite und der Zinsen. Sie alle stürzten ab. Da wußte man nicht: wo kommt man wieder zu Profiten. Es war natürlich auch eine Krise für die Menschen, die damals litten und gepreßt wurden.

Die zweite Krise war eine ganz andere Sache.

Die dritte der großen Krisen, in der wir heute sind, findet schon wieder in einer ganz anderen Gesamtsituation statt. Zunächst einmal hat sich die Weltwirtschaft stark verschoben. Die westlichen Zentren bleiben noch ungeheuer wichtig, sie haben ein riesiges, gleichsam ererbtes Kapital nicht nur an Industrie, sondern auch an Bildung und in der ganzen Einstellung, und sie sind unverändert bei weitem pro Kopf die reichsten, aber das große Problem der neuen Krise ist ein verhältnismäßiger Rückzug der großen alten Zentren durch die Auswanderung der Produktion und auch der hochintellektuellen, hochgradigen Dienstleistungen in andere Länder. Ich glaube, für viele Menschen in den westlichen Ländern ist der Ausblick auf das 21. Jahrhundert viel weniger optimistisch, als dies zum Beispiel in den großen östlichen Entwicklungsländern der Fall ist. Es wird vielleicht keinen Kollaps geben, aber die Tatsache, daß sie im Rückzug sind, und das trifft auch auf Europa zu, ist nicht abzustreiten. Ganz besonders gilt das aber für die Vereinigten Staaten.

Wie wird sich das politisch auswirken? Das ist das riesige Problem. Die Linke, deren soziale Basis die Arbeiterklasse war, existiert praktisch heute nicht mehr, jedenfalls nicht in den entwickelten Ländern. Sie besteht noch zum Teil in neu entwickelten kapitalistischen Ländern. Brasilien ist ein sehr schönes Beispiel einer Bewegung, die mich als Historiker sehr an das späte 19. Jahrhundert in Europa erinnert: eine Verbindung zwischen einer Arbeiterbewegung in der Schwerindustrie und in anderen Industrien mit einer linken Ideologie, auch mit Intellektuellen, die es zu einer Massenpartei bringt und dann ihren Führer, der übrigens einer der wenigen ist, der ursprünglich auch Proletarier war, zur Macht trägt. Man kann ja meiner Ansicht nach vieles an Lula kritisieren, aber er entspricht doch den Hoffnungen, die man sich in Europa seinerzeit gemacht hat. Revolutionär ist das nicht, aber das war auch der Großteil der Arbeiterbewegung in Europa einst nicht. Sie wollten etwas Besseres als den Kapitalismus, aber weder im Westen noch in Mittel- und Westeuropa stand die Revolution im alten Sinne auf der Tagesordnung, jedenfalls seit Mitte des 19. Jahrhunderts nicht. Immerhin: eine solche Arbeiterbewegung existiert noch, aber das Neue an der Sache ist, daß die Ideologie der Linken, die ursprüngliche Ideologie der Aufklärung, der Menschen- und Weltverbesserung: daß diese Universalideologie theoretisch und daß praktisch die tatsächliche Massenbasis dieser Bewegung schwer gelitten hat. Die sind nicht mehr da, weder in der kommunistischen Form noch in der sozialdemokratischen Form – man muß beide gleichmäßig behandeln. Man sprach von der Krise des Kommunismus, die natürlich mit dem Ende der Sowjetunion ganz offensichtlich war, aber die Krise der Sozialdemokratie war genauso tiefgehend und hält ja noch an.

Ja, was ist aus alledem geworden? Hegemonial können diese Kräfte nicht mehr sein – obwohl manche der Parteien, die ursprünglich sozialistische Schöpfungen waren, noch immer da sind. Aber die haben sich ganz geändert. New Labour ist nicht Labour. In manchen Ländern wie z. B. in Deutschland ist die Tradition der Sozialdemokratie noch nicht ganz so abgeschafft wie in England, aber auch da ist es nicht mehr so, wie es war. Das kann nicht mehr erwartet werden. Dagegen kommen diese neuen Phänomene: ich habe Angst, denn in den 30er Jahren waren die augenblicklichen Nutznießer der großen Krise im Großteil Europas eben nicht die Linken, im Gegenteil. Mit Ausnahme der Vereinigten Staaten, die damals nach relativ links stießen, und Skandinavien, war das ein ungeheurer Rückzug aller Linken in Europa, und es kam der Aufstieg der Faschisten und einer faschistischen Bewegung, die, wie man heute zugeben muß, Massenbasis hatte. Das war nicht nur in Italien wie in Deutschland so, sondern auch in kleineren Ländern. Davor habe ich Angst. Das sind Bewegungen, die erstens einmal theoretisch nicht an den freien Markt gebunden sind. In den letzten fünfzig Jahren haben sich der Konservatismus und der freie Markt so angenähert, daß sie z. B. in Amerika und anderswo, auch in Europa, meistens mehr oder weniger identisch, zusammengehörig sind. Die Konservativen sind Leute, die auf den freien Markt pochen. Das ist bei der radikalen Rechten nicht der Fall, die haben keine Angst vor Tabubrüchen. Hinzu kommt die totale Unsicherheit der Weltordnung.

Somit bin ich auf kurze Sicht nicht besonders optimistisch. Im Lauf der nächsten 20, 30 Jahre wird sich ein neues Weltsystem herausbilden, so daß, wenn es nicht in der Zwischenzeit zu Katastrophen kommt (was nicht unmöglich ist), der Kapitalismus auf welche Weise auch immer seine 30, 40 Jahre weiter funktionieren kann, bis er wieder seine internen Widersprüche entwickelt. Aber was die Antriebskräfte der sozialen Interessen der Bevölkerung, der Völker sein werden, das ist bei weitem nicht so klar.

*Diese Skepsis haben Sie auch schon früher geäußert. Bei einer Veranstaltung in Bochum sagten Sie, die Kommunistische Partei sei jetzt wie ein Kloster.*

Nein, das habe ich eben nicht gesagt. Ich habe gesagt, die Kommunistische Partei war eine soziale Konstruktion, die seinerzeit so wichtig war wie die Erfindung der Klosterorden im Mittelalter. Die waren seinerzeit ungeheuer wichtig, sind aber heute nicht mehr da. Im 20. Jahrhundert war die Kommunistische Partei eine ungeheuer erfolgreiche und wichtige gesellschaftsschaffende Organisation in einer Art, wie es zu dieser Zeit keine andere gab. Das gilt für Lenin mehr als für Marx, obwohl es ohne Marx Lenin nicht gegeben hätte. Aber was ich sagte, ist, daß die Zeiten dieser kommunistischen Parteien vorbei sind: d.h., die Leute, die sich heute auf der Linken organisieren, die sind anders.

Die kommunistischen Parteien sind keine kommunistischen Parteien im Sinne der Avantgarde-Partei mehr. Die Leute, die noch als Avantgarde aufzutreten versuchten, das waren meistens kleine terroristische Gruppen, wie man das in den 70er Jahren sah und die es meist nicht weit gebracht haben. Aber ich sehe nicht, daß diese Art der Organisation heute den gleichen Wert hätte.

Es ist aber eine schöne Sache, daß es jedenfalls eine kleine Linke in Deutschland gibt, in England gibt es sie nicht, in Italien ist sie gänzlich verschwunden. Ich hatte vor ein paar Jahren den Sekretär der französischen KP bei mir, und der sagte ehrlich: Wir haben keine Zukunft. Das hat uns alle schwer berührt, jedenfalls Menschen meiner Generation, und in dieser Hinsicht hat Deutschland ein gewisses Privileg, noch.

*Als Sie 16 Jahre alt waren, wußten Sie, wo Sie hinzugehen hatten. Können Sie sich vorstellen, wie das wäre, heute 16 zu sein und sich in die politische Welt hinein zu finden?*

Zum ersten würde ich mich natürlich in gewissen Kampagnen organisieren, in Umwelt- und ganz besonders Protestkampagnen. Das Vorgehen Israels in Gaza hat doch spontan in der Welt so viel Protest ausgelöst, daß es sogar den Amerikanern unmöglich ist, die Resolution der Vereinten Nationen einfach abzulehnen. Solche Protestbewegungen bleiben weiter ungeheuer wichtig.

Zweitens: die meisten der Jungen, die ich kenne, die irgendwie ein soziales Gefühl haben, haben sich in den letzten paar Jahrzehnten für Arbeit in der Dritten Welt eingesetzt. Wenn sie etwas machen wollen, dann gibt es genug Organisationen, die NGOs usw., die es ihnen möglich machen. In der Politik im engeren Sinn ist es schwieriger, jedenfalls in der Innenpolitik. Im Augenblick würde ich den Leuten sagen: Arbeiten Sie in der ganzen Welt, nicht unbedingt nur in Ihrem eigenen Land.

*Werden die USA nach Obama an ihren Weltherrschaftsvorstellungen festhalten?*

Die waren eine fixe Idee. Erstens einmal wäre Weltherrschaft im Kalten Krieg unmöglich gewesen. Niemand dachte damals daran. Das kam erst mit dem Verschwinden der UdSSR auf, und auch war es irgendwie eine pathologische Entartung. Das hört jetzt auf, und es muß aufhören. Die Welt hat das längst erkannt. Bush hat es geschafft, dem Land selbst zu erkennen zu geben, daß es nicht möglich ist, allein die Weltherrschaft nur aufgrund der militärischen Kraft zu erhalten. Das wird aufhören müssen. Was viel schwieriger für Obama sein wird, ist, sich und das Land an einen verhältnismäßigen Rückzug der

Vereinigten Staaten zu gewöhnen. Die Vereinigten Staaten haben noch immer ein riesiges Reich und waren die ganze Zeit über hegemonial, das nimmt jetzt ab. Ich glaube kaum, daß sich an der internationalen Politik der Vereinigten Staaten sehr viel ändern wird, im Unterschied zur Innenpolitik. Aber an Weltherrschaft glaubt nicht mal Obama mehr. Einer der Gründe für die Vorstellungen von Weltherrschaft war ja, daß die meisten Amerikaner den Rest der Welt überhaupt nicht kannten und daher nicht wußten, was anderswo los war.

*Sie haben einmal gesagt, in der Welt ändere sich viel, aber nicht alles. Was ändert sich nicht? Was sind die Konstanten bei den vielen Veränderungen, die wir erleben?*

Es handelt sich zum Teil um biologische Konstanten: Männer, Frauen, Generationen. Wie deren Beziehungen jedes Mal ausschauen, ist eine andere Frage, aber es sind Konstanten.

Zweitens gibt es gewisse geographische Konstanten. Die Änderungen in der Umwelt machen diese ein bißchen fraglich, aber trotzdem: die westliche Hemisphäre ist nicht dasselbe wie die östliche Hemisphäre. Es bleibt weiter dabei, daß z. B. der Großteil der bewohnten Fläche der Welt nördlich des Äquators ist, nicht südlich. Was das im Einzelnen bedeuten wird, weiß ich nicht.

Drittens: es wird immer Musik geben, nicht immer die gleiche, aber ich meine, die gibt es überall in gewisser Art. Die wird es weiter geben, denn ich glaube, sie ist irgendwie eingebaut in die Menschen. Und darüber hinaus die Kunst, die Schönheit.

Und viertens noch etwas: Soweit ich weiß, gibt es keine Gesellschaft ohne den Begriff der Ungerechtigkeit. Und daher soll es auch keine geben, in der man sich nicht gegen sie auflehnt.

Das Gespräch führten Friedrich-Martin Balzer und Georg Fülberth am 9.1.2009 in London. Copyright by PapyRossa Verlags GmbH & Co. KG Köln.

# Schlecht für die Juden

Drei Wochen lang ist die Barbarei vor einem weltweiten Publikum gezeigt worden, das zugeschaut, sich seine Meinung gebildet und, von wenigen Ausnahmen abgesehen, Israels bewaffneten Terror gegen 1,5 Millionen Einwohner, die seit 2006 im Gaza-Streifen blokkiert werden, zurückgewiesen hat. Niemals zuvor wurden die offiziellen Rechtfertigungen für die Invasion offensichtlicher durch die Kombination von Fernsehbildern und Arithmetik widerlegt; oder der Neusprech von »militärischen Zielen« durch die Bilder von blutenden Kindern und brennenden Schulen. Dreizehn Tote auf der einen Seite, 1360 auf der anderen: Es fällt nicht schwer, herauszufinden, welche Seite das Opfer ist. Viel mehr braucht niemand über Israels entsetzliche Operation in Gaza zu sagen.

Außer denen unter uns, die Juden sind. In einer langen und unsicheren Geschichte als Volk in der Diaspora hat unsere natürliche Reaktion auf öffentliche Ereignisse unvermeidlich die Frage enthalten: »Ist es gut oder schlecht für die Juden?« In diesem Fall ist die Antwort unmißverständlich: »Schlecht für die Juden«.

Es ist offensichtlich schlecht für die 5,5 Millionen Juden, die in Israel und in den seit 1967 besetzten Gebieten leben. Ihre Sicherheit wird durch militärische Aktionen gefährdet, die israelische Regierungen in Gaza und im Libanon unternehmen. Solche Aktionen zeigen deren Unfähigkeit, die erklärten Ziele zu erreichen, und verewigen und intensivieren Israels Isolation im feindlichen Nahen Osten. Weder Völkermord noch Massenaustreibung der Palästinenser aus dem, was von ihrem Land übrig geblieben ist, noch etwaige Zerstörung des Staates Israel stehen auf irgendeiner Tagesordnung praktischer Politik. Nur ausgehandelte Koexistenz unter gleichen Bedingungen zwischen den beiden Konfliktparteien kann eine stabile Zukunft gewähren.

Jedes neue militärische Abenteuer wie in Gaza und Libanon wird eine solche Lösung erschweren und die israelische Rechte und die Siedler in der West Bank stärken, die sowieso diese Lösung nicht wollen.

Ebenso wie der Libanon-Krieg im Jahre 2006 hat der Gaza-Krieg Israels Zukunftsaussichten verdüstert. Er hat auch die Aussicht für die neun Millionen Juden verdüstert, die in der Diaspora leben. Reden wir nicht um den heißen Brei herum: Kritik an Israel bedeutet nicht unbedingt Antisemitismus, aber Israels Regierungshandlungen rufen Scham unter den Juden und heute mehr Antisemitismus als alles andere hervor. Seit 1945 haben Juden, innerhalb und außerhalb Israels, enorm von dem schlechten Gewissen jener westlichen Welt gezehrt, die jüdische Einwanderung in den 1930er Jahren verweigerte, Völkermord beging oder darin versagte, ihm zu widerstehen. Wieviel von dem schlechten Gewissen, das praktisch 60 Jahre lang Antisemitismus im Westen ausgeschlossen und ein goldenes Zeitalter für die Diaspora produziert hat, ist heute übrig geblieben?

Israel ist, wie Gaza zeigt, nicht das Opfervolk der Geschichte, auch nicht das »tapfere kleine Israel« der Jahre 1948-1967, wie es der Mythos von einem David, der all seine ihn umgebenden Goliaths besiegt, haben will. Israel verliert das internationale Wohlwollen so schnell wie die Vereinigten Staaten es unter George W. Bush verloren, und zwar aus ähnlichen Gründen: nationalistische Blindheit und Größenwahn militärischer Macht. Es besteht ein Zusammenhang zwischen dem, was gut ist für Israel, und dem, was gut für alle Juden in der Welt ist. Aber bis es eine gerechte Antwort auf die Palästinensische Frage gibt, ist und kann es nicht dasselbe sein. Und dies zu sagen, ist heute für Juden unumgänglich.

Übersetzung von Friedrich-Martin Balzer und Georg Fülberth. Dieser Artikel erschien zuerst in der London Review of Books – www.lrb.co.uk am 15. Januar 2009.

# 100 Veröffentlichungen von Eric Hobsbawm in deutscher Sprache bzw. deutscher Übersetzung

**1944**

Johannes Nestroy. In: Die Zeitung, Londoner deutsches Wochenblatt, durchschnittliche Auflage 20.000. 4. Jg., Nr. 363 vom 18. Februar 1944, S. 7.

William Hazlitt. In: Die Zeitung, Londoner deutsches Wochenblatt, 4. Jg., Nr. 379, vom 9. Juni 1944, S. 6.

Sean O'Casey. In: Die Zeitung, Londoner deutsches Wochenblatt, 4. Jg., Nr. 393, vom 15. September 1944, S. 6

William Morris. In: Die Zeitung, Londoner deutsches Wochenblatt, 4. Jg., Nr. 401 vom 10. November 1944, S. 7.

**1945**

Bismarck und Österreich, Zeitspiegel, 7. Jg., Nr. 14 vom 7. April 1945, S. 7.

Die österreichisch-deutsche Grenze, Zeitspiegel, 7. Jg., Nr. 22 vom 2. Juni 1945, S. 6.

Der Fall Friedjung, Zeitspiegel, 7. Jg., Nr. 30 vom 28. Juli 1945, S. 6.

Königgrätz: Die Liberale Zeit, Zeitspiegel, 7. Jg., Nr. 50 vom 15. Dezember 1945, S. 5.

**1946**

Deutsche Geschichte, mit englischen Augen gesehen, Blick in die Welt, Bilderzeitschrift der britischen Militärregierung in der britischen Zone 1946-1949, 1946, 2, S. 34-35.

Die Jungen Fabier, Blick in die Welt, Bilderzeitschrift der britischen Militärregierung in der britischen Zone 1946-1949 5, 1946, S. 18-20.

Bernard Shaw, Zeitspiegel, 8. Jg., 3. August 1946.

Die Unabhängigkeit Österreichs, Zeitspiegel, 8. Jg., Nr. 6 vom 9. Februar 1946.

Die Habsburger, Zeitspiegel, 8. Jg., Nr. 7 vom 16. Februar 1946.

Das Großdeutschtum, Zeitspiegel, 8. Jg., 23. Februar 1946.

Der Künstler William Morris, Blick in die Welt, Bilderzeitschrift der britischen Militärregierung in der britischen Zone 1946-1949, 6, 1946, S. 36-38.

**1962**

Europäische Revolutionen, 679 S., Übersetzung: Boris Goldenberg, Kindler Verlag München 1962, 1978, dtv 1983, Parkland Verlag 2004.

Sozialrebellen: archaische Sozialbewegungen im 19. und 20. Jahrhundert, Übersetzung: Renate Müller-Isenberg u. Charles Barry Hyams, Neuwied 1962, 1971, Giessen 1979, 263 S.

**1963**

Besprechung von Siegfried Bünger, Friedrich Engels und die britische sozialistische Bewegung, 1881-1895. In: Zeitschrift für Geschichtswissenschaft, XI, 1963, S. 614-617.

**1965**

Das Problem der revolutionären Praxis heute. In: Notizen (Tübinger Studentenzeitung), 63, 1965, S. 12-13.

## 1966

Der Dialog über den Marxismus. In: Kürbiskern, Literatur und Kritik, 2. Jg., 4/1966, S. 108-120; Übersetzung von Wolf-Dieter Rasch; Nachdruck in Gerhard Szczesny (Hg.), Jahrbuch für kritische Aufklärung, Reinbek bei Hamburg 1969, S. 17-29.

## 1967

Der britische Lebensstandard, 1790-1850, In: Die soziale Frage. Neuere Studien zur Lage der Fabrikarbeiter in den Frühphasen der Industrialisierung. Hrsg. und eingeleitetet von W. Fischer und G. Bajor. Stuttgart 1967, S. 74-101. Originaltitel: The British Standard of Living, 1790-1850. In: Economic History Review, 2nd. ser., X, 1957, S. 46-68.

## 1968

Soziale Bewegungen und Kämpfe auf dem Lande in England in der ersten Hälfte des 19. Jahrhunderts. In: Jahrbuch für Wirtschaftsgeschichte, Akademie Verlag, Berlin 1968, S. 309-332.

Die Geschichte der Lage der Arbeiter. In: Jahrbuch für Wirtschaftsgeschichte, Akademie Verlag, Berlin 1968, S. 225-234.

## 1969

Industrie und Empire. Britische Wirtschaftsgeschichte seit 1750, Band 1 172 S., Band 2 182 S., Übersetzung aus dem Englischen: Ursula Margetts, Frankfurt am Main 1969, 1970, 3. Aufl. 1972, 1975, 1980.

Was kann man noch vom Anarchismus lernen, Aus dem Englischen von Hilde Weiler. In: Kursbuch 19/1969, S. 47-57; Erstveröffentlichung in Spokesman. Nachdruck in Revolutionaries, Kapitel 9 »Reflections on Anarchism«, London 1973, S. 82-91.

Die Imperialismusdebatte in der Geschichtsschreibung. In: Sozialistische Politik, 1/1969 (April), S. 15-24.

Städte und Aufstände: ein Beitrag zur Diskussion. In: Jahrbuch für Wirtschaftsgeschichte, Akademie Verlag, Berlin 1969, S. 111-120.

Die industrielle Revolution 1780-1840, Nachdruck aus: Industrie und Empire. Britische Wirtschaftsgeschichte seit 1750, Frankfurt/M. 1969. In: Wirtschaftliches Wachstum im Spiegel der Wirtschaftsgeschichte, Wissenschaftliche Buchgesellschaft, Darmstadt 1978, S. 100-124.

## 1971

Chile: Das erste Jahr. In: Wiener Tagebuch 12/1971, S. 16-23. Erstveröffentlichung: Chile: Year One, New York Review of Books, 23 September 1971.

## 1972

Revolution und Revolte: Aufsätze zum Kommunismus, Anarchismus und Umsturz im 20. Jahrhundert, Übersetzung: I. Rütters und R. Wirtz, 382 S., Frankfurt am Main 1972, 1977.

Die Banditen: Räuber als Sozialrebellen. Aus dem Englischen von Rudolf Weys und Andreas Wirtensohn, Frankfurt am Main, 239 S., 1972, 2007.

Von der Sozialgeschichte zur Geschichte der Gesellschaft. In: Hans-Ulrich Wehler (Hg.): Geschichte und Soziologie, Köln 1972, S. 331-354. 2. Auflage 1984, S. 331-354.

**1975**

Ist der Kapitalismus schon am Ende? In: Wiener Tagebuch, Oktober 1975, S. 6-12.

**1977**

Auf dem Weg zum »historischen Kompromiß«. Ein Gespräch mit Giorgio Napolitano über die Entwicklung und Programmatik der KPI, 150 S., Übersetzung aus dem Italienischen: Sophie G. Alf, Frankfurt am Main 1. Aufl. 1977.

Die Blütezeit des Kapitals: Eine Kulturgeschichte der Jahre 1848-1875, Aus dem Englischen übersetzt von Johann Georg Scheffner, München 1977, 1979.

Gesellschaftskrise 1789-1848. In: Reinhard Urbach (Hrsg.): Wien und Europa. Zwischen den Revolutionen (1789-1848), 15. Wiener Europagespräch, Wiener Schriften Heft 39, Verlag Jugend und Volk, Wien-München, 1977, S. 13-23.

Gramsci und die Theorie der Politik. In Beiträge zum wissenschaftlichen Sozialismus, VSA Verlag, West-Berlin, 5/1977, S. 39-54

**1978**

Vom Zusammenhang von Erwerbslosen und bürgerlicher Familienstruktur In: Heidi Rosenbaum (Hrsg.), Seminar: Familie und Gesellschaftsstruktur. Materialien zu den sozioökonomischen Bedingungen von Familienformen, Frankfurt/Main 1978, S. 404-413.

Vom Feudalismus zum Kapitalismus, In: Sweezy/Dobb/Takahashi/Hilton/Hill/Lefebvre/Procacci/Hobsbawm/Merrington, Der Übergang vom Feudalismus zum Kapitalismus, Frankfurt am Main 1978, S. 214-221.

**1979**

Soziale Ungleichheit und Klassenstrukturen in England: Die Arbeiterklasse In: Hans-Ulrich Wehler (Hrsg.): Klassen in der europäischen Sozialgeschichte, Göttingen 1979, S. 53-65.

Franz Marek. In: Wiener Tagebuch, September 1979, S. 5-6.

**1981**

Die Krise des Kapitalismus in historischer Perspektive. In: Krisen in der kapitalistischen Weltökonomie. Hrsg. von F. Frobel, J. Heinrich und O. Kreye, Hamburg 1981, S. 35-52.

**1982**

Politische Gewalt und »Politischer Mord«: zu dem Beitrag von Franklin Ford. In: Sozialprotest, Gewalt, Terror, Gewaltanwendung durch politische und gesellschaftliche Randgruppen im 19. und 20. Jahrhundert. Hrsg. von Wolfgang J. Mommsen und Gerhard Hirschfeld, Stuttgart 1982, S. 24-31.

»Partisanship« and the sciences. In: Wirtschaft und Gesellschaft, Wirtschaftspolitische Zeitschrift der Kammer für Arbeiter und Angestellte für Wien, 1982, S. 519-533.

**1983**

Kultur als Getto. In: »Kultur-Zerstörung?« 10. Römerberggespräche in Frankfurt am Main. Herausgegeben von Hilmar Hoffmann, Königstein 1983, S. 60-69.

Karl Marx und die Geschichtswissenschaft. Thesen Übersetzt von Manfred Ackermann. In: Sonderkonferenz 1983, Marxismus und Geschichtswissenschaft, ITH-Tagungsberichte 19, Geschichte der Arbeiterbewegung, S. 1-5.

**1984**

The New Unionism: eine komparative Betrachtung. In: Auf dem Wege zur Massengewerkschaft: die Entwicklung der Gewerkschaften in Deutschland und Großbritannien 1880-1914. Herausgegeben von Wolfgang J. Mommsen und Hans-Gerhard Husung, Klett-Cotta Verlag, Stuttgart, S. 19-45.

**1986**

Weber und Marx: ein Kommentar. In: Jürgen Kocka (Hrsg.), Max Weber, der Historiker, Vandenhoeck & Ruprecht, Göttingen 1986, S. 84-89.

**1987**

Man soll nicht sagen, daß wir nicht weiter an die Befreiung der Menschheit glauben. Das Gespräch führte Peter Glotz. In: Die Neue Gesellschaft/Frankfurter Hefte, 7/1987, S. 580-592.

Mörderisches Kolumbien. In: Lateinamerika-Nachrichten, 14. Jg. (1987), Berlin, S. 4-18.

**1988**

Kultur und Geschlecht im europäischen Bürgertum: 1870-1914. In: Bürgerinnen und Bürger: Geschlechterverhältnisse im 19. Jahrhundert. Herausgegeben von Ute Frevert. Mit einem Vorwort von Jürgen Kocka, Vandenhoeck & Ruprecht, Göttingen 1988, S. 175-189.

**1989**

Das imperiale Zeitalter 1875-1914, 459 S., Frankfurt am Main 1. Aufl. 1989, 1995, 1996, 1997, 1999, Neuausgabe 2004, 2008.

Mitteleuropa, Politik und Kultur: Festrede zur Eröffnung des Internationalen Brucknerfestes, 89, Linz an der Donau, Linz 1989.

**1991**

Nationen und Nationalismus: Mythos und Realität seit 1780, Übersetzung: Udo Rennert, 239 S., Frankfurt am Main 1991, Wien 1992, 1996, 2004, 2005.

Ungewöhnliche Menschen. Über Widerstand, Rebellion und Jazz, München/Wien 2001, Taschenbuchausgabe München 2003, 424 S.

Phönix aus der Asche? Ein Plädoyer für den Sozialismus. Gekürzte Fassung des Originalbeitrages in Marxism Today (4/91). Anni Pott übersetzte aus dem Englischen. In: Die Neue Gesellschaft/Frankfurter Hefte, 38. Jg., 8/1991, S. 734-739.

**1992**

Goodbye Columbus. Aus dem Englischen von Heide Lipecky In: Sinn und Form, 6/1992, S. 877-995. Unter dem Titel: Die Alte und die Neue Welt: 500 Jahre nach Kolumbus. In: Ungewöhnliche Menschen. Über Widerstand, Rebellion und Jazz, München 2003, S. 365-374.

Nationalismus und Ethnizität. Aus dem Englischen von Johano Strasser. Gekürzte Fassung eines Beitrages, erschienen in: New Statesman & Society, 24. April 1992. In: Die Neue Gesellschaft/Frankfurter Hefte, 39. Jg., 7/1992, S. 612-619.

Aus der Asche. Ungekürzte Fassung. Aus dem Englischen von Bruni Röhm und Gertraude Krueger. In: Freibeuter, Vierteljahresschrift für Kultur und Politik, Heft 53, 1992, S. 67-81.

Zur aktuellen Verunsicherung Europas. In: Das verunsicherte Europa. Herausgegeben von Hilmar Hoffmann und Dieter Kramer, Frankfurt am Main 1992, S. 20-31.

**1993**

Seine Freunde verziehen ihm alles. Nachruf auf Edward P. Thomson, Übersetzt aus dem Englischen von Vera Jung, In: Historische Anthropologie. Kultur-Gesellschaft-Alltag, Jahrgang 1, Heft 3/1993, S. 510-512.

**1994**

Das Zeitalter der Extreme: Weltgeschichte des 20. Jahrhunderts, 784 S., Übersetzung: Yvonne Badal, München/Wien 1994, 1995, 5. verbesserte Aufl. 1997, 1998, 1999, 2006, 8. Auflage 2007.

Die letzten Tage der Menschheit. In: Eckart Früh (Hrsg.): Karl Kraus. Die letzten Tage der Menschheit. Bühnenfassung des Autors. Mit Zeichnungen von Georg Eisler und einem Essay von Eric Hobsbawm, Büchergilde Gutenberg, Frankfurt/Main und Wien 1994, S. 7-19.

**1996**

Historiker sind nie auf Urlaub. Das Gespräch führte Daniel Haufler am 19. und 20. Juni 1996 in London. In: Neue Rundschau, 107. Jahrgang (1996), Heft 4, S. 83-101. Eine gekürzte Version erschien in der ZEIT 40/1996.

Es nimmt kein gutes Ende. Interview: Fritz Fiehler. In: Neues Deutschland, Beilage vom 15.06.1996, S. 9.

Jenseits des goldenen Zeitalters. Vortrag im Fürstensaal des Marburger Schlosses. In: Blätter für deutsche und internationale Politik, 11/1996, S. 1375-1385.

Einleitung zu Dawn Ades (Hg.): Kunst und Macht im Europa der Diktatoren 1930 bis 1945, München 1996, S. 5-9.

**1997**

Erwartungen an die Zukunft. (Salzburger) Festspiel-Dialoge, 1997. In: http://www.festspielfreunde.at/deutsch/dialoge2001/05_Hobsbawm.pdf.

**1998**

Das Kommunistische Manifest. In: Eric Hobsbawm (Hrsg.), Das Manifest – heute: 150 Jahre Kapitalismuskritik, Hamburg 1998, 2. Auflage 2000, S. 10-27.

Wieviel Geschichte braucht die Zukunft, Übersetzung Udo Rennert, 365 S., München 1998, Frankfurt 1998, 2001.

Das unwahrscheinliche Jahr. In: Magnum Photos – 1968, ein Jahr, das die Welt bewegt, Heidelberg 1998, S. 8-10.

Das Jahrhundert der Extreme, VHS-Kassette, SWR, Redaktion Monika Presting, 44 Minuten, Stuttgart 1998.

**1999**

Das kommunistische Manifest. Eine moderne Edition, Argument-Verlag, Hamburg 1999, 96 S., 5. Auflage 2004.

Dank des Preisträgers. In: Leipziger Buchpreis zur Europäischen Verständigung 1999, Herausgegeben vom Börsenverein des deutschen Buchhandels, Frankfurt am Main, 1999, S. 29-34.

Tod des Neoliberalismus In: Stuart Hall/Eric Hobsbawm; Martin Jacques/Suzanne Moore/Geoff Mulgan, The Death of Neo-Liberalism, Aus dem Englischen von Hinrich Kuhls, Supplement der Zeitschrift Sozialismus 1/1999, S. 7-21.

Sinn und Zweck der Geschichte der Arbeiterbewegung: Festvortrag bei der 25. Inter-nationalen Tagung der Historiker der Arbeiterbewegung (ITH), Linz 1989. Unter dem Titel: Das Jahrhundert der Arbeiterbewegung. In: Utopiekreativ, 11/1999, Heft 109/110, S. 7-18. In: Die Arbeiterbewegung – Ein gescheitertes Projekt der Moderne? Hrsg. von Bruno Groppo, Winfried R. Garscha und Christine Schindler, Leipzig, Akademische Verlagsanstalt 2000, (= ITH-Tagungsberichte 34: 35. Linzer Tagung der ITH, 14.-18. September 1999), S. 11-23.

Die Rolle der Studierenden. In: Lettre International, 44/1999, ohne Seitenzahl.

Eine gespaltene Welt geht ins 21. Jahrhundert. In: Frankfurter Rundschau, Nr. 283 vom 4. Dezember 1999, S. 19.

**2000**

Das Gesicht des 21. Jahrhunderts. Ein Gespräch mit Antonio Polito, Übersetzung: Udo Rennert, 220 S., München 2000, 2002.

Pessimismus der Intelligenz, Optimismus des Willens. Gespräch mit Joachim Meinert, der auch die Übersetzung besorgte. In: Sinn und Form, 1/2000, S. 95-106.

Das 20. Jahrhundert: Zeitalter der Extreme. In: Berliner Lektionen, C. Bertelsmann Verlag AG, Gütersloh, 2000, S. 205-219.

**2001**

Die Kehrseite einer Illusion. Erstveröffentlichung L'Humanité, Übersetzung von Walter Baier. In: Volksstimme vom 11. Oktober 2001.

**2002**

Gefährliche Zeiten. Ein Leben im 20. Jahrhundert. Aus dem Englischen von Udo Rennert, München/Wien 2002, 2003, 2006, 499 S.

Die USA wollen die Weltherrschaft. In: DER SPIEGEL vom 18. März 2002, S. 142-149.

**2003**

Das britische und amerikanische Weltreich im Vergleich. Rücksichtslose und zänkische Diva der Weltpolitik. Übersetzung ins Deutsche von Niels Kadritzke In: Le Monde diplomatique, Nr. 7077 vom 13.6.2003.

Macht ohne Recht. Über die Zukunft des Westens und Amerikas Hegemonie. Das Gespräch führte Thomas Assheuer. In: DIE ZEIT 10.07.2003 Nr. 29.

**2004**

Wider den postmodernen Relativismus. Deutsch von Niels Kadritzke In: Le Monde diplomatique vom 10.12.2004, S. 14-15.

Herbert Steiner, Gründer und erster Leiter des DÖW, und die Bedeutung der Widerstandsforschung. In: Jahrbuch 2004, Dokumentationsarchiv des österreichischen Widerstandes, Schwerpunkt Mauthausen, Redaktion: Christine Schindler, LIT Verlag, Münster 2004, S. 16-21.

**2005**

Die Ausbreitung der Demokratie. Die gefährlichsten Ideen der Welt. In: Foreign Policy, Vol. 17, No. 4, September/Oktober 2004, S. 40-41 Aus dem Englischen: Peter Strutynski, http://www.uni-kassel.de/fb5/frieden/themen/Weltordnung/hobsbawm.html

Amerikas Neokonservative werden in ihrem Bemühen um die Weltherrschaft scheitern. Der gegenwärtige Größenwahn der USA hat seine Wurzeln in den Überzeugungen puritanischer Siedler. Übersetzung: Doris Werder. Unter dem Titel: Current US megalomania is rooted in the Puritan colonists' certainties. In: The Guardian vom 25. Juni 2005.

Das Zeitalter der Extreme. VHS-Kassette, 55 Minuten, Fernsehmitschnitt, Das Gespräch führte Thomas Grimm, Schriftenreihe Zeitzeugen, 2005.

**2007**

Erinnerungen an Monty Johnstone (1928-2007). In: Das Argument, 272/2007, S. 482-484.

Ich bin ein Reiseführer in die Geschichte. Das Gespräch führte SPIEGEL-Redakteur Malte Herwig. Spiegel-Online vom 27. November 2007, Redaktion eines Tages. spiegel.de.

**2008**

Kunst und Kultur am Ausgang des 20. Jahrhunderts. In: Eric J. Hobsbawm/Hubert Christian Ehalt: Kunst und Kultur am Ausgang des 20. und am Beginn des 21. Jahrhunderts, Wiener Vorlesungen im Rathaus, Bd. 61, Wien 2008, S. 31-50.

Geschichtswissenschaft: Impulse für Menschen, nicht nur Fußnoten. In: Gerhard Botz, Hubert Christian Ehalt, Eric J. Hobsbawm, Jürgen Kocka, Ernst Wangemann, Geschichte: Möglichkeit für Erkenntnis und Gestaltung der Welt, Wien 2008, S. 69-78.

Europa auf absteigendem Ast. Das Gespräch führte Wolfgang Huber-Lang/APA am 21. Januar 2008.

1918, 1038, 1968, die Machtübernahme Hitlers und der Islam. Das Gespräch führte Klaus Taschwer. In: Der Standard KULT Dienstag, 22. Januar 2008.

Leitfaden zum Verständnis der Welt. Die gegenwärtige Bedeutung von Marx, 150 Jahre nach den »Grundrissen«. Das Gespräch führte Marcello Musto, Herausgeber von »Karl Marx's Grundrisse. Foundations of the Critique of Political Economy 150 Years later. Routledge, London/New York 2008, 320 Seiten«. Übersetzung aus dem Englischen: Arnold Schölzel. In: junge Welt vom 22. September 2008, S. 3.

Eine Kindheit in Wien. Gespräch mit Hubert Christian Ehalt. In: Die Furche, Jg. 64 (2008), 20 Seiten.

**2009**

Zwischenwelten und Übergangszeiten. Interventionen und Wortmeldungen. Herausgegeben von Friedrich-Martin Balzer und Georg Fülberth, Köln 2009, 240 S.

In der dritten Krise. Interview am 9. Januar 2009 in London. Die Fragen stellten Friedrich-Martin Balzer und Georg Fülberth. Erstveröffentlichung: In: Eric Hobsbawm, Zwischenwelten und Übergangszeiten. Interventionen und Wortmeldungen, Köln 2009

Gaza. Vorabdruck unter dem Titel: Schlecht für die Juden. Der Krieg gegen Gaza hat die Zukunftsaussichten Israels verschlechtert und befördert den Antisemitismus in der Welt. In: junge Welt vom 3. Februar 2009, S. 3. Übersetzung von Friedrich-Martin Balzer und Georg Fülberth, in: Eric Hobsbawm, Zwischenwelten und Übergangszeiten. Interventionen und Wortmeldungen, Köln 2009, Erstveröffentlichung in englischer Sprache in London Review of Books vom 15. Januar 2009 www.lrb.co.uk

***

Dies ist eine Übersicht über 100 Veröffentlichungen von Eric Hobsbawm in deutscher Sprache bzw. in deutscher Übersetzung. 16 davon sind selbständige Buchveröffentlichungen. Das Gros des Gesamtwerks erschien in englischer Sprache, nicht nur in Großbritannien, sondern auch in anderen englischsprachigen Ländern wie z. B. in den USA, in Australien und Kanada. Nach vorläufigen Recherchen erschienen 70 Veröffentlichungen in Spanisch, 64 in Französisch, 36 in Italienisch, 31 in Portugiesisch, 23 in Chinesisch, 19 in Japanisch und Türkisch, 12 in Schwedisch, 10 in Koreanisch, 9 in Niederländisch, 8 in Hebräisch, 6 in Finnisch, 5 in Russisch, 4 in Tschechisch, 3 in Katalanisch, jeweils 2 in Dänisch, Rumänisch, Norwegisch, jeweils 1 in Persisch, Indonesisch, Makedonisch und Polnisch.

Die vorläufige Bibliographie der Veröffentlichungen in deutscher Sprache beruht teilweise auf der Bibliographie von Keith McClelland, Bibliography of the Writings of Eric Hobsbawm, in: Culture, Ideology and Politics, edited by Raphael Samuel and Gareth Stedman Jones, London 1982, S. 332-362, zum größten Teil auf eigenen Recherchen. Eine Autopsie konnte noch nicht bei allen Texten vorgenommen werden. Die Arbeit wird fortgesetzt.

Friedrich-Martin Balzer und Brigitte Kustosch

## Personenregister

Alagna, Roberto 203
Alexander der Große 103
Allende, Salvador 63
Althusser, Louis 16
Aly, Götz 189
Andropow, Jurij 65
Archipoeta 211
Armstrong, Louis 87
Austerlitz, Friedrich 50

Babeuf, Gracchus 32
Bach, Johann Sebastian 100
Bahr, Hermann 49, 51
Balenciaga, Christóbal 98
Balzac, Honoré de 92
Barrès, Maurice 73
Bartoli, Cecilia 203
Basie, Count 87
Battisti, Cesare 54
Baum, Vicky 185
Beethoven, Ludwig van 23 f.
Benjamin, Walter 49, 91, 202, 211
Berlin, Isaiah 152
Berlusconi, Silvio 171, 180
Bernstein, Eduard 107f., 113f., 117f.
Bin Laden, Osama 154
Bismarck, Otto von 175
Blair, Tony 121, 160
Bloch, Marc 62
Bourdieu, Pierre 26
Brahms, Johannes 208
Braudel, Fernand 87
Brecht, Bert 31, 49, 60, 82
Breshnew, Leonid 59
Bruckner, Anton 208
Bucharin, Nicolai 65
Busch, Ernst 185
Bush, George W. 156-158, 169, 171f., 177-179, 226, 229
Bush George sen. 169

Carreras, José 203, 209
Chaucer, Geoffrey 211
Chruschtschow, Nikita 84, 113
Churchill, Winston 107, 126f.
Cicero 92
Clinton, Bill 156
Corinth, Lovis 210
Cromwell, Oliver 31

Dante Alighieri 30, 211
Degas, Edgar 208
Derrida, Jacques 179
Dickens, Charles 26, 92
Dior, Christian 98
Domingo, Plácido 203, 209
Duchamp, Marcel 97

Eco, Umberto 179
Ehalt, Hubert Christian 199, 212
Einstein, Albert 12
Eisenhower, Dwight D. 166
Eisler, Georg 53f., 56f.
Ellington, Duke 87
Engels, Friedrich 12, 48, 110f., 129
Ensor, James 76

Feuchtwanger, Lion 185
Ford, Henry 46
Franco, Francisco 192
Franz Ferdinand, Erzherzog 53f.
Franz Joseph, Kaiser von Österreich 57
Friedman, Milton 62
Friedrich, Caspar David 204
Fuchs, Albert 50
Fukuyama, Francis 133, 151

Galbraith, John Kenneth 43, 47
Galilei, Galileo 30
Gaulle, Charles de 167
Gehry, Frank 93
Gibbon, Edward 88, 218
Goethe, Johann Wolfgang von 24
Gogh, Vincent van 26
Goldhagen, Daniel 103, 189f.
Gramsci, Antonio 137, 151, 214
Grosz, George 57
Gutenberg, Johannes 90, 205

Habermas, Jürgen 92, 179f.
Harris, Robert 127
Hašek, Jaroslaw 57

Hauptmann, Gerhart 25, 75
Hayek, Friedrich von 62, 149
Hegel, Georg Wilhelm Friedrich 12, 131
Hermlin, Stephan, eigentlich Rudolf Leder 81, 123f., 184
Herodot 91
Herzl, Theodor 51
Hill, Christopher 14, 84
Hilton, Rodney 84
Hitchcock, Alfred 30
Hitler, Adolf 13, 59, 73, 79f., 82, 112, 114, 123, 126f., 173, 183f., 189f., 195f.
Hofmannsthal, Hugo von 49
Hölderlin, Friedrich 24, 82
Holiday, Billie 87
Hughes, Robert 96
Huntington, Samuel P. 133
Hussein, Saddam 159f.

Ibsen, Henrik 74
Ignatieff, Michael 170
Illich, Ivan 31
Ishiguro, Kazuo 209

Janácek, Léoš 204
Judt, Tony 130

Kafka, Franz 188
Kautsky, Karl 14, 34, 110, 129
Kennedy, John F. 159
Keynes, John Maynard 39, 62, 88, 119, 222
Khomeini, Ruhollah Musavi 210
Kissinger, Henry 175
Kleiber, Carlos 99
Klimt, Gustav 49
Kocka, Jürgen 212
Koestler, Arthur 85, 125
Kokoschka, Oskar 49, 54
Kollwitz, Käthe 25
Kolumbus, Christoph 173
Kondratjew, Nikolai 136, 137
Konfuzius 52
Kosellek, Reinhard 65
Kouchner, Bernard 170
Kraus, Karl 49-59
Kulemann, Wilhelm 105

Lange, Oskar 65
Le Carré, John 92
Lenin, Vladimir I. 12, 14, 16f., 20, 37, 110, 225
Lichnowsky, Mechthilde 50
Lincoln, Abraham 205
Lloyd George, David 127
London, Artur 86
Loos, Adolf 49
Lula, Luiz Inácio Lula da Silva 224
Lyssenko, Trofim W. 12

Macaulay, Thomas Babington 218
Macmillan, Harold 113
Mahler, Gustav 202
Malraux, André 96
Mann, Heinrich 74
Mann, Thomas 73, 75, 183
Mao Tse Tung 207
Marek, Franz 85f.
Maria Theresia, Erzherzogin 191
Marquez, Garcia 150
Marshall, Alfred 223
Marx, Groucho 49
Marx, Karl 12, 15-18, 20f., 48, 83, 110f., 115, 120, 124, 128f., 131f., 141, 225
Masaryk, Tomás Garrigue 107
Matisse, Henri 210
May, Karl 184
Mehring, Franz 105
Michelangelo 24
Michnik, Adam 176
Miller, Arthur 46
Millerand, Alexandre 106-108
Milosević, Slobodan 159
Milton, John 30f.
Mitterand, François 39
Michelet, Jules 218
Monroe, Marilyn 207
Morosow, Iwan 76
Mozart, Wolfgang Amadeus 24, 30
Müller, Hans 55
Munch, Edvard 76
Musil, Robert 57

Nadherny von Borutin, Sidonie 50
Naipaul, V. S. 209

Nietzsche, Friedrich 72f.
Nixon, Richard 159

Obama, Barack 226f.
Ondaatje, Michael 209
Orwell, George 29

Pavarotti, Luciano 203, 209
Pawlow, Iwan P. 12
Perle, Richard 169
Pétain, Philippe 127
Petrarca, Francesco 211
Picasso, Pablo 93, 208
Plechanow, Georgi W. 14
Postan, Mounia 216
Pradel, Paule 87
Proust, Marcel 24, 75
Puccini, Giacomo 27, 204
Putin, Wladimir 193, 194

Racine, Jean 24
Rae, John 34
Raimund, Ferdinand 194
Ranke, Leopold von 216
Raphael 26
Reagan, Ronald 39, 42
Rees, Martin 181
Rembrandt Harmenszoon van Rijn 24
Renan, Ernest 104
Renoir, Auguste 26
Rilke, Rainer Maria 50, 82
Roosevelt, Franklin Delano 63, 159
Rosebery, Archibald Philipp Primrose 106
Roth, Joseph 57
Rudé, George 214, 217
Rumsfeld, Donald 178
Rushdie, Salman 209

Schalek, Alice 55
Schmitt, Carl 178
Schnitzler, Arthur 49
Schönberg, Arnold 49, 54, 77
Schtschukin, Sergej 76
Schubert, Franz 95, 201
Serra di Cassano, Gennaro 102
Seth, Vikram 209
Shakespeare, William 26, 28, 55, 92, 209
Shaw, Bernard 26, 33, 74, 213
Smith, Adam 42, 88
Soros, George 103
Soyinka, Wole 209
Spartacus 30
Spengler, Oswald 133
Spitzer, Daniel 51
Stalin, Josef W. 12f., 16f., 21, 59, 112-114, 125-127
Strauss, Johann 99
Strauss, Richard 27, 204
Szymborska, Wislawa 138

Thatcher, Margaret 39-42, 118
Thompson, Edward P. 84
Tocqueville, Alexis de 177, 180
Togliatti, Palmiro 19
Traven, B. 185
Trotzki, Leo D. 13
Tucholsky, Kurt 54
Turner, William 96

Veblen, Thorstein 74
Vergil 92
Versace, Gianni 98
Villazón, Rolando 209
Villon, François 211
Vogelweide, Walther von der 211

Wagner, Richard 74, 201f.
Walcott, Derek 209
Waldeck-Rousseau, Pierre 106
Wangermann, Ernst 212, 217
Warhol, Andy 207
Waugh, Evelyn 29
Webb, Beatrice und Sidney 105, 113, 214
Weber, Max 73, 151, 216
Webern, Anton 77
Wehler, Hans-Ulrich 130
Weidenfeld, George 215
Weinert, Erich 185
Weisengrün, Paul 107
Wells, Herbert George 213
Wilde, Oscar 151
Wittgenstein, Ludwig 49
Wolf, Hugo 24
Wolfowitz, Paul 169